# LE PRAGMATISME

OUVRAGE DU MÊME AUTEUR

DANS LA MÊME COLLECTION

## Philosophie de l'Expérience

(6e mille).

Un volume in-18 jésus.

Prix : **3 fr. 50**.

*Bibliothèque de Philosophie scientifique*

# WILLIAM JAMES

# LE PRAGMATISME

Traduit par E. Le Brun

AVEC UNE INTRODUCTION

Par H. BERGSON

MEMBRE DE L'INSTITUT
PROFESSEUR AU COLLÈGE DE FRANCE

PARIS
ERNEST FLAMMARION, ÉDITEUR
26, RUE RACINE, 26

1911

Droits de traduction et de reproduction réservés pour tous les pays,
y compris la Suède et la Norvège.

Droits de traduction et de reproduction réservés
pour tous les pays.

Copyright 1911,

by ERNEST FLAMMARION.

A la Mémoire
de
**JOHN STUART MILL**
qui, le premier, m'enseigna
la largeur d'esprit du pragmatiste,
et dont j'aime à me persuader
qu'il serait aujourd'hui notre chef,
s'il était encore parmi nous.

WILLIAM JAMES.

# INTRODUCTION

Par H. BERGSON

## VÉRITÉ ET RÉALITÉ

Comment parler du pragmatisme après William James ? Et que pourrions-nous en dire qui ne se trouve déjà dit, et bien mieux dit, dans le livre saisissant et charmant dont nous avons ici la traduction fidèle ? Nous nous garderions de prendre la parole, si la pensée de James n'était le plus souvent diminuée, ou altérée, ou faussée, par les interprétations qu'on en donne : bien des idées circulent, qui risquent de s'interposer entre le lecteur et le livre, et de répandre une obscurité artificielle sur une œuvre qui est la clarté même.

On comprendrait mal le pragmatisme de James si l'on ne commençait par modifier l'idée qu'on se fait couramment de la réalité en général. On parle du « monde » ou du « cosmos » ; et ces mots, d'après leur origine, désignent quelque chose de simple, tout au moins de bien composé. On dit « l'univers », et le mot fait penser à une unification possible des choses. On peut être spiritualiste, matérialiste, panthéiste, comme on peut être indifférent à la philosophie et satisfait du sens commun : toujours on se représente un ou plusieurs principes simples, par lesquels s'expliquerait l'ensemble des choses matérielles et morales.

C'est que notre intelligence est éprise de simplicité. Elle économise l'effort, et veut que la nature se soit arrangée de façon à ne réclamer de nous, pour être pensée, que la plus petite somme possible de travail. Elle se donne donc juste ce qu'il faut d'éléments ou de principes pour recomposer avec eux la série indéfinie des objets et des événements.

Mais si, au lieu de reconstruire idéalement les choses pour la plus grande satisfaction de notre raison, nous nous en tenions purement et simplement à ce que l'expérience nous donne, nous penserions et nous nous exprimerions d'une tout autre manière. Tandis que notre intelligence, avec ses habitudes d'économie, se représente les effets comme strictement proportionnés à leurs causes, la nature, qui est prodigue, met dans la cause bien plus qu'il n'est requis pour produire l'effet. Tandis que notre devise à nous est *Juste ce qu'il faut*, celle de la nature est *Plus qu'il ne faut*, — trop de ceci, trop de cela, trop de tout. La réalité, telle que James la voit, est redondante et surabondante. Entre cette réalité et celle que les philosophes reconstruisent, je crois qu'il eût établi le même rapport qu'entre la vie que nous vivons tous les jours et celle que les acteurs nous représentent, le soir, sur la scène. Au théâtre, chacun ne dit que ce qu'il faut dire et ne fait que ce qu'il faut faire; il y a des scènes bien découpées; la pièce a un commencement, un milieu, une fin; et tout est disposé le plus parcimonieusement du monde en vue d'un dénouement qui sera heureux ou tragique. Mais, dans la vie, il se dit une foule de choses inutiles, il se fait une foule de gestes inutiles, il n'y a guère de situations nettes; rien ne se passe aussi simplement, ni aussi complètement, ni aussi joliment que nous le voudrions; les scènes empiètent les unes sur les autres; les choses ne commencent ni ne finissent; il n'y a pas de dénouement entièrement satisfaisant, ni de geste absolument décisif, ni de ces mots qui portent et sur lesquels on reste : tous les effets sont gâtés. Telle est la vie humaine. Et telle est sans doute aussi, aux yeux de James, la réalité en général.

Certes, notre expérience n'est pas incohérente. En même temps qu'elle nous présente des choses et des faits, elle nous montre des parentés entre les choses et des rapports entre les faits : ces relations sont aussi réelles, aussi directement observables, selon William James, que les choses et les faits eux-mêmes. Mais les relations sont flottantes et les choses sont fluides. Il y a loin de là à cet univers sec, que les philosophes composent avec des éléments bien découpés, bien arrangés, et où chaque partie n'est plus seulement reliée à une autre partie, comme nous le dit l'expérience, mais encore, comme le voudrait notre raison, coordonnée au Tout.

Le « pluralisme » de William James ne signifie guère autre chose. L'antiquité s'était représenté un monde clos, arrêté, fini : c'est une hypothèse, qui répond à certaines exigences de notre raison. Les modernes pensent plutôt à un infini : c'est une autre hypothèse, qui satisfait à d'autres besoins de notre raison. Du point de vue où James se place, et qui est celui de l'expérience pure ou de l' « empirisme radical », la réalité n'apparaît plus comme finie ni comme infinie, mais simplement comme indéfinie. Elle coule, sans que nous puissions dire si c'est dans une direction unique, ni même si c'est toujours et partout la même rivière qui coule.

Notre raison est moins satisfaite. Elle se sent moins à son aise dans un monde où elle ne retrouve plus, comme dans un miroir, sa propre image. Et, sans aucun doute, l'importance de la raison humaine est diminuée. Mais combien l'importance de l'homme lui-même, — de l'homme tout entier, volonté et sensibilité autant qu'intelligence, — va s'en trouver accrue !

L'univers que notre raison conçoit est, en effet, un univers qui dépasse infiniment l'expérience humaine, le propre de la raison étant de prolonger les données de l'expérience, de les étendre par voie de généralisation, enfin de nous faire concevoir bien plus de choses que nous n'en apercevrons jamais. Dans un pareil univers, l'homme est censé faire peu de chose et occuper peu de place : ce qu'il accorde à son intelligence, il le retire à sa volonté. Surtout, ayant attribué à sa pensée le pouvoir de tout embrasser, il est obligé de se représenter toutes choses en termes de pensée : à ses **aspirations**, à ses désirs, à ses enthousiasmes il ne peut demander d'éclaircissement sur un monde où tout ce qui lui est accessible a été considéré par lui, d'avance, comme traduisible en idées pures. Sa sensibilité ne saurait éclairer son intelligence, dont il a fait la lumière même.

La plupart des philosophies rétrécissent donc notre expérience du côté sentiment et volonté, en même temps qu'elles la prolongent indéfiniment du côté pensée. Ce que James nous demande, c'est de ne pas trop ajouter à l'expérience par des vues hypothétiques, c'est aussi de ne pas la mutiler dans ce qu'elle a de solide. Nous ne sommes tout à fait assurés que de ce que l'expérience nous donne ; mais nous devons accepter l'expérience intégralement, et nos sentiments en font partie au même titre que nos perceptions, au même titre par conséquent que les « choses ». Aux yeux de William James, l'homme tout entier compte.

Il compte même pour beaucoup dans un monde qui ne l'écrase plus de son immensité. On s'est étonné de l'importance que James attribue, dans un de ses livres[1], à la curieuse théorie de Fechner, qui fait de la Terre un être indépendant, doué d'une

---

1. *A Pluralistic Universe*, London, 1909. Traduit en français, dans la « Bibliothèque de Philosophie scientifique », sous le titre de *Philosophie de l'Expérience*.

âme divine. C'est qu'il voyait là un moyen commode de symboliser — peut-être même d'exprimer — sa propre pensée. Les choses et les faits dont se compose notre expérience constituent pour nous un monde *humain*[1], relié sans doute à d'autres, mais si éloigné d'eux et si près de nous que nous devons le considérer, dans la pratique, comme suffisant à l'homme et se suffisant à lui-même. Avec ces choses et ces événements nous faisons corps, — nous, c'est-à-dire tout ce que nous avons conscience d'être, tout ce que nous éprouvons. Les sentiments puissants qui agitent l'âme à certains moments privilégiés sont des forces aussi réelles que celles dont s'occupe le physicien; l'homme ne les crée pas plus qu'il ne crée de la chaleur ou de la lumière. Nous baignons, d'après James, dans une atmosphère que traversent de grands courants spirituels. Si beaucoup d'entre nous se raidissent, d'autres se laissent porter. Et il est des âmes qui s'ouvrent toutes grandes au souffle bienfaisant. Celles-là sont les âmes mystiques. On sait avec quelle sympathie James les a étudiées. Quand parut son livre sur l'*Expérience religieuse*, beaucoup n'y virent qu'une série de descriptions très vivantes et d'analyses très pénétrantes, — une psychologie, disaient-ils, du sentiment religieux. Combien c'était se méprendre sur

---

[1]. Très ingénieusement, M. André Chaumeix a signalé des ressemblances entre la personnalité de James et celle de Socrate (*Revue des Deux-Mondes*, 15 octobre 1910). Le souci de ramener l'homme à la considération des choses humaines a lui-même quelque chose de socratique.

la pensée de l'auteur! La vérité est que James se penchait sur l'âme mystique comme nous nous penchons dehors, un jour de printemps, pour sentir la caresse de la brise, ou comme, au bord de la mer, nous surveillons les allées et venues des barques et le gonflement de leurs voiles pour savoir d'où souffle le vent. Les âmes que remplit l'enthousiasme religieux sont véritablement soulevées et transportées : comment ne nous feraient-elles pas prendre sur le vif, ainsi que dans une expérience scientifique, la force qui transporte et qui soulève? Là est sans doute l'origine, là est l'idée inspiratrice du « pragmatisme » de William James. Celles des vérités qu'il nous importe le plus de connaître sont, pour lui, des vérités qui ont été senties et vécues avant d'être pensées [1].

De tout temps on a dit qu'il y a des vérités qui relèvent du sentiment autant que de la raison ; et de tout temps aussi on a dit qu'à côté des vérités que nous trouvons faites il en est d'autres que nous aidons à se faire, qui dépendent en partie de notre volonté. Mais il faut remarquer que, chez James, cette idée prend une force et une signification nouvelles. Elle s'épanouit, grâce à la conception de la réalité qui est propre à ce philosophe, en une théorie générale de la vérité.

---

[1]. Dans la belle étude qu'il a consacrée à William James (*Revue de Métaphysique et de morale*, novembre 1910), M. Émile Boutroux a fait ressortir le sens tout particulier du verbe anglais *to experience*, « qui veut dire, non constater froidement une chose qui se passe en dehors de nous, mais éprouver, sentir en soi, vivre soi-même telle ou telle manière d'être... »

Qu'est-ce qu'un jugement vrai? Nous appelons vraie l'affirmation qui concorde avec la réalité. Mais en quoi peut consister cette concordance? Nous aimons à y voir quelque chose comme la ressemblance du portrait au modèle : l'affirmation vraie serait celle qui *copierait* la réalité. Réfléchissons-y cependant : nous verrons que c'est seulement dans des cas rares, exceptionnels, que cette définition du vrai trouve son application. Ce qui est réel, c'est tel ou tel fait déterminé s'accomplissant en tel ou tel point de l'espace et du temps, c'est du particulier, c'est du changeant. Au contraire, la plupart de nos affirmations sont générales et impliquent une certaine stabilité de leur objet. Prenons une vérité aussi voisine que possible de l'expérience, celle-ci, par exemple : « la chaleur dilate les corps ». De quoi pourrait-elle bien être la copie? Il est possible, en un certain sens, de copier la dilatation d'un corps déterminé, à des moments déterminés, en la photographiant dans ses diverses phases. Même, par métaphore, je puis encore dire que l'affirmation « cette barre de fer se dilate » est la copie de ce qui se passe quand j'assiste à la dilatation de la barre de fer. Mais une vérité qui s'applique à tous les corps, sans concerner spécialement aucun de ceux que j'ai vus, ne copie rien, ne reproduit rien. Nous voulons cependant qu'elle copie quelque chose, et, de tout temps, la philosophie a cherché à nous donner satisfaction sur ce point. Pour les philosophes anciens, il y avait, au-dessus du temps et de l'espace, un monde où siégeaient, de toute éternité, toutes les vérités possibles : les affirmations humaines étaient, pour eux, d'autant plus vraies qu'elles copiaient plus fidèlement ces vérités éternelles. Les modernes ont fait descendre la vérité du ciel sur la terre; mais ils y voient encore quelque chose qui préexisterait à nos affirmations. La vérité serait déposée dans les choses et dans les faits : notre science irait l'y chercher, la tirerait de sa cachette, l'amènerait au grand jour. Une affirmation telle que « la chaleur dilate les corps » serait une loi qui gouverne les faits, qui trône, sinon au-dessus d'eux, du moins au milieu d'eux, une loi véritablement contenue dans notre expérience et que nous nous bornerions à en extraire. Même une philosophie comme celle de Kant, qui veut que toute vérité scientifique soit relative à l'esprit humain, considère les affirmations vraies comme données par avance dans l'expérience humaine : une fois cette expérience organisée par la pensée humaine en général, tout le travail de la science consisterait à percer l'enveloppe résistante des faits à l'intérieur desquels la vérité est logée, comme une noix dans sa coquille.

Cette conception de la vérité est naturelle à notre esprit et naturelle aussi à la philosophie, parce qu'il est naturel de se représenter la réalité comme un Tout parfaitement cohérent et systématisé, que soutient une armature logique. Cette armature serait la vérité même ; notre science ne ferait que la retrouver. Mais l'expérience pure et simple ne nous dit rien de semblable, et James s'en tient à l'expérience. L'expérience nous présente un flux de phénomènes : si telle ou telle affirmation relative à l'un d'eux nous permet de maîtriser ceux qui le suivront ou même simplement de les prévoir, nous disons de cette affirmation qu'elle est vraie. Une proposition telle que « la chaleur dilate les corps », proposition suggérée par la vue de la dilatation d'un certain corps, fait que nous prévoyons comment d'autres corps se comporteront en présence de la chaleur; elle nous aide à passer d'une expérience ancienne à des expériences nouvelles : c'est un fil conducteur, rien de plus. La réalité coule; nous coulons avec elle; et nous appelons vraie toute affirmation qui, en nous dirigeant à travers la réalité mouvante, nous donne prise sur elle et nous place dans de meilleures conditions pour agir.

On voit la différence entre cette conception de la vérité et la conception traditionnelle. Nous définissons d'ordinaire le vrai par sa conformité à ce qui existe déjà : James le définit par sa relation à ce qui n'existe pas encore. Le vrai, selon William James, ne copie pas quelque chose qui a été ou qui est : il annonce ce qui sera, ou plutôt il prépare notre action sur ce qui va être. La philosophie a une tendance naturelle à vouloir que la vérité regarde en arrière : pour James elle regarde en avant.

Plus précisément, les autres doctrines font de la vérité quelque chose d'antérieur à l'acte bien déterminé de l'homme qui la formule pour la première fois. Il a été le premier à la voir, disons-nous, mais elle l'attendait, comme l'Amérique attendait Christophe Colomb. Quelque chose la cachait à tous les regards et, pour ainsi dire, la couvrait : il l'a *découverte*. — Tout autre est la conception de William James. Il ne nie pas que la réalité soit indépendante, en grande partie au moins, de ce que nous disons ou pensons d'elle ; mais la vérité, qui ne peut s'attacher qu'à ce que nous affirmons de la réalité, lui paraît être créée par notre affirmation. Nous inventons la vérité pour utiliser la réalité, comme nous créons des dispositifs mécaniques pour utiliser les forces de la nature. On pourrait, ce me semble, résumer tout l'essentiel de la conception pragmatiste de la vérité dans une formule telle que celle-ci : *tandis que pour les autres doctrines une vérité nouvelle est une découverte, pour le pragmatisme c'est une invention*[1].

Il ne suit pas de là que la vérité soit arbitraire. Une invention mécanique ne vaut que par son utilité pratique. De même une affirmation, pour être vraie, doit accroître notre empire sur les choses. Elle n'en est pas moins la création d'un certain esprit individuel, et elle ne préexistait pas plus à l'effort de cet esprit que le phonographe, par exemple, ne préexistait à Edison. Sans doute l'inventeur du phonographe a dû étudier les propriétés du son, qui est une réalité. Mais son invention s'est surajoutée à cette réalité comme une chose absolument nouvelle, qui ne se serait peut-être jamais produite s'il n'avait

---

[1]. Je ne suis pas sûr que James ait employé le mot « invention », ni qu'il ait explicitement comparé la vérité théorique à un dispositif mécanique ; mais je crois que ce rapprochement est conforme à l'esprit de la doctrine, et qu'il peut nous aider à comprendre le pragmatisme.

pas existé. Ainsi une vérité, pour être viable, doit avoir sa racine dans des réalités ; mais ces réalités ne sont que le terrain sur lequel cette vérité pousse, et d'autres fleurs auraient aussi bien poussé là si le vent y avait apporté d'autres graines.

La vérité, d'après le pragmatisme, s'est donc faite peu à peu, grâce aux apports individuels d'un grand nombre d'inventeurs. Si ces inventeurs n'avaient pas existé, s'il y en avait eu d'autres à leur place, nous aurions eu un corps de vérités tout différent. La réalité fût évidemment restée ce qu'elle est, ou à peu près ; mais autres eussent été les routes que nous y aurions tracées pour la commodité de notre circulation. Et il ne s'agit pas seulement ici des vérités scientifiques. Nous ne pouvons construire une phrase, nous ne pouvons même plus aujourd'hui prononcer un mot, sans accepter certaines hypothèses qui ont été créées par nos ancêtres et qui auraient pu être très différentes de ce qu'elles sont. Quand je dis : « mon crayon vient de tomber sous la table », je n'énonce certes pas un fait d'expérience, car ce que la vue et le toucher me montrent, c'est simplement que ma main s'est ouverte et qu'elle a laissé échapper ce qu'elle tenait : le bébé attaché à sa chaise, qui voit tomber l'objet avec lequel il joue, ne se figure probablement pas que cet objet continue d'exister ; ou plutôt il n'a pas l'idée nette d'un « objet », c'est-à-dire de quelque chose qui subsiste, invariable et indépendant, à travers la diversité et la mobilité des apparences qui passent. Le premier qui s'avisa de croire à cette invariabilité et à cette indépendance fit une hypothèse : c'est cette hypothèse que nous adoptons couramment toutes les fois que nous employons un substantif, toutes les fois que nous parlons. Notre grammaire aurait été autre, autres eussent été les articulations de notre pensée, si l'humanité, au cours de son évolution, avait préféré adopter des hypothèses d'un autre genre.

La structure de notre esprit est donc en grande partie notre œuvre, ou tout au moins l'œuvre de quelques-uns d'entre nous. Là est, ce me semble, la thèse la plus importante du pragmatisme, encore qu'elle n'ait pas été explicitement dégagée. C'est par là que le pragmatisme continue le kantisme. Kant avait dit que la vérité dépend de la structure générale de l'esprit humain. Le pragmatisme ajoute, ou tout au moins implique, que la structure de l'esprit humain est l'effet de la libre initiative d'un certain nombre d'esprits individuels.

Cela ne veut pas dire, encore une fois, que la vérité dépende de chacun de nous : autant vaudrait croire que chacun de nous pouvait inventer le phonographe. Mais cela veut dire que, des diverses espèces de vérité, celle qui est le plus près de coïncider avec son objet n'est pas la vérité scientifique, ni la vérité de sens commun, ni, plus généralement, la vérité d'ordre intellectuel. Toute vérité est une route tracée à travers la réalité; mais, parmi ces routes, il en est auxquelles nous aurions pu donner une direction très différente si notre attention s'était orientée dans un sens différent ou si nous avions visé un autre genre d'utilité; il en est, au contraire, dont la direction est marquée par la réalité même : il en est qui correspondent, si l'on peut dire, à des courants de réalité. Sans doute celles-ci dépendent encore de nous dans une certaine mesure, car nous sommes libres de résister au courant ou de le suivre, et, même si nous le suivons, nous pouvons l'infléchir diversement, étant associés en même temps que soumis à la force qui s'y manifeste. Il n'en est pas moins vrai que ces courants ne sont pas créés par nous ; ils font partie intégrante de la réalité. Le pragmatisme aboutit ainsi à intervertir l'ordre dans lequel nous avons coutume de placer les diverses espèces de vérité. En dehors des vérités qui traduisent des sensations brutes, ce seraient les vérités de sentiment qui pousseraient dans la réalité les racines les plus profondes. Si nous convenons de dire que toute vérité est une invention, il faudra, je crois, pour rester fidèle à la pensée de William James, établir entre les vérités de sentiment et les vérités scientifiques le même genre de différence qu'entre le bateau à voiles, par exemple, et le bateau à vapeur : l'un et l'autre sont des inventions humaines ; mais le premier ne fait à l'artifice qu'une part légère, il prend la direction du vent et rend sensible aux yeux la force naturelle qu'il utilise ; dans le second, au contraire, c'est le mécanisme artificiel qui tient la plus grande place ; il recouvre la force qu'il met en jeu et lui assigne une direction que nous avons choisie nous-mêmes.

La définition que James donne de la vérité fait donc corps avec sa conception de la réalité. Si la réalité n'est pas cet univers économique et systématique que notre logique aime à se représenter, si elle n'est pas soutenue par une armature d'intellectualité, la vérité d'ordre intellectuel est une invention humaine qui a pour effet d'utiliser la réalité plutôt que de nous introduire en elle. Et si la réalité ne forme pas un ensemble, si elle est multiple et mobile, faite de courants qui s'entre-croisent, la vérité qui naît d'une prise de contact avec quelqu'un de ces courants, — vérité sentie avant d'être conçue, — est plus capable que la vérité simplement pensée de saisir et d'emmagasiner la réalité même.

C'est donc enfin à cette théorie de la réalité que devrait s'attaquer d'abord une critique du pragmatisme. On pourra élever des objections contre elle, — et nous ferions nous-même, en ce qui la concerne, certaines réserves : personne n'en contestera la profondeur et l'originalité. Personne non plus, après avoir examiné de près la conception de la vérité qui s'y rattache, n'en méconnaîtra l'élévation morale. On a dit que le pragmatisme de James n'était qu'une forme du scepticisme, qu'il rabaissait la vérité, qu'il la subordonnait à l'utilité matérielle, qu'il déconseillait, qu'il décourageait la recherche scientifique désintéressée. Une telle interprétation ne viendra jamais à l'esprit de ceux qui liront attentivement l'œuvre. Et elle surprendra profondément ceux qui ont eu le bonheur de connaître l'homme. Nul n'aima la vérité d'un plus ardent amour. Nul ne la chercha avec plus de passion. Une immense inquiétude le soulevait ; et, de science en science, de l'anatomie à de la physiologie à la psychologie, de la psychologie à la philosophie, il allait, tendu sur les grands problèmes, insoucieux du reste, oublieux de lui-même. Toute sa vie il observa, il expérimenta, il médita. Et comme s'il n'eût pas assez fait, il rêvait encore, en s'endormant de son dernier sommeil, il rêvait d'expériences extraordinaires et d'efforts plus qu'humains par lesquels il pût continuer, jusque par delà la mort, à travailler avec nous pour le plus grand bien de la science, pour la plus grande gloire de la vérité.

H. Bergson.

# PRÉFACE DE L'AUTEUR

Les leçons qui vont suivre furent faites, sous forme de conférences, à l'Institut Lowell. de Boston, en novembre et décembre 1906, puis à New-York, à l'Université de Colombie, en janvier 1907. On les trouvera ici reproduites telles que je les prononçai.

Le mouvement *pragmatique*, — puisqu'on l'appelle ainsi et qu'il est évidemment trop tard pour lui donner un autre nom, bien que celui-ci ne me plaise pas, — le mouvement pragmatique semble s'être formé assez brusquement, à la manière d'un précipité, dans l'air ambiant. Un certain nombre de tendances, qui avaient toujours existé en philosophie, ont tout à coup et collectivement pris conscience d'elles-mêmes ainsi que de leur mission collective. Ce fait s'est produit en de si nombreux pays, à des points de vue si nombreux, qu'on l'a compris de bien des manières fort peu concordantes. J'ai voulu le représenter tel qu'il s'offre à ma vue, et cela dans un tableau tracé à grands traits, où je ramènerais à l'unité toutes ces divergences et d'où j'exclurais toutes les controverses de détails. On aurait pu, je crois, s'épargner bien des discussions futiles, si nos adversaires avaient bien voulu attendre que nous eussions nettement formulé notre message, c'est-à-dire la doctrine apportée par nous.

Si quelque lecteur, s'intéressant à cette question d'une manière générale, se trouve aussi intéressé par ces leçons, il voudra sans doute faire d'autres lectures. Voici donc plusieurs références à son usage.

En Amérique, le livre essentiel est l'ouvrage de John Dewey : *Studies in Logical Theory*. Qu'on lise également les articles du même auteur dans la *Philosophical Review*, dans le *Mind* et dans le *Journal of Philosophy*.

Toutefois, pour commencer, c'est sans doute dans les *Études sur l'Humanisme*, de S. Schiller, qu'on trouvera le meilleur exposé.

Qu'on lise en outre : *Le Rationnel*, par G. Milhaud; les beaux articles de Le Roy dans la *Revue de Métaphysique*; enfin, les articles de Blondel et de De Sailly dans les *Annales de Philosophie chrétienne*.

Pour éviter un malentendu, — sans pouvoir les empêcher tous! — qu'on me permette de dire qu'il n'y a aucun lien logique entre le pragmatisme, tel que je le comprends, et « l'empirisme radical », doctrine récemment émise par moi. Cette doctrine a son existence propre, et l'on peut la rejeter entièrement, tout en ne cessant pas d'être un pragmatiste [1].

Université HARVARD, avril 1907.

---

1. Les lecteurs français de *Pragmatisme* perdent en un certain sens, plus que tous autres, par la mort de l'auteur. Il avait si particulièrement, et avec tant de joie, voulu faire de ce livre un livre *pour eux!* Il m'écrivait notamment, à la date

du 14 juin 1909 : « Je voudrais, pour le public français, atténuer, développer, ou, de n'importe quelle autre manière, rendre plus compréhensibles, certaines façons de m'exprimer, certains termes nouveaux. Tout d'abord, je voyais là une *corvée* [en français dans le texte], et je ne songeais qu'à m'y dérober. Mais je me sens tout enthousiasme à présent ». Par malheur, la santé de W. James, atteinte déjà, fut bientôt plus gravement compromise. Renonçant à remanier son livre, il me demanda d'y ajouter, en appendice, des pages que j'emprunterais à un autre de ses ouvrages, non encore traduit : *The Meaning of Truth* (« La signification de la vérité »). Il me laissait libre de choisir. Mais le choix s'imposait de lui-même en faveur d'un article, reproduit dans ce second ouvrage, et autrefois publié pour répondre à « ceux qui se méprennent » sur le pragmatisme. On me permettra sans doute de signaler ici l'importance exceptionnelle de cet appendice. (*Note du traducteur.*)

# LE PRAGMATISME

## PREMIÈRE LEÇON

### LE DILEMME DE LA PHILOSOPHIE MODERNE.

Nécessité pratique d'avoir une philosophie. — Tout le monde en a une. — Le tempérament est un des facteurs qui la déterminent. — Rationalistes et empiristes. — Les « délicats » et les « barbares ». — D'ordinaire, on veut avoir des connaissances positives et l'on veut aussi avoir une religion. — L'empirisme donne les premières et ne donne pas la seconde. — Le rationalisme donne la seconde, mais non les premières. — Dilemme en face duquel se trouve un profane. — Rien qui ressemble à la réalité dans les systèmes rationalistes. — Exemple : la théorie de Leibniz sur les damnés. — Opinion d'un anarchiste sur l'optimisme des idéalistes. — Le pragmatisme se présente pour résoudre le dilemme. — Objection à prévoir : c'est rabaisser la philosophie que d'en faire une question de tempérament. — Réponse : toute philosophie a son caractère comme tout homme a le sien. — La preuve en est qu'on la juge de la même manière qu'on juge un homme. — Exemple : Spencer.

« Il y a des gens, — nous dit M. Chesterton dans la préface de cet admirable recueil d'articles qu'il intitule *Les Hérétiques*, — il y a des gens, — et je suis de ceux-là, — pour qui la chose de la plus grande importance pratique à connaître sur un homme, est toujours sa conception de l'univers. Pour le propriétaire d'une maison, quand il s'agit d'un locataire, il importe de savoir quel revenu il possède ; mais il importe encore davantage, croyons-nous, de savoir quelle est sa philosophie. Pour un général qui va livrer bataille, il importe de connaître le nombre des troupes ennemies; mais il lui importe encore plus, croyons-nous, de connaître la philosophie de son adversaire. La question essentielle, croyons-nous enfin, n'est pas de savoir si notre théorie de l'univers intéresse les affaires humaines, mais bien de savoir si ce n'est pas, en fin de compte, la seule chose qui les intéresse [1]. »

Je partage là-dessus l'opinion de M. Chesterton. Tous, pris ensemble ou séparément, vous avez, je le sais, une philosophie, et ce qu'il y a en vous de plus important, de plus significatif à mes yeux, c'est la manière dont elle détermine pour chacun la perspective de son univers à lui. Je suis, à vos yeux, dans le même cas.

Pourtant j'avoue que je n'aborde pas sans un certain tremblement mon audacieuse entreprise. Cette philosophie, qui a tant d'importance en chacun de nous, n'est pas une chose toute technique. Les livres ne nous l'ont donnée qu'en partie. Elle est la conscience plus ou moins sourde que nous avons du sens profond de la vie, du sens qu'il faut loyalement lui reconnaître. Notre philosophie est donc notre manière propre de sentir et de nous représenter la pression, la poussée de l'univers, — de la sentir et de nous la représenter toute. Je n'ai aucunement le droit de supposer que plus d'un parmi vous étudie l'univers comme on l'étudie dans les écoles, et pas

---

1. G. K. CHESTERTON, *Heretics;* JOHN LANE, éditeur, Londres, 1909; p. 15. [Trad.]

autrement. Or, voici que je prétends vous intéresser à une philosophie dans l'exposé de laquelle un certain appareil technique tient forcément une assez grande place! Je me propose d'éveiller en vous une vive sympathie pour une tendance contemporaine à laquelle je suis profondément attaché ; et cependant il me faut vous tenir le langage d'un professeur, à vous qui n'êtes pas des écoliers! A quelque conception de l'univers qu'un professeur s'arrête, elle doit comporter un développement qui ne manque pas d'ampleur : de quoi servirait l'intelligence d'un professeur pour un univers qui se définirait en deux phrases? Il faut payer plus cher que cela pour nous convaincre!

Oui, c'est une entreprise bien téméraire que la mienne. Ici même, dans cette salle, j'ai entendu des amis, des collègues, qui voulaient populariser la philosophie : or, on les voyait bientôt se montrer arides, redevenir techniques, et n'obtenir que des résultats à moitié encourageants. Le fondateur même du pragmatisme[1] fit naguère à l'Institut Lowell, avec ce mot de « pragmatisme » pris comme titre, une série de conférences : ce furent d'éblouissants éclairs parmi des ténèbres cimmériennes! Aucun de nous, je crois bien, n'a vraiment compris tout ce qu'il nous a dit. Et cependant, vous me voyez affrontant le même risque en ce moment!

Si je cours un tel risque, c'est que, même à ces conférences-là, j'ai toujours vu un excellent public. On subit, avouons-le, une étrange fascination à entendre parler de choses si profondes, alors même qu'on ne les comprend pas et qu'elles ne sont pas

1. JOHN DEWEY.

mieux comprises de ceux qui en discutent. On y éprouve le frisson des grands problèmes ; on y sent la présence de l'infini. Qu'une controverse philosophique s'engage au fumoir, et vous voyez aussitôt les oreilles se dresser. Les résultats obtenus en philosophie ont pour nous un réel intérêt vital, et ses plus étranges discussions chatouillent agréablement notre goût pour les pensées subtiles et ingénieuses.

Ayant moi-même le culte de la philosophie, étant persuadé en outre que nous voyons, les autres philosophes et moi, se lever sur nous une sorte d'aurore nouvelle, je ne résiste pas au désir de vous renseigner, coûte que coûte, sur la situation.

La philosophie est en même temps la plus sublime et la plus banale des occupations humaines. Elle travaille dans les coins et recoins les plus minuscules, et elle ouvre les plus vastes perspectives. Elle « ne nourrit pas son homme », comme on dit, mais elle peut nous donner le courage dont notre âme a besoin. Ses façons, sa manie de tout mettre en question, les gageures, les arguties et l'appareil dialectique où elle se complaît, ont beau rebuter le vulgaire, nul d'entre nous ne saurait s'arranger de la vie sans les lointaines lueurs qu'elle projette à l'horizon. Grâce, du moins, à ces lueurs éclatantes, grâce également aux effets de contraste que produisent les ténèbres du mystère environnant, la philosophie donne à tout ce qu'elle dit un intérêt qui ne s'adresse pas, — tant s'en faut ! — qu'aux seuls professionnels.

L'histoire de la philosophie est, dans une grande mesure, celle d'un certain conflit des tempéraments humains. Plus d'un de mes collègues trouvera probablement qu'une telle idée manque de noblesse. Ce conflit, pourtant, il me faut bien en tenir compte pour expliquer, sur de nombreux points, les divergences qui se constatent parmi les philosophes.

Certes, quand il s'agit de philosopher, un philosophe, quel que soit son tempérament, s'efforce de le réduire au silence. Comme le tempérament n'est pas une de ces raisons que la convention admette, il n'invoque que des raisons impersonnelles pour établir ses conclusions. Malgré tout, ce qui pèse sur lui et l'influence le plus lourdement, ce n'est aucune des prémisses plus rigoureusement objectives par lui adoptées : c'est son tempérament. Oui, c'est du poids de ce dernier que l'évidence est comme chargée pour s'incliner dans tel sens ou dans tel autre, — soit dans le sens d'une conception de l'univers où dominent les considérations sentimentales, soit dans le sens d'une conception toute contraire. Oui, c'est à son tempérament que notre philosophe *s'en rapporte.* Il lui faut un univers qui aille à son tempérament; et, par suite, l'univers auquel il croit, est celui dont l'idée se trouve effectivement lui aller. Il sent que les hommes d'un caractère opposé au sien ne sont pas au diapason de cet univers : dans le fond de son cœur, il les juge incompétents, incapables de jamais « y être », de jamais comprendre les choses de la philosophie, alors même que ces hommes lui seraient bien supérieurs comme dialecticiens.

Dans la discussion, cependant, ce n'est évidemment pas à raison de son tempérament qu'un philosophe peut s'attribuer un plus haut degré de discernement ou d'autorité. De là résulte un certain manque de sincérité dans nos débats philosophiques : c'est justement la plus décisive de toutes nos prémisses qu'on ne voit jamais énoncer ! Convaincu, moi, que ces leçons gagneraient en clarté à ce qu'un tel usage ne fût pas observé ici, je me juge maître de m'en affranchir.

Bien entendu, les philosophes dont je parle sont des hommes ayant une physionomie très nette, une idiosyncrasie bien tranchée ; des hommes qui mettent dans la philosophie leur empreinte et leur marque personnelles ; des hommes qui font partie de son histoire. Platon, Locke, Hegel, Spencer, sont de tels hommes : des hommes dont leur tempérament fit des penseurs. Il va de soi que, la plupart du temps, nous n'avons pas un tempérament intellectuel bien défini : nous sommes un mélange d'ingrédients divers, et même opposés, dont chacun ne figure dans ce mélange que pour une dose très médiocre. A peine savons-nous de quel côté se portent nos préférences dans les questions abstraites. Ces préférences, le moindre argument en a bientôt raison, et nous ne tardons pas à suivre la mode ou bien à nous accommoder des opinions du premier philosophe venu qui se trouve faire sur nous l'impression la plus forte. Or, nul homme n'a jamais *compté* en philosophie qu'à la condition d'avoir sur les choses sa *vision* à lui, sa vision directe, personnelle et exclusive de toute autre. Mais alors tout fait croire que cette vision, qui est le propre d'un vigoureux tempérament, ne cessera jamais de compter dans l'histoire des croyances de l'humanité.

Aussi bien, cette différence particulière des tempéraments, qui me préoccupe en ce moment, elle est toujours entrée en ligne de compte dans le domaine de la littérature, de l'art, du gouvernement, et des mœurs, tout autant que dans celui de la philosophie. S'agit-il des mœurs : nous y rencontrons, d'une part, les gens qui font des façons, et de l'autre ceux qui n'en font pas. S'agit-il du gouvernement : il y a les autoritaires, et il y a les anarchistes. En littérature, il y a les puristes ou les gens épris du style académique, et il y a les réalistes. En art, il y a les classiques et les romantiques. Ces contrastes vous sont familiers.

Eh bien ! en philosophie nous voyons un contraste qui leur ressemble fort : c'est celui qu'expriment les deux mots « rationaliste » et « empiriste ». Celui-ci désigne l'homme qui goûte les faits pris dans toute leur indigeste variété; celui-là, l'homme ayant le culte des principes éternels, tout abstraits. A vrai dire, pour vivre ne fût-ce qu'une heure, tout homme a besoin de faits et de principes en même temps. Il ne s'agit donc que d'une différence de degré. Pourtant, elle suffit à entretenir les antipathies du caractère le plus aigu entre ceux chez qui l'on voit dominer l'un de ces deux éléments, et ceux chez qui l'on voit dominer l'autre. Il nous sera donc permis et commode de parler du « tempérament rationaliste » et du « tempérament empiriste » pour exprimer une certaine opposition quant à la manière dont les hommes se représentent leur univers : la distinction est ainsi rendue très simple et très marquante.

Elle n'est pas aussi marquante, aussi simple, entre les hommes que désignent ces deux termes. Dans la nature humaine, en effet, il n'y a rien qui ne soit interchangeable et n'admette toute sorte de combinaisons. Au moment où j'entreprends de définir plus explicitement ce dont je parle en parlant de rationalistes et d'empiristes; au moment d'ajouter à ces deux étiquettes générales certaines indications accessoires qui les précisent, je dois vous avertir qu'un tel procédé ne va pas sans quelque arbitraire. Je choisis des combinaisons typiques que la nature présente très souvent, mais qu'elle présente d'une façon qui n'a rien d'uniforme. En outre, si je les choisis, c'est uniquement à raison de la commodité qu'elles auront plus tard pour moi, quand il s'agira de définir le pragmatisme.

Historiquement, on rencontre les deux termes « intellectualisme » et « sensualisme » employés comme synonymes de « rationalisme » et « empirisme ». Or, il semble que la nature combine avec l'intellectualisme, le plus souvent, une tendance idéaliste et optimiste. Les empiristes, au contraire, sont ordinairement matérialistes, outre qu'ils sont nettement portés à ne professer qu'un optimisme plein de restrictions et qui manque d'assurance.

D'un autre côté, le rationalisme est toujours moniste ; il part des « touts », des « universaux », et attache le plus grand prix à l'unité dans les choses. C'est dans les parties, au contraire, que l'empirisme prend son point de départ, pour faire du « tout » une collection : aussi n'éprouve-t-il aucune répugnance à se qualifier de pluraliste.

De plus, le rationalisme se considère généralement comme plus religieux que l'empirisme ; mais il y aura beaucoup à dire sur cette prétention, et l'on me permettra donc de ne faire que la mentionner ici. Elle se justifie quand il s'agit de tel rationaliste se trouvant être ce qu'on appelle un « sentimental » et lorsqu'il s'agit, par contre, de tel empiriste se piquant de faire fi du sentiment. Alors aussi, le rationaliste se prononcera d'ordinaire pour ce qu'on nomme le libre arbitre, tandis que l'empiriste sera un fataliste, — en prenant ces mots dans leur acception courante.

Enfin, le rationaliste montrera dans ses affirmations le tempérament d'un dogmatique, au lieu que l'empiriste pourra se montrer plus sceptique, plus porté à discuter de tout librement.

Je vais disposer sur deux colonnes les traits ainsi constatés pour chacun des deux types de combinaison mentale distingués par moi : d'une part, ce type que j'appelle le « tendre » ou le « délicat », et d'autre part celui que j'appelle le « rustre » ou le « barbare » :

| LE DÉLICAT. | LE BARBARE. |
|---|---|
| Rationaliste (se réglant sur les principes). | Empiriste (se réglant sur les faits). |
| Intellectualiste. | Sensualiste. |
| Idéaliste. | Matérialiste. |
| Optimiste. | Pessimiste. |
| Religieux. | Irréligieux. |
| Partisan du libre arbitre. | Fataliste. |
| Moniste. | Pluraliste. |
| Dogmatique. | Sceptique. |

Ajournons, pour le moment, la question de savoir si chacun de ces deux types possède, ou non, une parfaite consistance, une réelle cohésion interne : sur ce point je m'étendrai prochainement. Il nous suffit, quant à présent, de les reconnaître comme existant tous deux avec les traits que je leur ai attribués.

Pour chacun vous connaissez tous, sans doute, quelque échantillon caractéristique, et vous savez ce que l'un des deux échantillons pense de l'autre, c'est-à-dire combien ils s'estiment peu ! Toutes les fois que nos deux types se sont incarnés en des individus d'un vigoureux tempérament, leur antagonisme a contribué à déterminer l'atmosphère philosophique d'une époque : il en est particulièrement ainsi pour la nôtre. Les philosophes du type « barbare » reprochent au « délicat » sa sentimentalité, son manque de vigueur intellectuelle. Le « délicat » se plaint que le « barbare » soit si peu raffiné, si peu sensible et si brutal. Leur opposition réciproque ressemble assez à celle qui se produit quand des citoyens de Boston, partis en excursion, entrent en contact avec une population comme celle de Cripple Creek : chaque type se croit supérieur à l'autre; mais chez l'un le dédain n'empêche pas l'amusement, tandis que chez l'autre le mépris se nuance d'un soupçon de peur.

Eh bien! j'y insiste encore : il y en a peu parmi nous qui, en philosophie, soient purement et simplement des citoyens de Boston aux pieds remarquablement sensibles, ou qui appartiennent exclusivement au rude type que l'on rencontre dans les Montagnes Rocheuses. On trace une ligne de démarcation; mais la plupart d'entre nous ont un goût très vif pour les bonnes choses qui se trouvent des deux côtés de cette ligne. Les faits ont leur prix : nous demandons qu'on nous les donne en abondance! Les principes, à leur tour, ont leur prix, et nous demandons qu'on nous en donne beaucoup! Sans doute, le monde est un, si vous le considérez d'une certaine façon; mais, sans aucun doute non plus, le monde est multiple, si vous le considérez d'une autre façon. Il est en même temps un et multiple : adoptons, par conséquent, une sorte de monisme pluraliste. — Il n'y a, bien entendu, rien qui ne soit nécessairement déterminé; mais il est bien entendu aussi que notre volonté est libre : ce qui sera donc vraiment philosophique, ce sera d'adopter une sorte de déterminisme de la volonté libre. — Le mal apparaissant dans les diverses parties de l'univers est incontestable ; mais ce n'est pas dans le tout que le mal peut résider : le pessimisme imposé par les faits se combinera donc légitimement avec une métaphysique optimiste. C'est ainsi que nous procédons partout : en philosophie, jamais le profane n'est un radical ; jamais il ne trace géométriquement son système ; il se contente d'en habiter, d'une manière toujours provisoire et tour à tour, tel compartiment ou tel autre, qu'il juge préférable selon les séductions diverses qui se succèdent avec les heures.

Mais certains, parmi nous, ne sont pas de simples profanes. On peut alors nous donner le nom d'athlètes amateurs : comme tels, cela nous tourmente de voir trop d'incohérence, trop de flottement, dans nos croyances. Nous ne pouvons plus continuer, à l'égard des choses intellectuelles, de nous croire en règle avec notre conscience, tant que nous continuons de mélanger des éléments incompatibles pris des deux côtés de la ligne qui les sépare.

J'en viens à présent au premier point d'une importance positive que j'ai à cœur d'établir. Jamais l'on n'a vu, chez un aussi grand nombre d'hommes qu'aujourd'hui, se manifester nettement la tendance empiriste. On pourrait presque dire que nos enfants ont de naissance l'esprit scientifique. Mais le cas que nous faisons des faits n'a pas supprimé en nous toute religiosité, car, dans notre culte pour les faits, il y a quelque chose de religieux, presque ; et notre tempérament scientifique est aussi un tempérament dévot en même temps. Eh bien ! prenez un homme qui rentre dans ce type et qui soit en outre un philosophe amateur, refusant de se confectionner, sous le nom de système philosophique, une espèce de macédoine : dans quelle situation se trouve-t-il en cette année 1906 ? Il lui faut des faits ; il lui faut une science ; mais il lui faut également une religion. Et, comme il n'est en philosophie qu'un amateur, au lieu d'être un novateur indépendant, il va naturellement chercher un guide parmi les experts, les professionnels, qu'il voit déjà au travail. Un très grand nombre d'entre vous, la plupart peut-être, sont justement des amateurs de ce genre.

Or, quelles sortes de philosophies s'offrent pour répondre à vos besoins ? Vous rencontrez une philosophie empirique qui n'est pas suffisamment religieuse, et une philosophie religieuse qui n'est pas suffisamment empirique pour ce que vous en voulez faire. Vous dirigez-vous du côté où l'on a le plus de considération pour les faits : vous voyez fonctionner en grand le programme du type « barbare » et vous tombez au plus fort du « conflit entre la science et la religion ». Ou bien c'est ce rustre des Montagnes Rocheuses, ce « barbare » de Haeckel avec son monisme matérialiste, avec son dieu qui est l'éther, et ses plaisanteries sur votre Dieu à vous qui est un « vertébré gazeux » ; — ou bien c'est Spencer, pour qui l'histoire du monde se réduit à une redistribution de la matière et du mouvement, et qui, reconduisant la religion jusqu'à la porte par où l'on sort, prend congé d'elle bien poliment, avec force révérences : qu'elle continue d'exister, soit ; mais défense à elle de jamais montrer son visage à l'intérieur du temple !

Depuis plus de cent cinquante ans, les progrès de

la science semblent signifier l'élargissement du monde matériel et l'amoindrissement de la place que l'homme y occupe. De là ce qu'on peut appeler le progrès de la tendance naturaliste ou positiviste. Loin de donner des lois à la nature, l'homme ne fait que l'absorber ou s'en pénétrer. C'est elle qui demeure inébranlable : il ne peut, lui, que s'adapter à elle. Qu'il enregistre la vérité, tout inhumaine qu'elle est, et qu'il s'y soumette, voilà son rôle ! Nous ne sommes plus aux temps héroïques où l'on avait de l'élan, où l'on était courageux : on en est à une vision matérialiste et déprimante. Dans un idéal on ne voit plus qu'un inerte sous-produit relevant de la physiologie ; on explique le supérieur par l'inférieur, — et cela en réduisant l'explication elle-même à la formule « ne que », car le supérieur passe désormais pour *n'être que* quelque autre chose d'une espèce tout à fait inférieure. Bref, ce que l'on vous présente, c'est un univers matérialiste où, seuls, les « barbares » se sentent à l'aise parce qu'ils sont là dans leur élément.

Si maintenant vous vous tournez du côté de la philosophie religieuse, pour y chercher des consolations, et si vous consultez la doctrine des « délicats », que trouvez-vous ?

De nos jours et pour notre génération, chez les peuples de race anglaise, la philosophie religieuse se présente sous deux formes principales. L'une est plus radicale et plus agressive ; l'autre semble plutôt battre peu à peu en retraite, sans cesser le feu.

Par la première, par la plus radicale, j'entends ce qu'on appelle l'idéalisme transcendantal de l'école anglo-hégélienne, la philosophie de Green, des deux Cairds, de Bosanquet et de Ryce. Elle a exercé une grande influence sur les membres les plus savants de notre clergé protestant. C'est une philosophie panthéiste, et dont il est impossible de nier qu'elle a déjà fait perdre beaucoup de sa force au théisme traditionnel auprès de la plupart des protestants.

Ce théisme n'en subsiste pas moins. Il descend en droite ligne, — bien qu'ayant passé par toute une série de compromis, — du théisme dogmatique et scolastique que les séminaires catholiques continuent d'enseigner dans toute sa rigueur. Chez nous, on l'a longtemps appelé la philosophie de l'école écossaise. C'est cette philosophie-là que je voulais désigner en parlant d'une philosophie qui a tout l'air d'effectuer une lente retraite, sans arrêter le combat. Entre les empiétements des hégéliens, ainsi que des autres philosophes de « l'Absolu », et les empiétements des évolutionnistes et agnostiques de l'école scientifique, les hommes qui nous l'apportent, James Martineau, le professeur Browne, le professeur Ladd et autres, doivent se sentir un peu bien à l'étroit. Avec toute sa probité, avec toute sa bonne foi, c'est une philosophie qui n'a rien de radical, une doctrine éclectique, toute en compromis, et qui cherche avant tout un *modus vivendi*. Elle accepte les faits du darwinisme, les faits de la physiologie cérébrale, mais n'en tire rien par où exercer une action et provoquer l'enthousiasme. La note triomphante et agressive lui manque ; et, par suite, elle manque de prestige, tandis que l'absolutisme vous a un certain prestige dû à son allure plus radicale.

Tels sont les deux systèmes entre lesquels il vous faut choisir, si vous vous adressez à l'école des « délicats ». Avez-vous le goût des faits, comme je l'ai supposé ? Alors, sur tout ce qui se trouve de ce côté de notre ligne, vous apercevez la queue du serpent, c'est-à-dire du rationalisme ou de l'intellectualisme ! Vous échappez, il est vrai, au matérialisme dont s'accompagne l'empirisme régnant, mais vous payez cher votre salut, car vous perdez contact avec les régions concrètes de la vie. Les philosophes qui adoptent le plus complètement l'absolutisme s'installent dans l'abstraction à un niveau si élevé qu'ils ne cherchent même plus à en redescendre ! L'Esprit absolu qu'ils nous offrent, cet Esprit qui crée le monde par le seul fait de le penser, aurait tout aussi bien pu, — malgré tous leurs efforts pour démontrer le contraire, — créer n'importe quel monde parmi un million d'autres mondes possibles. De la notion d'un tel Absolu, vous ne sauriez déduire aucune réalité particulière effectivement donnée. Cette notion est compatible avec n'importe quel état de choses qui se constate comme vrai ici-bas. Et puis, le Dieu du théisme n'est guère moins stérile qu'un axiome. Pour avoir quelque idée de ce qui, en fait, le caractérise, force vous est de vous adresser au monde créé par lui : il est exactement le dieu qui a précisément fait, une fois pour toutes, ce monde-là. Ainsi, le Dieu des théistes habite à des hauteurs aussi purement abstraites que leur Absolu !

En résumé, l'absolutisme a quelque chose d'entraînant et de relevé, alors que le théisme courant est plutôt fade; mais tous deux sont trop loin de nous, l'un autant que l'autre; et tous deux sont également vides. Ce qu'il vous faut, à vous, c'est une philosophie qui ne fera pas que mettre en jeu votre aptitude à l'abstraction, mais qui mettra effectivement votre intelligence, d'une manière quelconque, en rapport avec ce monde réel où se déroulent les existences finies, les vies humaines !

Oui, ce qu'il vous faut, c'est un système où se combineront deux choses qui sont toutes deux nécessaires. On devra y trouver d'abord la probité scientifique à l'égard des faits, le souci d'en tenir compte, l'aptitude à s'y ajuster, à se les assimiler ; mais l'on devra y trouver aussi la confiance séculaire dont la valeur des ressources de l'homme fait l'objet, ainsi que la capacité d'action qui en résulte, soit sous la forme religieuse, soit sous la forme héroïque.

Voici donc que votre dilemme se pose : vous rencontrez, désespérément séparées, les deux parties du système que vous cherchez. Ou bien vous avez devant vous l'empirisme, mais un empirisme inhumain et irréligieux ; ou bien on vous met en présence d'une philosophie rationaliste qui peut bien se prétendre religieuse, mais qui se place en dehors des limites où serait possible un contact précis avec les faits concrets, avec les peines et les joies de la vie réelle !

Je ne sais pas avec certitude si vous êtes en rapports suffisamment intimes avec la philosophie pour bien saisir la portée de ce dernier reproche. Je vais donc insister sur le manque de réalité qui, dans les systèmes rationalistes, est susceptible de n'inspirer que répulsion à tout homme sérieusement attaché aux faits.

Je regrette de n'avoir pas conservé les deux premières pages d'une thèse qu'un jeune étudiant américain m'a communiquée il y a un ou deux ans. Il avait toujours pris comme accordé, déclarait-il, que mettre le pied dans une classe de philosophie, c'est se voir contraint d'entrer en relations avec un univers complètement distinct de celui qu'on a laissé derrière soi dans la rue. Ces deux mondes sont si étrangers l'un à l'autre qu'il est absolument impossible de penser à l'un et à l'autre en même temps. Le monde des perceptions concrètes et individuelles, dont fait partie la rue, offre une multiplicité, un tumulte qui dépasse l'imagination; c'est un monde tout en broussailles, un monde fangeux; et tout y est laborieux, tout y est confus. Dans le monde où votre professeur de philosophie vous fait pénétrer, tout est simple et net, tout est propre, tout est noble. Ici ne se rencontrent plus les contradictions de la vie réelle. Ce monde-là est d'une architecture toute classique : les principes de la raison en tracent les grandes lignes; les nécessités logiques en cimentent les diverses parties; et ce qu'il exprime, avant tout, c'est la pureté, c'est la dignité : on dirait un temple de marbre, dont la blancheur resplendit sur une colline !

En fait, c'est là beaucoup moins une reproduction de notre monde réel qu'une construction, d'un dessin très clair, qu'on élève par-dessus et qu'on lui surajoute : c'est un sanctuaire, classique en effet, où l'imagination d'un rationaliste peut trouver un refuge et oublier l'aspect confus, gothique, que présentent les faits pris tels quels. On ne fournit là aucune *explication* de notre univers concret : au lieu de l'expliquer, on lui substitue une chose qui en diffère absolument et dont la seule utilité sera de nous offrir un remède à ses maux, un moyen de salut.

Le tempérament d'une telle doctrine, — si le mot *tempérament* peut convenir ici ! — est parfaitement étranger au tempérament que comporte l'existence concrète. Le *raffinement*, voilà ce qui caractérise nos philosophies intellectualistes. Elles donnent d'exquises satisfactions à ce puissant appétit de la pensée qui a comme faim et soif d'un objet raffiné, digne de notre contemplation. Mais, je vous en prie instamment, portez vos regards hors de vous, sur ce colossal univers, sur ce monde des choses concrètes, sur leurs effarants mystères, sur les déconcertants spectacles qu'elles vous offrent, sur leurs cruautés, sur ce farouche désordre qui vous apparaît ; et dites-moi ensuite si ce mot, « raffiné », est précisément l'adjectif qui, pour qualifier tout cela, vient seul et infailliblement jaillir à vos lèvres !

Oui, certes, le raffinement se trouve aussi dans les choses. Mais lorsqu'on a le tempérament d'un empiriste, jamais l'on ne pourra se contenter d'une philosophie qui ne respire que le raffinement : elle aura toujours plus ou moins l'air d'être un chef-d'œuvre d'irréalité. Aussi voyons-nous des hommes de science qui préfèrent tourner le dos à la métaphysique, s'en détourner comme d'une chose qui sent le cloître et qui fait penser à des fantômes. C'est pourquoi également nous voyons des hommes d'un esprit tout pratique secouer la poussière philosophique dont leurs pieds sont couverts et répondre à l'appel que leur adresse ce monde où règne un farouche désordre.

Il faut bien reconnaître qu'on a presque lieu d'être stupéfié devant la satisfaction dont un système, très net, il est vrai, mais tout artificiel, ne manque jamais de remplir l'esprit rationaliste. Leibniz avait cette sorte d'esprit, mais il était capable de s'intéresser aux faits infiniment plus que la plupart des rationalistes. Et pourtant, si vous voulez voir en quelque sorte l'incarnation même d'une pensée superficielle, vous n'avez qu'à lire cette charmante *Théodicée* qu'il a écrite pour justifier les voies de la Providence et pour démontrer que notre monde est le meilleur des mondes possibles.

Entre autres obstacles auxquels se heurte sa philosophie optimiste, Leibniz est amené à considérer le nombre des âmes éternellement damnées. Ce nombre, pour les âmes humaines, dépasse « incomparablement » celui des élus : telle est la prémisse, empruntée aux théologiens, du raisonnement que Leibniz se met en devoir d'établir. « Même alors, déclare-t-il, — il faut dire que le mal ne laisserait pas de paraître presque comme rien en comparaison du bien, quand on considérera la véritable grandeur de la Cité de Dieu. Cœlius Secundus Curio a fait un petit livre, *De Amplitudine Regni Cœlestis;* mais il s'en faut beaucoup qu'il ait compris l'étendue du royaume des cieux.

« Les anciens avaient de petites idées des ouvrages de Dieu... Il semblait aux anciens qu'il n'y avait que notre terre d'habitée, où ils avaient même peur des antipodes : le reste du monde était, selon eux, quelques globes luisants et quelques sphères cristallines. Aujourd'hui, quelques bornes qu'on donne ou qu'on ne donne pas à l'univers, il faut reconnaître qu'il y a un nombre innombrable de globes, autant et plus grands que le nôtre, qui ont autant de droit que lui à avoir des habitants raisonnables, quoiqu'il ne s'en suive point que ce soient des hommes. Il n'est qu'une planète, c'est-à-dire un des six satellites principaux de notre soleil; et, comme toutes les étoiles fixes sont des soleils aussi, l'on voit combien notre terre est peu de chose par rapport aux choses visibles, puisqu'elle n'est qu'un appendice de l'un d'entre eux. Il se peut que tous les soleils ne soient habités que par des créatures heureuses, et rien ne nous oblige de croire qu'il y en a beaucoup de damnées, car *peu d'exemples ou peu d'échantillons suffisent pour l'utilité que le bien retire du mal.*

« D'ailleurs, comme il n'y a nulle raison qui porte à croire qu'il y a des étoiles partout, ne se peut-il point qu'il y ait un grand espace au delà de la région des étoiles?... Et cet espace immense, qui environne toute cette région, pourra être rempli de bonheur et de gloire.... Que deviendra la considération de notre globe et de ses habitants? Ne sera-ce pas quelque chose d'incomparablement moindre qu'un point physique, puisque notre terre est comme un point au prix de la distance de quelques fixes? Ainsi, la proportion de la partie de l'univers que nous connaissons, se perdant presque dans le néant au prix de ce qui nous est inconnu, et que nous avons pourtant sujet d'admettre; et, tous les maux qu'on nous peut objecter n'étant que ce presque-néant, il se peut que tous les maux ne soient aussi qu'un presque-néant en comparaison des biens qui sont dans l'univers[1] ».

« Il y a, continue Leibniz un peu plus loin, une espèce de justice... qui n'a point pour but l'amendement, ni l'exemple, ni même la réparation du mal. Cette justice n'est fondée que dans la convenance qui demande une certaine satisfaction pour l'expiation d'une mauvaise action. Les sociniens, Hobbes et quelques autres, n'admettent point cette justice primitive, qui est proprement vindicative, et que

---

1. *Œuvres philosophiques de Leibniz*, LADRANGE, 1866, tome II, pp. 113-115. [Trad.]

Dieu s'est réservée en bien des rencontres... Mais elle est toujours fondée dans un rapport de convenance, qui contente non seulement l'offensé, mais encore les sages qui la voient, comme une bonne musique, ou bien encore une bonne architecture, contente les esprits bien faits... C'est ainsi que les peines des damnés continuent, lors même qu'elles ne servent plus à détourner du mal, et que de même les récompenses des bienheureux continuent, lors même qu'elles ne servent plus à confirmer dans le bien. On peut dire cependant que les damnés s'attirent toujours de nouvelles peines par de nouveaux péchés, et que les bienheureux s'attirent toujours de nouvelles joies par de nouveaux progrès dans le bien, l'un et l'autre étant fondés sur le principe de la convenance... car tout ce que Dieu a fait est harmonique en perfection, comme je l'ai déjà remarqué »[1].

A quel point la pensée de Leibniz a peu de prise sur la réalité, c'est chose par trop évidente, et je n'y insisterai pas. Il est visible que jamais une image réaliste, une fidèle image, du cas qui est celui d'un damné, n'a hanté les parages de son esprit. Et jamais il n'a soupçonné que, plus sera faible le nombre des « échantillons » de l'espèce « âme damnée », jetés par Dieu, en guise d'os à ronger, à l'éternel « principe de la convenance », moins la gloire des « bienheureux » sera fondée en équité. Ce qu'il nous donne là n'est qu'un exercice de rhétorique très froid, et les feux mêmes de l'enfer ne parviennent pas à réchauffer l'optimisme, tout content de soi pourtant, qui en est la matière !

Qu'on ne vienne pas me dire que, pour montrer ce

---

[1]. *Œuvres philosophiques de Leibniz*, LADRANGE, 1866, tome II, pp. 147-149. [Trad.]

qu'il y a de futile dans la pensée philosophique des rationalistes, il m'a fallu remonter jusqu'à ce siècle futile qui fut le siècle des perruques! Pour un homme qui s'attache aux faits, l'optimisme des rationalistes contemporains ne sonne pas moins creux. L'univers réel est quelque chose qui reste tout grand ouvert : or, le rationalisme construit des systèmes, et les systèmes veulent être « clos et fermés ». De même, tandis que, pour les hommes engagés dans la vie pratique, la perfection est chose lointaine et toujours en voie de se faire, toujours à l'état de devenir, pour les rationalistes cette idée n'est qu'une illusion provenant du fini et du relatif : à leurs yeux, le fond des choses et leur essence absolue est, de toute éternité, une perfection pleinement réalisée.

Dans un ouvrage du vaillant écrivain anarchiste, M. Morrison J. Swift, je trouve une belle protestation contre cet optimisme superficiel et sans consistance. Tout en ne poussant pas l'anarchisme tout à fait aussi loin que M. Swift, je partage dans une grande mesure, je l'avoue, — et je sais que, parmi ceux à qui je m'adresse, plus d'un partagera de tout cœur, — son antipathie pour les diverses sortes d'optimisme idéaliste en faveur aujourd'hui. Dans sa brochure sur *La Résignation humaine*, il commence par citer une série de faits divers empruntés aux journaux : suicides, morts causées par l'inanition, etc. Il dit, par exemple :

« Après avoir péniblement marché dans la neige d'un bout de la ville à l'autre, avec le vain espoir de trouver un emploi; alors qu'il avait une femme et six enfants, et pas de pain à leur donner; alors aussi que, faute d'avoir payé son terme, il avait reçu l'ordre de quitter, avec sa famille, le logement qu'il occupait dans une maison d'ouvriers, le commis Jean Corcoran s'est donné aujourd'hui la mort, en absorbant de l'acide phénique. Une maladie lui avait fait perdre sa situation, il y a trois semaines; et, pendant sa période d'inaction, ses économies s'étaient dissipées. Hier, il fut embauché dans une équipe de balayeurs pour enlever la neige; mais, n'ayant pas encore pu reprendre ses forces, il fut obligé d'abandonner sa pelle après une heure de pénibles efforts. C'est alors qu'il reprit cette tâche ingrate de chercher un emploi. Profondément découragé, Corcoran rentra chez lui hier soir et retrouva sa femme, ses enfants qui n'avaient rien à manger. C'est alors, également, qu'il vit à sa porte le congé notifié par le propriétaire. Et le lendemain matin, il s'empoisonnait.

« J'ai là devant moi, continue M. Swift, bien d'autres constatations du même genre : on en pourrait remplir facilement une encyclopédie. Ceux que je cite, en petit nombre, viennent à l'appui d'une théorie de l'univers. La présence de Dieu dans l'univers se manifeste à nous, — dit l'auteur d'un récent article paru dans une revue anglaise[1]. — L'Absolu, écrit F. H. Bradley (*Apparence et Réalité*, p. 204), s'enrichit de tout le désordre, aussi bien que de toute la diversité, qu'il enveloppe. — Il veut dire que la mort de tous ces hommes qui se tuent est un enrichissement pour l'univers. Penser ainsi, c'est de la philosophie. Mais pendant que tous ces intrépides penseurs, avec leurs aveux dépouillés d'artifice, nous dévoilent la Réalité, nous révèlent l'Absolu, nous

1. Le professeur Royce écrit dans le même ordre d'idées : « Il n'est pas jusqu'à la présence du mal dans l'ordre temporel, qui ne soit une condition de perfection pour l'ordre éternel des choses. » (*Le Monde et l'Individu*; t. II, p. 385.)

expliquent, de façon à les faire disparaître, le mal et la souffrance, — pendant ce temps-là, nous voyons comment vivent les seuls êtres que nous connaissions n'importe où, dans l'univers, comme possédant une conscience développée de ce qu'est cet univers. La Réalité, *c'est* ce qu'ils éprouvent. Dans ce qu'ils éprouvent, une phase complète de l'univers nous est donnée. Et cette expérience qu'ils ont faite de la vie, c'est l'expérience personnelle des êtres qui, dans la sphère de nos connaissances, sont le mieux à même d'avoir une véritable expérience et de nous dire ce qui est réellement.

« Alors, qu'est-ce que peuvent bien représenter les conceptions de nos philosophes *sur* l'expérience de ces gens? Que valent-elles auprès du fait d'avoir directement et personnellement éprouvé ce qu'ils ont éprouvé? Les philosophes n'ont affaire qu'à des ombres, alors que la vérité même est connue de ceux qui vivent et qui sentent. L'esprit humain, — pas encore celui des philosophes, ni non plus celui des individus de la classe possédante, — mais celui de la grande masse des hommes qui pensent et qui sentent en silence, s'achemine vers cette idée. Ils jugent l'univers, ces hommes-là, comme ils ont jusqu'à présent permis aux hiérophantes de la religion et du savoir de les juger eux-mêmes...

« Cet ouvrier de Cleveland, se tuant après avoir tué ses enfants — (autre cas cité par M. Swift), voilà un des faits typiques les plus déconcertants qui se voient dans notre monde moderne et dans notre univers. Tous les traités sur Dieu, sur l'Amour et sur l'Être, débiles monuments d'inanité, seraient impuissants à l'étouffer sous les gloses et ne sauraient l'escamoter en le réduisant à une quantité infinitésimale. C'est là un de ces éléments simples et irréductibles dont se compose la vie de ce monde, après des millions d'années d'harmonie préétablie et vingt siècles de christianisme! Un fait comme celui-là est, dans le monde intellectuel, ce que les atomes et sous-atomes sont dans le monde physique : quelque chose de primitif et d'indestructible. Et ce que dénonce un pareil fait, c'est l'imposture de toute philosophie qui ne sait pas voir dans de tels événements le facteur le plus significatif de toute expérience consciente. Par de tels événements est invinciblement prouvé le néant de la religion. L'humanité n'accordera pas à la religion deux autres milliers de siècles, ou seulement vingt autres siècles, pour continuer ses essais et nous faire perdre notre temps. Son temps à elle est passé; ses preuves ne sont plus à faire : elles aboutissent à sa propre condamnation. Les hommes n'ont pas des siècles et des éternités à leur disposition pour expérimenter jusqu'au bout des systèmes discrédités [1] ».

Voilà comment un homme, empiriste par tempérament, repousse le menu que lui présentent les rationalistes. — Non, merci; je n'en prends pas! répond-il catégoriquement. — « La religion, dit encore M. Swift, ressemble à un dormeur pour qui les choses réelles sont inexistantes. » Et tel est, — quoique moins durement formulé peut-être, comme n'étant pas tout chargé de passion, — le verdict prononcé par tout homme qui, ayant le goût de la philosophie en même temps qu'un esprit sérieux et chercheur, s'adresse à des professeurs de philosophie

1. MORRISON J. SWIFT, *Human Submission*, 2ᵉ partie, pp. 4-10. Philadelphie, 1905.

pour en obtenir de quoi satisfaire pleinement ses plus profondes aspirations. Les auteurs empiristes lui donnent une doctrine matérialiste ; les rationalistes, au contraire, lui donnent quelque chose qui ressemble à une religion ; mais, avec eux, il s'agit de cette religion pour qui « les choses réelles sont inexistantes ». Il devient alors notre juge, à nous autres philosophes. Que nous soyons des « délicats » ou des « barbares », il nous estime insuffisants. Or, aucun de nous n'a le droit de dédaigner ses verdicts ; car, après tout, cet homme-là représente une pensée parfaite dans son genre : il représente cette pensée chez qui la somme des exigences à satisfaire atteint son maximum ; cette pensée dont le blâme et le mécontentement finissent toujours par être fatals à une doctrine !

C'est ici que commence à se montrer ma propre solution. La philosophie que je propose comme pouvant répondre aux deux sortes d'exigences dont il s'agit, c'est cette chose qu'on désigne du nom bizarre de pragmatisme. De même que les systèmes rationalistes, elle conserve quelque chose de religieux ; mais, de même aussi que l'empirisme sous ses diverses formes, elle sait conserver les relations les plus intimes et les plus étendues avec les faits. C'est d'elle que je m'occuperai dans ma prochaine Leçon. En ce moment, je voudrais revenir un peu sur ce que je viens de vous dire.

Sans aucun doute, les philosophes de profession auront trouvé que j'avais une façon extrêmement peu relevée de m'exprimer. Opposer le « tendre » ou le « délicat » et le « rustre » ou le « barbare », que voilà donc une distinction inélégante ! Et, d'une manière plus générale, alors que la philosophie est toute ingéniosité, toute intellectualité, toute subtilité, tout scrupule et même toute scrupulosité ; alors qu'il n'est aucune théorie de conciliation ou de transition qui, dans sa sphère propre, ne porte fruit et ne s'accrédite, quelle est cette grossière caricature, quel est ce parti pris de ramener les choses les plus sublimes au niveau des termes les plus bas en faisant du champ de bataille des philosophes une sorte de piste où, dans une lutte qui n'a rien d'académique, deux tempéraments hostiles se bourrent de coups et se bousculent n'importe comment ! Quelle conception puérile à force d'être superficielle !

Autre reproche qu'on m'adresse bien certainement. Combien on doit me trouver absurde, de faire un crime au rationalisme de son caractère tout abstrait, et de l'anathématiser parce qu'il a la prétention d'être pour nous un sanctuaire, un asile, au lieu de nous présenter un simple prolongement du monde des phénomènes ! Est-ce que toutes nos théories ne sont pas pour nous des remèdes ou des lieux de refuge ? Et si la philosophie doit être religieuse, comment peut-elle être autre chose qu'un refuge grâce auquel nous dégager de cette masse compacte des phénomènes formant la surface de la réalité ? Quel plus grand service peut-elle nous rendre, que de nous élever au-dessus de cette intelligence animale que sont nos sens, et de nous montrer qu'il s'offre à notre pensée une autre demeure, une demeure plus noble, dans ce vaste cadre de principes, de lois idéales qui sous-tendent la réalité tout entière et que devine notre raison ? Ces principes, ces conceptions très générales, que peuvent-ils être, sinon de grandes lignes abstraites ? Est-ce que, pour construire la cathédrale de Cologne, il n'a pas fallu d'abord un schéma, un plan d'architecte tracé sur le papier? Tout raffinement est-il en lui-même une abomination? Et n'y a-t-il de vérité que dans l'expérience concrète, dans l'expérience brute?

Ce réquisitoire, j'en sens toute la force, croyez-le bien. Oui, je vous ai présenté un tableau par trop rudimentaire, un tableau où j'ai monstrueusement simplifié les choses. Mais, comme toutes les abstractions, il se trouvera que celle-ci a son utilité. Les philosophes savent bien envisager abstraitement la réalité vivante de l'univers : il faut qu'ils sachent accepter, sans se plaindre, qu'on envisage abstraitement cette réalité vivante qu'est la philosophie elle-même. En fait, mon tableau, si grossièrement esquissé qu'il soit, est strictement vrai. Ce sont bien les tempéraments qui, par leurs exigences comme par leurs répugnances naturelles, ont toujours déterminé la philosophie des hommes et qui la détermineront toujours. Les détails d'un système, il se peut que le raisonnement les établisse pièce par pièce; il se peut qu'en élaborant ce système, un penseur oublie souvent la forêt pour l'arbre isolément considéré. Mais, une fois achevée cette besogne, l'esprit ne manque jamais d'accomplir la grande œuvre de simplification qui est son office propre; et c'est alors que le système surgit devant vous, tel un être vivant, avec ce trait inattendu, ce simple trait tout personnel, qui hantera votre mémoire, — tel aussi le « double » d'un homme qui fut votre ami ou votre ennemi, et qui est mort!

Bien d'autres que Walt Whitman auraient pu dire : « Toucher ce livre, c'est toucher un homme ». Les livres de tous les grands philosophes sont, eux-mêmes, comme autant d'hommes. Savoir sentir, en chacun de ces livres, ce qui est comme le parfum caractéristique de la personne, son parfum reconnaissable, mais impossible à définir : cela seul est le plus beau fruit d'une culture philosophique consommée. Le système exposé a la prétent... d'être un tableau de ce vaste univers où Dieu se manifeste. Or, qu'est-il, en réalité, ce système, et de la manière la plus flagrante? Il est la révélation du parfum personnel d'un de nos semblables; la révélation de ce qu'il y a d'unique, au plus haut point, dans ce parfum! C'est à cela que se réduisent nos philosophies pour l'homme en qui le savoir a éveillé le sens critique. Et, une fois réduit à cela, notre commerce avec les systèmes nous remet en présence de ce qui n'est qu'une chose logiquement informe, de ce qui n'est qu'une réaction tout instinctive et tout humaine, une inclination satisfaite ou contrariée. Dans notre façon de les admettre ou de les rejeter, nous sommes aussi catégoriques que s'il s'agissait d'une personne venant solliciter nos bonnes grâces; et notre jugement s'exprime au moyen des mêmes épithètes louangeuses ou des mêmes termes de désapprobation dans le premier cas que dans le second. Bref, comme c'est d'après le parfum spécial de la philosophie qu'on nous offre, que non seulement nous sentons, mais apprécions, le trait distinctif par lequel nous représenter tout l'univers, un seul et unique terme nous suffit pour traduire notre sentiment et pour traduire notre appréciation.

« Au lieu de la nature vivante où Dieu a placé les hommes »[1], — disons-nous par exemple, — me

---

1. « *Statt der lebendigen Natur, da Gott die Menschen schuf hinein...* »

présenter cette nébuleuse élucubration ; cette chose raide comme un bâton, toute rabougrie à force d'être sanglée, toute biscornue à force d'être artificielle ; ce produit qui sent l'école et qui sent le moisi ; ce rêve de malade, enfin ! Au diable une pareille théorie ! Au diable tous les systèmes ! Je n'en veux pas ! Je n'en veux pas !

Assurément, c'est de notre étude minutieuse des diverses parties d'un système que résulte notre impression finale sur l'auteur ; mais nous le jugeons d'après la réaction que détermine en nous cette impression elle-même. Notre compétence en philosophie se mesure à la précision des réactions où se condense une telle étude, à la justesse de l'épithète directement expressive par laquelle, dans un objet si complexe, le point essentiel est saisi et dégagé. Mais il ne faut pas une bien grande adresse pour rencontrer cette épithète. Peu de gens possèdent une philosophie bien à eux et expressément formulée. Pourtant, presque tous ont le sentiment, chacun à sa façon, du caractère qui, pour eux, résume l'univers tout entier, ainsi que de l'impuissance des systèmes particuliers qu'ils connaissent à s'y adapter pleinement : chacun sent que ces systèmes ne coïncident pas exactement avec son univers à lui. L'un sera trop coquet ; un autre, trop pédant ; un troisième aura trop l'air d'un ramassis de vieux rossignols ; un quatrième sera trop morbide ; un cinquième, trop artificiel ; que sais-je encore ? En tout cas, nous savons tous et disons à première vue que ces doctrines ne tiennent pas debout, qu'elles ne sont pas au diapason voulu, qu'elles ne font que donner des coups d'épée dans l'eau, et se mêlent indûment de parler au nom de l'univers. Platon,

Locke, Spinoza, Mill, les deux Caird, Hegel, — et je me garde bien de citer aucun philosophe américain ! — autant de noms qui, pour la plupart d'entre vous, ne peuvent guère que rappeler autant de façons très curieuses, et toutes personnelles, de construire des systèmes insuffisants.

Il nous faut, nous autres philosophes, compter avec ces sentiments qui sont les vôtres. C'est par eux, je le répète, que toutes nos philosophies seront jugées en dernier ressort. La victoire sera finalement pour celle des théories de l'univers qui fera sur les esprits ordinaires l'*impression* la plus complètement satisfaisante.

Et maintenant, rien qu'un mot sur cette objection d'après laquelle toute philosophie est nécessairement une esquisse abstraite. Il y a esquisses et esquisses, répondrai-je. Il y en a où l'on voit un édifice qui, conçu avec ses trois dimensions par l'architecte, ne donne pas l'impression d'être plat, tandis qu'il y en a d'autres où l'on a cette impression pour un édifice exécuté à plat sur le papier, à l'aide de la règle et du compas. Dans ce dernier cas, la pierre et le mortier n'empêcheront pas l'édifice, quand il se dressera sur le sol, de rester aussi décharné qu'un homme qui n'a que la peau sur les os ; et ce résultat, l'esquisse en donne l'idée d'avance. En elle-même, une esquisse est maigre, soit ; mais elle ne donne pas nécessairement l'idée d'une chose maigre. Si les empiristes repoussent le rationalisme courant, c'est l'incurable maigreur de *ce qu'il suggère* qui provoque leur geste.

Le système d'Herbert Spencer me fournit un exemple tout à fait significatif.

Chez Spencer, apparaît un nombre effrayant de

lacunes. On connaît son tempérament de maître d'école, sa sécheresse; on connaît sa monotonie, rappelant celle d'une vielle; on connaît sa prédilection pour les expédients qui ne coûtent pas cher, en matière d'argumentation; on connaît son manque de culture, jusque sur les principes de la mécanique, et le vague de ses idées fondamentales; on sait enfin tout ce qu'il y a de raide et de gauche, en même temps que de fragile, dans son système, construit, semblerait-il, avec des planches de sapin toutes fendues, qu'on aurait assemblées à grands coups de marteau !

Eh bien! la moitié de l'Angleterre demande que son corps repose dans l'abbaye de Westminster !

Pourquoi Spencer inspire-t-il une pareille vénération, malgré les reproches que lui adressent les rationalistes? Pourquoi tant d'hommes instruits, qui sentent la justesse de ces reproches, — vous et moi, peut-être, — veulent-ils, malgré tout, voir sa tombe se dresser dans la célèbre abbaye?

C'est uniquement parce que nous sentons qu'il avait, philosophiquement, *le cœur bien placé*. Il se peut que ses principes soient tout ce qu'il y a de plus décharné; mais du moins s'applique-t-il à modeler ses ouvrages sur la forme toute particulière que présente la carcasse de ce monde tout particulier. Le bruit même que produisent les faits retentit d'un bout à l'autre de ses chapitres; il n'en a jamais fini de citer des faits; il les met en valeur; il a sans cesse le visage tourné dans leur direction; — et cela nous suffit, car c'est *cela* même que demande l'esprit d'un empiriste.

Ces relations cordiales avec les faits, on les trouve aussi dans la philosophie pragmatique dont je parlerai dans ma prochaine Leçon ; mais, à l'égard des conceptions religieuses ayant un caractère positif, le pragmatisme n'imite pas la philosophie de Spencer, car il ne commence ni ne finit par les mettre à la porte, et entretient au contraire avec ces conceptions des relations non moins cordiales qu'avec les faits eux-mêmes.

C'est pourquoi j'espère pouvoir vous amener à trouver dans le pragmatisme la solution que vous demandez pour sortir de votre dilemme.

# DEUXIÈME LEÇON

## CE QU'EST LE PRAGMATISME

Discussion sur un écureuil. — Le pragmatisme en tant que MÉTHODE. — Historique de cette méthode. — Son caractère propre et ses affinités. — En quoi elle s'oppose au rationalisme et à l'intellectualisme. — Une « théorie-corridor ». — Le pragmatisme en tant que THÉORIE DE LA VÉRITÉ ; théorie qui est en même temps celle de *l'humanisme*. — Comment se concevait primitivement la vérité dans le domaine des mathématiques, de la logique et des sciences de la nature. — Conceptions modernes. — Caractère *instrumental* de la vérité, d'après Dewey et Schiller. — La vérité, en d'autres termes, est un *instrument* pour le travail intellectuel, en même temps qu'un *guide* pour l'action. — Comment se forment les croyances nouvelles. — Même mode de formation pour les croyances antérieures. — Objections soulevées par les rationalistes contre l'humanisme. — Le pragmatisme en tant que trait d'union entre l'empirisme et la religion. — Stérilité de l'idéalisme transcendantal. — Dans quelle mesure le concept de l'absolu peut être qualifié de vrai. — Est *vraie* toute croyance *bonne*. — Conflits de vérités. — Souplesse et largeur du pragmatisme dans la recherche et la discussion.

Il y a quelques années, j'étais allé avec plusieurs personnes camper dans les montagnes. De retour d'une excursion que j'avais faite seul, un jour, je tombai au milieu d'une discussion métaphysique. Il s'agissait d'un écureuil, d'un agile écureuil que l'on supposait cramponné, d'un côté, au tronc d'un arbre, tandis qu'un homme se tenait de l'autre côté, en face, et cherchait à l'apercevoir. Pour y arriver, notre spectateur humain se déplace rapidement autour de l'arbre ; mais, quelle que soit sa vitesse, l'écureuil se déplace encore plus vite dans la direction opposée : toujours il maintient l'arbre entre l'homme et lui, si bien que l'homme ne réussit pas une seule fois à l'entrevoir.

De là ce problème métaphysique : *L'homme tourne-t-il autour de l'écureuil, oui ou non ?* Il tourne autour de l'arbre, bien entendu, et l'écureuil est sur l'arbre ; mais tourne-t-il autour de l'écureuil lui-même ?

Dans les interminables loisirs de la solitude, la discussion avait fini par s'épuiser ; toutes les sources en étaient taries. Chacun avait pris parti et s'entêtait dans son opinion. Les forces se balançaient ; et les deux camps firent appel à mon intervention pour les départager.

Moi, je me souvins de l'adage scolastique qui veut qu'en présence d'une contradiction on fasse un *distinguo*.

« Qui de vous a raison ? leur dis-je. Cela ne dépend que de ce que vous entendez *pratiquement* par *tourner autour* de l'écureuil. S'il s'agit de passer, par rapport à lui, du Nord à l'Est, puis de l'Est au Sud, puis à l'Ouest, pour vous diriger de nouveau vers le Nord, toujours par rapport à lui, il est bien évident que votre homme tourne réellement autour de l'animal, car il occupe tour à tour ces quatre positions.

« Voulez-vous dire, au contraire, que l'homme se trouve d'abord en face de lui, puis à sa droite, puis derrière, puis à sa gauche, pour finir par se retrouver en face? il est tout aussi évident que votre homme ne parvient pas du tout à tourner autour de l'écureuil. En effet, les mouvements du second de vos personnages compensent les mouvements du premier, de sorte que l'animal ne cesse à aucun moment d'avoir le ventre tourné vers l'homme et le dos tourné en sens contraire. Aussitôt faite, cette distinction met fin au débat. De part et d'autre vous avez tort et vous avez raison, suivant que vous adoptez l'un ou l'autre de ces deux points de vue pratiques. »

Parmi les antagonistes les plus échauffés, il y en eut un ou deux qui traitèrent ma réponse de pure équivoque, de simple échappatoire : avec eux, disaient-ils, il ne s'agissait pas d'ergoter ou de fendre un cheveu en quatre, à la manière des scolastiques ; leur affaire, à eux, c'était un bon assaut loyal, où l'on y va « carrément », à l'anglaise! Mais la majorité sembla bien admettre que mon *distinguo* avait aplani le terrain de la discussion.

Si je vous raconte cette anecdote toute familière, c'est qu'elle fournit un exemple particulièrement simple de la méthode dont je veux maintenant vous parler sous le nom de *méthode pragmatique*.

La méthode pragmatique est avant tout une méthode permettant de résoudre des controverses métaphysiques qui pourraient autrement rester interminables. Le monde est-il un ou multiple? N'admet-il que la fatalité, ou admet-il la liberté? Est-il matériel ou spirituel? — Voilà des conceptions dont il peut se trouver que l'une ou l'autre n'est pas vraie; et là-dessus les débats restent toujours ouverts. En pareil cas, la méthode pragmatique consiste à entreprendre d'interpréter chaque conception d'après ses conséquences pratiques. Voici alors comment elle pose le problème : que telle conception fût vraie, et non telle autre, quelle différence en résulterait-il pratiquement pour un homme? Qu'aucune différence pratique ne puisse être aperçue, on jugera que les deux alternatives reviennent au même et que toute discussion serait vaine. Pour qu'une controverse soit sérieuse, il faut pouvoir montrer quelle conséquence pratique est nécessairement attachée à ce fait que telle alternative est seule vraie.

Un regard jeté sur l'historique de cette doctrine vous fera mieux voir ce qu'est le pragmatisme.

Ce mot, de même que « pratique », vient du mot grec πράγμα, signifiant *action*.

C'est en 1878, par M. Charles Peirce, que ce mot fit pour la première fois son apparition en philosophie. Dans un article intitulé : « Comment rendre claires nos idées »[1], M. Peirce, après avoir remarqué que nos croyances sont, en réalité, des règles pour l'action, soutenait que, pour développer le contenu d'une idée, il suffit de déterminer la conduite qu'elle est propre à susciter : sa signification pour nous n'est pas ailleurs. Le fait tangible qui se constate à la racine de toutes les distinctions, si subtiles soient-elles, que fait la pensée, c'est qu'il n'y en a pas une seule, fût-ce la plus élaborée, la plus délicate, qui porte sur autre chose qu'une différence possible dans les conséquences pratiques. Aussi, pour obtenir une parfaite clarté dans les idées relatives à un

---

1. Paru dans le « *Popular Science Monthly* », janvier 1878; et traduit en français dans la *Revue Philosophique*, janvier 1879, vol. VII.

objet, nous devons uniquement considérer les effets d'ordre pratique que nous le concevons susceptible de comporter, les impressions que nous devons en attendre, les réactions auxquelles nous devons nous tenir prêts. A la conception de ces effets, immédiats ou lointains, se réduit donc toute notre conception de l'objet lui-même, lorsque cette dernière n'est pas dépourvue de toute signification positive.

Tel est, posé par M. Peirce, le principe du pragmatisme. Il a passé complètement inaperçu pendant vingt ans. C'est moi qui, dans un discours prononcé à l'Université de Californie, en 1898, l'ai ramené au jour en l'appliquant spécialement à la religion. L'heure semblait propice. Le mot *pragmatisme* se propagea effectivement. Aujourd'hui, les pages des revues philosophiques en sont comme constellées. Partout l'on parle du « mouvement pragmatiste », tantôt avec respect, tantôt avec dédain. Toutefois, on ne le voit que rarement bien compris. Evidemment, le mot est commode pour désigner un certain nombre de tendances qui jusqu'alors avaient manqué d'une dénomination générique, et de cette manière il en est venu à s'imposer.

Pour saisir la portée du principe de Peirce, il faut savoir se le rendre familier dans son application à des cas concrets. J'ai vu Ostwald, l'illustre chimiste de Leipzig, l'appliquer on ne peut plus nettement, tout en ne se servant pas du mot « pragmatisme », dans ses conférences sur la philosophie des sciences, il y a quelques années.

« Toutes les réalités influencent notre conduite, m'a-t-il écrit à moi-même ; et c'est cette influence qui fait pour nous leur signification. Dans mes cours, j'ai l'habitude de présenter les questions sous cette forme : sur quels points le monde serait-il différent si telle alternative était vraie, ou bien telle autre? Quand je ne puis découvrir aucune différence, je considère que l'opposition des deux idées ne signifie rien du tout. » En d'autres termes, la signification pratique des deux conceptions rivales, en pareil cas, est la même : or, pour nous, une idée n'a aucune signification, en dehors de cette signification pratique.

Dans une conférence qu'il a publiée, Ostwald s'explique au moyen de l'exemple suivant. Longtemps les chimistes ont discuté sur les propriétés de certains corps appelés « tautomères ». Leurs propriétés paraissaient compatibles avec ces deux hypothèses qu'un atome d'hydrogène instable oscille à l'intérieur de ces corps, ou bien que chacun d'eux est un mélange instable de deux corps différents. Le débat s'échauffait, mais sans rien amener de décisif. « Il n'aurait jamais pris naissance, dit Ostwald, si les adversaires s'étaient demandé quelle différence, pour tel fait expérimental déterminé, aurait pu se produire, selon que l'une ou l'autre des deux hypothèses se fût trouvée exacte. On aurait alors vu, en effet, qu'il n'en pouvait absolument pas découler une différence quelconque pour un fait quelconque, et que la controverse était aussi vaine que si, construisant une théorie, aux époques primitives, sur l'action du levain qui fait la pâte, les uns avaient invoqué un « lutin », et les autres un « elfe », comme étant la vraie cause de ce phénomène ! »[1].

---

1. « *Theorie und Praxis* » ; *Zeitsch. des Oesterreichischen Ingenieur u. Architecten-Vereines*, 1905, Nos 4 et 6. Je rencontre un pragmatisme encore plus radical que celui d'Ostwald dans un discours du professeur W. S. Franklin. « Je crois que la

On est stupéfait de voir combien de controverses philosophiques apparaissent comme dépourvues de toute signification, dès qu'on les soumet à cette épreuve de leur chercher une conséquence concrète. Il ne saurait y avoir quelque part une différence *réelle* qui n'en *produise* une autre ailleurs. Il ne saurait y avoir, dans le domaine de la vérité abstraite, une différence qui ne se traduise pas par une différence dans un fait concret, ainsi que dans la conduite déterminée par ce fait, — différence s'imposant à quelqu'un, quelque part, à un moment quelconque et d'une manière quelconque. Toute la fonction de la philosophie devrait être de découvrir ce qu'il y aura de différent pour vous et pour moi, à tels moments précis de notre vie, selon que telle formule de l'univers, ou telle autre, sera vraie !

Rien de nouveau dans le pragmatisme, absolument rien[1]. Socrate en était un adepte et s'y exerçait. Aristote le pratiquait systématiquement. C'est grâce à lui que Locke, Berkeley, Hume, ont établi d'importantes vérités. Shadworth Hodgson ne cesse d'insister sur ce que les réalités sont pour nous ce que nous croyons qu'elles sont, rien de plus. Toutefois, ces précurseurs du pragmatisme n'en ont que partiellement fait usage : ils n'y ont que préludé. C'est de nos

---

plus pauvre idée qu'on puisse se faire de la physique, dit-il, à supposer qu'un étudiant soit capable de saisir une telle idée, c'est de la considérer comme *la science des masses, des molécules et de l'éther*. Et je crois que l'idée la plus féconde qu'on doive se faire de la physique, même en supposant qu'un étudiant ne saisisse pas complètement cette conception, c'est de la considérer comme la *science des moyens par lesquels nous emparer des corps et les déplacer.* » (Science, 2 janvier 1903.)

1. Voir cependant l'Appendice. [Trad.]

jours seulement qu'il s'est généralisé, qu'il a pris conscience de la mission universelle qui lui incombe, et qu'il aspire à une destinée conquérante. J'y crois, à cette destinée, et j'espère qu'il ne me sera pas impossible de vous faire finalement partager ma confiance.

L'attitude que représente le pragmatisme est une attitude depuis longtemps bien connue, puisque c'est l'attitude des empiristes ; mais il la représente, me semble-t-il, sous une forme tout à la fois plus radicale, et qui soulève pourtant moins d'objections, qu'aucune des formes jamais prises par l'empirisme jusqu'à présent.

Le pragmatiste tourne le dos, résolument et une fois pour toutes, à une foule d'habitudes invétérées chères aux philosophes de profession. Il se détourne de l'abstraction ; de tout ce qui rend la pensée inadéquate, — solutions toutes verbales, mauvaises raisons *a priori*, systèmes clos et fermés ; — de tout ce qui est un soi-disant absolu ou une prétendue origine, pour se tourner vers la pensée concrète et adéquate, vers les faits, vers l'action efficace. Le pragmatisme rompt ainsi avec le tempérament qui fait l'empirisme courant, comme avec le tempérament rationaliste. Le grand air, la nature avec tout le possible qu'elle renferme, voilà ce que signifie le pragmatisme prenant position contre le dogme, contre les théories artificielles, contre le faux semblant d'un caractère téléologique qu'on prétend voir dans la vérité.

Il faut remarquer, en même temps, que le pragmatisme ne prend position pour aucune solution particulière. Il n'est qu'une *méthode*. Mais le triomphe universel de cette méthode se traduirait par un changement considérable dans la manière dont se comporte en philosophie le *tempérament*. De même que l'on voit le type de l'homme de cour se momifier dans une république, et le type du prêtre ultramontain se momifier dans un pays protestant, de même on verrait se momifier le type des professeurs ultrarationalistes. Il se ferait entre la science et la métaphysique un rapprochement très appréciable : en fait, on les verrait même travailler la main dans la main, absolument.

D'ordinaire, c'est une méthode bien primitive que la métaphysique a pratiquée dans ses recherches. Vous savez combien la magie, ce fruit défendu, a toujours été pour les hommes un objet de convoitise. Vous savez aussi quelle place les *mots* ont toujours tenue dans la magie. Connaissant le nom d'un esprit, d'un génie, d'un démon, de n'importe quelle puissance occulte, avec la formule d'incantation à laquelle cette puissance est soumise, vous disposerez de celle-ci à votre guise. Il n'y avait pas un esprit dont Salomon ne connût le nom, et dont, par cette seule connaissance, il ne fît son esclave. De même, le monde est toujours apparu tout naturellement comme une sorte d'énigme dont la clef devait se découvrir sous la forme de quelque mot, de quelque nom, qui ferait toute la lumière ou conférerait toute la puissance voulue. Ce mot désigne le *principe* du monde; et le posséder, c'est d'une certaine façon posséder le monde lui-même. « Dieu », « la Matière », « la Raison », « l'Absolu », « l'Energie », voilà autant de noms qui sont autant de solutions. Une fois en possession de ces noms, vous n'avez plus qu'à vous reposer : vous avez atteint le terme de votre recherche métaphysique !

Suivez-vous, au contraire, la méthode pragmatique? Impossible alors de regarder aucun de ces mots comme mettant fin à votre recherche. Il faut que vous dégagiez de chaque mot la valeur qu'il peut avoir en argent comptant; il faut lui faire remplir son office dans le champ même de votre expérience. Plutôt qu'une solution, on y voit alors un programme pour un nouveau travail à entreprendre; et, plus spécialement, on y voit une indication sur les différentes manières dont il est possible de *modifier* les réalités existantes.

Avec le pragmatisme, donc, *une théorie devient un instrument de recherche, au lieu d'être la réponse à une énigme et la cessation de toute recherche*. Elle nous sert, non pas à nous reposer, mais à nous porter en avant, et nous permet, à l'occasion, de refaire le monde. Nos théories étaient toutes figées : le pragmatisme leur donne une souplesse qu'elles n'avaient jamais eue, et les met en mouvement. Comme il n'a rien de nouveau en soi, il s'accorde avec un grand nombre des anciennes tendances de la philosophie. Il s'accorde, par exemple, avec le nominalisme, en faisant toujours appel aux faits particuliers; avec l'utilitarisme, par l'importance qu'il donne au côté pratique des questions; avec le positivisme, par son dédain pour les solutions verbales, les problèmes sans intérêt et les abstractions métaphysiques[1].

En même temps qu'il a de telles affinités avec les tendances *anti-intellectualistes*, le pragmatisme se dresse tout armé, dans une attitude de combat, contre les prétentions et contre la méthode du rationalisme. Mais, du moins pour commencer, il ne prend parti,

---

1. Voir cependant l'Appendice. [Trad.]

je le répète, pour aucune solution particulière. Il n'a pas de dogmes, et toute sa doctrine se réduit, — toujours pour commencer, — à sa méthode. Comme l'a fort bien dit le jeune pragmatiste italien Papini, le pragmatisme occupe au milieu de nos théories la position d'un corridor dans un hôtel. D'innombrables chambres donnent sur ce corridor. Dans l'une, on peut trouver un homme travaillant à un traité en faveur de l'athéisme ; dans celle d'à côté, une personne priant à genoux pour obtenir la foi et le courage ; dans la troisième, un chimiste ; dans la suivante, un philosophe élaborant un système de métaphysique idéaliste ; tandis que, dans la cinquième, quelqu'un est en train de démontrer l'impossibilité de la métaphysique. Tous ces gens utilisent quand même le corridor : tous doivent le prendre pour rentrer chacun chez soi, puis pour sortir.

Une attitude, une orientation, en dehors de toute théorie particulière, voilà donc, encore une fois, en quoi consiste, pour le moment, la méthode pragmatique. Et *cette orientation, cette attitude, consiste à détourner nos regards de tout ce qui est chose première, premier principe, catégorie, nécessité supposée, pour les tourner vers les choses dernières, vers les résultats, les conséquences, les faits.*

Vous voilà renseignés sur la méthode pragmatique. Je n'ai rien de plus à vous en dire. Et peut-être vous dites-vous que, si je vous l'ai vantée, je ne vous l'ai guère expliquée. Mais d'ici peu je vous donnerai d'assez longues explications, puisque je vous la montrerai fonctionnant pour résoudre certains problèmes qui vous sont familiers [1].

---

1. Voir notamment la troisième Leçon. [Trad.]

En attendant, et pour compléter l'idée à vous faire du pragmatisme, il me faut constater que le sens de ce mot s'est élargi, car il désigne en outre une certaine *théorie de la vérité*. Je compte lui consacrer toute une leçon [1], quand nous aurons passé par les acheminements nécessaires. Je puis donc m'en tenir maintenant à un bref exposé. Mais ce qu'on expose brièvement est difficile à suivre. Ici donc je sollicite de votre part un redoublement d'attention : ce qui restera obscur, j'espère vous le rendre plus clair par la suite.

L'une des branches de la philosophie que l'on a cultivées avec le plus de succès, de nos jours, est ce qu'on appelle la logique inductive, l'étude des conditions où nos sciences ont évolué. Une rare unanimité a commencé à se faire parmi les logiciens sur la signification des lois de la nature et sur les éléments réels que révèlent les faits, lorsqu'il s'agit de ces lois et de ces éléments que formulent le mathématicien, le physicien et le chimiste. A l'époque où furent découvertes les premières uniformités mathématiques, logiques, et naturelles, — les premières *lois*, — on se laissa si bien séduire par la clarté, la beauté, la simplification ainsi obtenues, que l'on crut avoir déchiffré le texte authentique des éternels desseins du Tout-Puissant ! C'est à coups de syllogismes que le tonnerre de sa pensée, tout comme la pensée humaine, se faisait entendre en multipliant son fracas ! Lui aussi, croyait-on, le Tout-Puissant pensait par sections coniques, carrés, racines, raison directe et raison inverse : il avait, lui aussi,

---

1. Voir la quatrième Leçon. Voir également l'Appendice. [Trad.]

sa géométrie, — la même que celle d'Euclide ! Il imposait aux planètes les lois de Képler; il faisait que la vitesse fût en raison directe du temps pour la chute des corps ; il établissait cette loi des sinus à laquelle doit obéir la réfraction de la lumière ; il instituait les classes, les ordres, les familles et les genres pour les plantes et les animaux, en assignant à ces cadres la distance qui devait les séparer; il concevait enfin tous les archétypes des choses, avec toutes leurs variations préétablies; et, quand nous parvenons à retrouver l'une de ces merveilleuses institutions divines, nous saisissons à la lettre et dans ses intentions mêmes, disait-on, la pensée de Dieu !

Mais le développement des sciences a fait naître et grandir cette idée que la plupart de nos lois, toutes nos lois peut-être, sont de simples approximations. Ces lois, d'ailleurs, se sont multipliées au point que le nombre en est incalculable. Et puis, dans toutes les branches de la science, il se rencontre tant de formules rivales, que les chercheurs se sont faits à l'idée qu'aucune théorie n'est la reproduction absolue de la réalité, mais que, du reste, il n'y en a point qui ne comporte d'être utile à quelque point de vue. Le grand service qu'elles rendent, c'est de résumer les faits déjà connus et de conduire à en connaître d'autres. Elles ne sont qu'un langage inventé par l'homme, une sténographie conceptuelle, comme on l'a dit, un système de signes abrégés par lesquels symboliser nos constatations sur la nature : or, les langues, tout le monde le sait, admettent une grande liberté d'expression et comportent de nombreux dialectes.

Voilà comment la nécessité divine s'est vue remplacer, dans la logique scientifique, par ce qu'il y a d'arbitraire dans la pensée humaine. Il me suffira de nommer Sigwart, Mach, Ostwald, Pearson, Milhaud, Poincaré[1], Duhem, Ruyssen, pour que vous reconnaissiez facilement la tendance dont je viens de parler : à cette liste vous ajouterez les autres noms que vous connaissez.

En tête de cette vague, apparue dans la logique scientifique, marchent aujourd'hui MM. Schiller et Dewey avec leur théorie pragmatique de la vérité et de la signification qui est partout la sienne. Partout, enseignent-ils, dans nos idées, dans nos croyances, le mot « vérité » signifie la même chose que dans la science. Et ce qu'il faut toujours entendre par ce mot, c'est, disent-ils, que *nos idées, qui, d'ailleurs, font elles-mêmes partie de notre expérience et ne sont rien en dehors de celle-ci, deviennent vraies dans la mesure où elles nous aident à entrer en relations, d'une manière satisfaisante, avec d'autres parties de notre expérience, à les simplifier*, à nous y mouvoir en tous sens par des concepts permettant de couper au plus court, au lieu de suivre l'interminable succession des phénomènes particuliers. Dès lors qu'une idée pourra, pour ainsi dire, nous servir de monture; dès lors que, dans l'étendue de notre expérience, elle nous transportera de n'importe quel point à n'importe quel autre; dès lors que, par elle, seront établies entre les choses une liaison de nature à nous contenter; dès lors, enfin, qu'elle fonctionnera de façon à nous donner une parfaite sécurité, tout en simplifiant notre travail, tout en économi-

---

1. Voir notamment les ouvrages publiés par MM. Ostwald et Poincaré dans la *Bibliothèque de Philosophie scientifique* (Flammarion, éditeur.) [Trad.]

sant notre effort, — cette idée sera vraie dans ces limites, et seulement dans ces limites-là; vraie à ce point de vue, et non pas à un autre; vraie d'une vérité « instrumentale », vraie à titre d'*instrument*, et seulement à ce titre.

Telle est la théorie de la vérité « instrumentale », ou de la vérité consistant pour nos idées dans leur aptitude à fournir un certain *travail;* — théorie enseignée avec tant de succès à Chicago[1], et ensuite propagée à Oxford[2] avec tant d'éclat.

En aboutissant à cette conception générale de la vérité, MM. Dewey et Schiller, ainsi que leurs partisans, n'ont fait que suivre l'exemple des géologues, des biologistes et des philologues. Pour établir ces sciences, le coup décisif a toujours été de prendre quelque phénomène simple, effectivement observable dans le cours de son processus, — tel que la dénudation par l'effet de la température, les variations subies par le type ancestral, ou encore un changement de dialecte par l'adoption de termes nouveaux et d'une prononciation nouvelle; — puis de le généraliser, de l'étendre à tous les temps et de lui faire produire de vastes conséquences en établissant le bilan des effets qu'il a donnés au cours des âges.

Le phénomène observable que Schiller et Dewey ont spécialement choisi pour une généralisation de ce genre, est le cas, bien connu, du *changement d'opinions* chez un individu. La chose se passe toujours de la même manière. L'individu possède déjà tout un ensemble d'opinions, lorsqu'une expérience nouvelle survient, qui les met à la gêne. Quelqu'un

1. Par M. Dewey. [Trad.]
2. Par M. Schiller. [Trad.]

les contredit, par exemple ; ou bien c'est lui-même qui, dans un moment de réflexion, s'aperçoit qu'elles se contredisent ; ou bien il entend parler de faits avec lesquels elles sont incompatibles ; ou bien encore il lui vient des désirs qu'elles ne peuvent plus satisfaire. Il en résulte un malaise que son esprit n'avait jamais connu. Pour en sortir, il modifie ses opinions antérieures. Il en sacrifie pourtant le moins possible, car, en matière de croyances, nous sommes tous conservateurs à l'extrême ! il essaie alors de changer telle opinion, puis telle autre, — leur résistance respective étant très variable, — jusqu'au moment où finit par surgir quelque idée nouvelle qu'il peut greffer sur les anciennes avec le moindre dérangement possible pour celles-ci ; quelque idée formant un heureux et commode trait d'union entre l'expérience actuelle et l'expérience passée qui se continuent ainsi l'une dans l'autre.

Voici donc une idée nouvelle, désormais adoptée comme vraie à la place d'une autre. Elle permet de conserver, avec un simple minimum de changements, celles qui l'avaient précédée, car elle n'exerce une contrainte sur celles-ci, que juste assez pour leur faire admettre le fait nouveau, et même le leur présente sous des formes aussi peu imprévues que le permettent les circonstances. Une explication *outrée*[1], faisant violence à toutes nos idées antérieures, ne passerait jamais à nos yeux pour l'interprétation vraie d'un fait jusqu'alors ignoré : nous gratterions, pour ainsi dire, le sol tout autour jusqu'à ce que nous eussions trouvé quelque chose de moins extravagant !

Ainsi les plus violentes révolutions qui s'accom-

---

1. En français dans le texte. [Trad.]

plissent dans les croyances d'un homme, laissent debout, sur la plupart des points, l'ordre de choses précédemment établi en lui. Le temps et l'espace, la relation universelle de cause à effet, la nature et l'histoire, ainsi que sa propre biographie : tout cela demeure intact. Une vérité nouvelle est toujours une conception qui concilie tout et qui aplanit les transitions. Elle préside à l'union d'une vieille opinion avec un fait nouveau, de manière à rendre sensible, pour un minimum de secousse, un maximum de continuité. Nous tenons pour vraie une théorie dans la mesure exactement où elle réussit à résoudre ce « problème de quantité maxima et de quantité minima ». Or, elle n'y réussit jamais qu'approximativement. Nous disons que telle théorie donne une solution *plus* satisfaisante que telle autre théorie. Pour qui la solution est-elle plus satisfaisante? Pour nous qui le disons; et la satisfaction pour différentes personnes porte sur des points différents. Ici donc, dans une certaine mesure, rien que de « plastique » : il ne s'agit encore que d'assimilation.

Il nous faut maintenant considérer attentivement le rôle joué par les vérités antérieurement possédées. C'est, en grande partie, faute d'en tenir compte que l'on a formulé d'injustes reproches contre le pragmatisme. L'influence de ces vérités est absolument dominante. Le premier des principes est de leur rester fidèle; et dans la plupart des cas c'est le seul principe qu'on observe. Comment s'y prend-on, en effet, presque toujours, avec les phénomènes tellement nouveaux qu'ils entraîneraient pour nos croyances toute une réorganisation? On les tient pour non avenus, tout simplement, ou bien l'on insulte les gens qui témoignent en leur faveur!

Faut-il des exemples de cette manière dont une vérité se forme et se développe? On n'a que l'embarras du choix.

Le cas le plus simple, en fait de vérité nouvelle, c'est naturellement lorsqu'il ne s'agit que d'une nouvelle espèce de faits, ou bien de faits isolés qui, malgré leur nouveauté, rentrent dans les anciens cadres : il se fait alors une addition qui n'altère en rien les anciennes croyances et qui n'est donc qu'une addition numérique. Les jours suivent les jours, et les apports de l'un s'ajoutent à ceux des autres; rien de plus. Les nouveaux apports ne sont pas des vérités par eux-mêmes : ils représentent ce qui *arrive*, ce qui *est*, et voilà tout. La vérité, c'est *ce que nous disons sur* les faits, et, lorsque nous disons qu'ils sont arrivés, notre besoin de vérité est satisfait par cette formule toute simple qui les ajoute aux précédents.

Mais il arrive souvent que les apports de la journée nous obligent à une réorganisation. Si je me mettais, dans ma chaire de professeur, à pousser des cris perçants, à me comporter comme un fou furieux, plus d'un parmi mes auditeurs serait amené à reviser ses idées sur la valeur probable de ma philosophie! Naguère, le *radium* a figuré dans les apports de notre journée. Un moment, il a semblé contredire nos idées sur l'ordre général des choses. Cet ordre, en effet, nous l'avions identifié avec ce qu'on appelle la conservation de l'énergie. Rien que de voir le radium nous sortir de sa poche, interminablement, non pas de l'argent, mais de la chaleur, on pouvait croire à une violation de ce principe. Que penser? Pour que le principe de la conservation fût sauf, il fallait que les radiations de ce corps ne fussent pas autre chose qu'une énergie « potentielle » insoupçonnée qui s'en échappait, — une énergie déjà existante à l'intérieur des atomes le composant. Cette croyance, on y fut amené par la découverte de l'*hélium* et la constatation qu'il est le produit de ces radiations. Aussi, la théorie de Ramsay est-elle tenue pour vraie, parce que, tout en élargissant nos idées d'autrefois sur l'énergie, elle ne fait subir à leur contenu que le moindre changement possible.

Ces exemples suffiront. Ils montrent bien qu'une opinion nouvelle entre en ligne de compte parmi les opinions « vraies », dans la mesure exactement où elle satisfait chez l'individu le besoin d'assimiler aux croyances dont il est comme approvisionné, ce que son expérience lui présente de nouveau. En même temps qu'elle s'empare d'un fait nouveau, la nouvelle opinion doit s'appuyer sur d'anciennes vérités. La mesure où elle y réussit, c'est, je le répète, l'individu qui en est juge.

Si donc quelque vérité ancienne s'accroît d'une vérité nouvelle venant s'y ajouter, c'est bien pour des raisons subjectives. Ces raisons, une fois que nous sommes entrés dans le mouvement, nous leur obéissons. Parmi nos idées nouvelles, la plus vraie sera celle qui remplit le plus heureusement sa fonction de satisfaire le double besoin dont j'ai parlé. C'est en fonctionnant d'une certaine façon qu'elle se rend vraie, qu'elle se classe comme vraie; c'est par son propre travail qu'elle se greffe et s'incorpore parmi les vérités déjà organisées en un seul corps, et cet organisme se développe ainsi à peu près de la même manière qu'un arbre se développant grâce à l'activité d'une nouvelle couche de cambium.

Cette constatation une fois faite, Dewey et Schiller entreprennent de la généraliser en l'appliquant aux vérités le plus anciennement possédées. Elles ont commencé, elles aussi, par être toutes « plastiques » : elles n'étaient pas autre chose qu'un travail d'assimilation. Elles aussi, ce sont des raisons tout humaines, toutes subjectives, qui les ont fait qualifier de vraies. Elles ont servi, elles aussi, à concilier des vérités encore plus anciennes avec des observations alors nouvelles. Nulle part on ne rencontre une vérité purement objective, une vérité qui se serait établie sans qu'intervînt aucun travail pour effectuer le mariage de l'expérience nouvelle avec certains éléments de l'expérience antérieure. Que signifie le mot *vérité*? Il désigne simplement le fait pour une idée de remplir cette espèce de fonction matrimoniale. Et, par suite, savoir pourquoi certaines choses *sont* vraies, c'est connaître les raisons qui nous les font *qualifier* de vraies!

Ainsi la queue du serpent, — c'est l'homme que je veux dire, — a laissé partout des traces de son passage. Une vérité indépendante ou absolue; une vérité que nous n'avons qu'à *découvrir;* une vérité cessant d'être malléable selon les besoins de l'homme; une vérité enfin qui ne comporte plus de retouche : une telle vérité existe surabondamment, à coup sûr, — ou du moins est surabondamment supposée existante par les philosophes dont leur tempérament fait des rationalistes; — mais alors, cette vérité-là n'est plus que le cœur mort de l'arbre vivant; et alors son existence n'a pas d'autre intérêt que de nous montrer qu'il y a pour la vérité aussi une paléontologie; qu'à elle également s'applique la loi de la « prescription », comme disent les juristes, ou qu'elle peut, comme un vétéran après des années de service, perdre toute sa souplesse, avoir tout l'air, à nos yeux, d'une chose pétrifiée par le seul effet des ans !

A quel point, au contraire, les plus vieilles vérités restent bien réellement plastiques malgré tout, c'est un fait mis en pleine lumière, de nos jours, par la transformation des notions logiques et des notions mathématiques, — transformation qui semble même vouloir gagner la physique en ce moment. On se met à réinterpréter les anciennes formules, en y voyant des applications spéciales de principes beaucoup plus vastes, alors que nos ancêtres n'ont jamais entrevu la possibilité pour ces principes de prendre la forme qu'ils ont maintenant et de se formuler comme nous les formulons !

Cette théorie de la vérité, M. Schiller persiste à lui donner le nom d'*humanisme;* mais le nom de *pragmatisme* semble lui être donné plus couramment, et c'est donc ainsi que je continuerai de la désigner ici.

En résumé, le pragmatisme n'est pas seulement une *méthode,* — bien qu'il soit d'abord cela, — mais une *théorie génétique de la vérité* prise dans sa signification réelle. Tels sont les deux points dont nous aurons à nous occuper.

En ce qui concerne la théorie de la vérité, ce que je vous en ai dit aura besoin d'être complété. En parlant du « sens commun », je tâcherai plus tard[1] de montrer ce que j'entends par ces vérités dont leur vieillesse fait une chose pétrifiée. Dans une autre Leçon[2], je m'étendrai sur ce fait que nos idées

---

1. Voir la cinquième Leçon. [Trad.]
2. Voir la sixième Leçon. [Trad.]

deviennent vraies à mesure qu'elles remplissent avec succès leur fonction de traits d'union. Une autre Leçon encore sera consacrée à faire voir combien il est difficile de distinguer, dans le développement de la vérité, ce qui est facteur subjectif et ce qui est facteur objectif[1]. Il se peut que vous ne me suiviez pas jusqu'au bout; il se peut que vous ne soyez pas pleinement d'accord avec moi. Mais je ne doute pas que vous ne rendiez justice à ce qu'il y a de sérieux dans mes efforts.

Aussi n'apprendrez-vous pas sans surprise que les railleries, les critiques méprisantes, se sont déversées, dru comme grêle, sur les théories de MM. Schiller et Dewey. Tout le rationalisme s'est levé contre eux. Dans certains milieux très influents, M. Dewey, particulièrement, s'est vu traiter en écolier impudent qui mérite une fessée. Je n'en parlerais pas, s'il n'y avait là comme un rayon détourné qui vient fortement éclairer ce tempérament rationaliste auquel j'ai opposé le tempérament pragmatiste. Loin des faits, le pragmatisme est mal à l'aise, tandis que le rationalisme ne se trouve à l'aise qu'en présence des abstractions. Qu'un pragmatiste parle de *vérités* au pluriel; qu'il les qualifie d'utiles, de satisfaisantes; qu'il mentionne le succès avec lequel elles « fonctionnent », etc. : un tel langage, pour un esprit appartenant bien au type rationaliste, ne donne l'idée, en fait de vérité, que d'une espèce d'article d'occasion, que d'une sorte de grossière contrefaçon ou de pis aller tout boiteux. Pour lui, de telles vérités ne sont pas la vérité réelle. Simples pierres de touche, elles n'ont rien que de subjectif. Si la vérité objective

---

1. Voir la septième Leçon. [Trad.]

s'en distingue, c'est précisément qu'elle n'a rien d'utilitaire; c'est qu'elle a nécessairement quelque chose de raffiné, de lointain et d'altier, de sublime et d'auguste. Elle est nécessairement l'accord absolu de nos pensées avec une réalité non moins absolue. Elle est, de toute nécessité, ce que nous *devons* penser inconditionnellement. En tant que soumises à des conditions, les opérations qui, *en fait*, constituent notre pensée n'ont rien à voir avec la vérité, et ne regardent que la psychologie. Sur ce terrain, à bas la psychologie et vive la logique![1]

Voyez le parfait contraste de ces deux esprits! Le pragmatiste s'attache étroitement aux faits, à la réalité concrète; il étudie la vérité à l'œuvre, sur des cas particuliers qu'il généralise ensuite. La vérité, pour lui, devient un nom générique résumant les *idées de toute sorte, mais d'une valeur pratique définie, qui sont à l'œuvre dans l'expérience.* Pour le rationaliste, la vérité reste une pure abstraction : il suffit de la nommer pour que nous n'ayons qu'à nous incliner devant elle! Tandis que le pragmatiste entreprend de montrer en détail *pourquoi*, précisément, il nous faut bien nous incliner : le rationaliste ne sait pas même reconnaître les données concrètes d'où son abstraction provient! Il nous accuse de *nier* la vérité, tandis que nous n'avons fait que chercher les raisons pour lesquelles on s'y attache, et l'on devrait toujours s'y attacher. Votre parfait abstracteur de quintessence, le concret le fait positivement frémir : toutes choses égales par ailleurs, il préfère très réellement n'importe quoi d'incolore et de spectral! Qu'on lui offre les deux univers : il préférera toujours l'esquisse

---

1. Voir l'Appendice. [Trad.]

décharnée au luxuriant taillis de la réalité, tant celle-ci est moins pure, moins nette, moins noble !

Puisse le pragmatisme se recommander auprès de vous, peu à peu, au cours de ces Leçons, par son caractère concret, par le soin avec lequel il se tient en contact avec les faits ! Puissiez-vous voir là le meilleur de son originalité ! En cela, il ne fait que suivre l'exemple de ses sœurs, les sciences, qui interprètent l'inconnu par le connu. Il rapproche harmonieusement ce qui est vieux et ce qui est neuf. Prenant cette notion, absolument vide, d'une corrélation purement statique, d'une immuable « correspondance » entre notre pensée et la réalité ; prenant, dis-je, cette idée dont il faudra plus tard nous demander ce qu'elle peut vouloir dire[1], il la transforme en un commerce actif que n'importe qui peut suivre en détail et peut comprendre ; en un échange fécond qui se poursuit entre certaines de nos pensées particulières, de nos pensées à nous, et ce vaste monde, objet d'expérience pour d'autres êtres, — ce vaste monde où nos propres pensées jouent leur rôle de plus d'une manière efficace !

Je m'en tiens là quant à présent et remets à plus tard la démonstration nécessaire sur ce point. Il me faut maintenant compléter les explications déjà présentées dans ma première Leçon en vue d'établir qu'il est possible pour le pragmatisme de réaliser un heureux accord entre les conceptions empiristes et les aspirations religieuses de l'humanité.

Les hommes qui, par tempérament, ont le culte passionné des faits, vous ai-je dit, sont sujets à n'éprouver que de l'éloignement pour cet idéalisme,

---

1. Voir la sixième Leçon. [Trad.]

à la mode aujourd'hui, à qui les faits inspirent si peu de sympathie. Une telle philosophie est beaucoup trop intellectualiste pour eux. Le théisme à l'ancienne mode était assez déplaisant, avec ce monarque sublime qui était son Dieu, fait d'un tas d'attributs inintelligibles ou absurdes. Néanmoins, tant qu'il a résolument maintenu son argument fondé sur l'ordre qui règne dans la nature, il restait quelque peu en contact avec les réalités concrètes. Mais depuis que le darwinisme a définitivement chassé cette idée de l'esprit des « hommes de science », le théisme a perdu son meilleur point d'appui; et de nos jours, ce que l'on offre avec confiance à l'imagination de nos contemporains, en fait de divinité, — si tant est qu'on lui en offre une ! — c'est une espèce de divinité immanente, conçue à la façon des panthéistes, opérant *à l'intérieur* même des choses plutôt que d'en haut. Et, si le vieux théisme dualiste compte encore de remarquables défenseurs, ceux qui veulent une religion philosophique se tournent maintenant avec plus d'espoir vers le panthéisme idéaliste.

Malgré tout, comme je vous l'ai dit dans ma première Leçon, le panthéisme qui porte cette « étiquette », est d'une assimilation bien malaisée pour un esprit empiriste. C'est l' « étiquette » de l'absolutisme, de cette philosophie pleine de dédain pour les faits et fondée sur la logique pure. Nul rapport avec le concret. Affirmant que la Pensée Absolue, qui, dans la philosophie en question, remplace Dieu, est rationnellement présupposée par toutes les particularités quelconques qui se rencontrent dans les faits, elle montre une suprême indifférence à l'égard de ces particularités elles-mêmes et de ce qu'elles sont réellement. Peu importe ce qu'elles sont, l'Absolu est toujours là pour leur servir de père! Il ressemble au lion malade de la fable d'Ésope : on voit bien l'empreinte des pas se dirigeant vers son antre, mais non celle des pas qui s'en éloigneraient après y avoir pénétré! L'aide de l'Absolu ne vous permet pas de redescendre dans le monde des choses particulières; et l'idée que vous avez de sa nature ne vous permet pas de déduire les conséquences de détail qui intéresseraient votre vie. Certes, il vous donne l'assurance qu'en *Lui* tout va bien et que tout va bien pour sa pensée éternelle; mais, là-dessus, il vous abandonne à vos propres pensées temporelles, dans ce monde fini, pour y faire votre salut!

Je me garde bien de nier ce qu'une telle conception a de grandiose et les religieuses consolations qu'elle peut offrir à toute une classe d'esprits très respectables. Mais, en se plaçant à un point de vue humain, personne ne saurait prétendre qu'elle n'a pas le défaut d'être trop loin de nous et d'être trop abstraite. Elle est bien un produit de ce que je me suis permis d'appeler le tempérament rationaliste. Il dédaigne les satisfactions que les empiristes réclament. Il remplace par une pâle esquisse la richesse du monde réel. Il est élégant, il est noble dans le mauvais sens du mot : il a cette noblesse qui consiste dans l'incapacité de remplir d'humbles fonctions! Dans ce monde réel, dans ce monde qui est celui de la sueur et de la fange, il me semble que le fait pour un système de représenter les choses si « noblement » devrait faire présumer sa fausseté : comprendre ainsi la « noblesse », c'est mériter d'être philosophiquement disqualifié. Permis au Prince des ténèbres d'être un gentilhomme, puisqu'on nous l'affirme; mais le Dieu du ciel et de la terre, quelle que soit sa nature, ne peut absolument pas être un gentilhomme! Nous avons besoin, nous, qu'il nous rende des services de valet parmi la poussière de nos épreuves humaines, encore plus que l'on n'a besoin de sa dignité dans l'empyrée!

De son côté, le pragmatisme, malgré son attachement pour les faits, ne montre aucunement la tendance matérialiste dont souffre l'empirisme courant. Il ne s'oppose en aucune façon, d'ailleurs, à ce qu'on réalise des abstractions, pourvu qu'elles permettent de se mouvoir parmi les réalités particulières et qu'effectivement elles nous mènent quelque part. Tout en ne s'intéressant qu'à des conclusions que nos pensées et nos expériences ont élaborées en commun, il n'a aucune prévention *a priori* contre la théologie. *S'il se constate que les conceptions théologiques ont une valeur pour la vie concrète, elles seront vraies pour le pragmatisme, en ce sens qu'elles sont bonnes dans cette mesure; et, pour lui, la valeur qu'elles ont en dehors de cette mesure dépendra de leurs rapports avec d'autres vérités qui ont également à se faire reconnaître comme telles.*

Ce que je viens de dire sur l'Absolu de l'idéalisme transcendantal est un point à établir. J'ai d'abord qualifié de majestueux cet Absolu, en déclarant qu'il apportait de religieuses consolations à certains esprits; mais je l'ai ensuite accusé d'être une idée stérile, trop éloignée du réel. Dans la mesure pourtant où cette idée fournit un tel appui, elle n'est assurément pas stérile; dans cette mesure, elle remplit une fonction concrète; et cette mesure-là est la mesure de sa valeur. Je dois donc, en bon pragmatiste, qualifier l'Absolu de « vrai dans une certaine mesure » ; et je n'hésite pas à le faire maintenant.

Mais ici qu'est-ce que cela veut dire, *vrai dans une certaine mesure?* Pour répondre à cette question, il suffit d'appliquer la méthode pragmatique. Ceux qui croient à l'Absolu, qu'est-ce qu'ils veulent dire en affirmant qu'ils trouvent un appui dans leur croyance? Voici ce qu'ils veulent dire. Puisque le mal, qui se réalise dans le monde fini, est déjà « souverainement annulé » dans l'Absolu, il nous est permis, quand nous le voulons, de considérer la réalité temporelle comme si elle était la réalité éternelle en puissance, de croire en toute certitude qu'on peut avoir confiance dans les résultats à en attendre, et, sans aucun péché, de mettre fin à nos terreurs, de nous débarrasser du tourment de cette responsabilité qui n'est pas une responsabilité infinie.

En somme, d'après eux, nous avons, de temps à autre, le droit de nous accorder moralement un congé, de laisser le monde aller son train, parce que nous avons le sentiment que sa destinée ne nous regarde nullement, car elle est entre des mains qui valent mieux que les nôtres.

L'univers apparaissant comme un système où les individus qui en sont les membres peuvent, par-ci par-là, faire trêve à leurs angoisses, puisque l'insouciance est également justifiée pour l'homme, et que des vacances morales n'ont rien de contraire à l'ordre des choses : tel est, en partie du moins, et si je ne me trompe, l'Absolu « en tant que nous le connaissons » ; tel est, pour nos expériences particulières, le caractère distinctif attaché à la vérité de l'idée qui le représente ; telle en est, pour nous, la valeur positive, au comptant, lorsqu'on l'interprète pragmatiquement. Le commun des profanes en philosophie, quand ils sont partisans le l'idéalisme absolu, en restent là, et se gardent bien de donner plus de rigueur à leurs conceptions. Ils peuvent, de l'Absolu, tirer ce parti, qui n'est pas à dédaigner. Exprimez devant eux votre incrédulité à l'égard de l'Absolu, et vous les gênez ; mais d'ailleurs ils ne tiennent aucun compte de vos objections, parce qu'elles ne visent, dans leur croyance, que les côtés qu'ils sont incapables d'y envisager.

Si telle est bien la signification de l'Absolu, et pas autre chose, qui donc pourrait en contester la vérité ? Ne pas l'admettre, ce serait vouloir que l'homme ne s'accordât jamais un répit ; ce serait soutenir que des vacances pour lui ne sont jamais dans l'ordre des choses !

Il ne m'échappe assurément pas qu'il doit vous paraître on ne peut plus étrange de me voir affirmer qu'une idée est « vraie », tant que nous avons un intérêt vital à la croire telle. — Qu'elle soit *bonne*, dans la mesure où elle nous est profitable, vous l'admettrez volontiers. Si, en effet, ce que nous faisons grâce à elle est bon, et si, la possédant, nous en devenons meilleurs, vous ne douterez pas qu'à ce titre, et toujours dans cette mesure, elle ne soit bonne elle-même. Mais, me direz-vous, n'est-ce pas étrangement abuser du mot de « vérité » que d'invoquer cette raison pour la qualifier de « vraie » également ?

Au point où nous en sommes, il ne m'est pas encore possible de résoudre complètement la difficulté. On touche ici ce qui est, dans la doctrine de MM. Schiller et Dewey, — dans la mienne aussi, — la partie centrale, et je ne pourrai l'exposer en détail que dans ma sixième Leçon. Tout ce que je puis vous en dire pour le moment, c'est que le vrai rentre dans le bien, ou que la vérité est un bien d'une certaine sorte, et non pas, comme on le suppose d'ordinaire, une catégorie en dehors du bien. Ce ne sont pas là deux idées simplement coordonnées. *Le mot* vrai *désigne tout ce qui se constate comme bon sous la forme d'une croyance, et comme bon, en outre, pour des raisons définies, susceptibles d'être spécifiées.*

Admettez qu'il n'y ait dans les idées vraies *rien* qui soit bon pour la vie ; admettez que la possession de ces idées soit un désavantage positif et que les idées fausses soient seules avantageuses : alors il vous faut admettre que la notion de la vérité conçue comme chose divine et précieuse, et la notion de sa recherche conçue comme obligatoire, n'auraient jamais pu se développer ou devenir un dogme. Dans un monde où il en irait ainsi, notre devoir serait plutôt de *fuir* la vérité ! Dans le monde où nous sommes, au contraire, de même qu'il existe certains aliments qui ne sont pas seulement agréables au goût, mais bons pour les dents, bons pour l'estomac, bons pour les tissus ; de même, exactement de même, il existe certaines idées qui ne sont pas seulement agréables à penser, ou simplement agréables comme servant de point d'appui à d'autres idées auxquelles nous tenons : il existe des idées qui nous sont en outre une aide précieuse dans les luttes de la vie pratique. S'il y a bien une vie qu'il soit réellement bon de mener plutôt que toute autre ; et s'il y a bien une idée qui, obtenant notre adhésion, puisse nous aider à vivre de cette vie-là, eh bien ! *il nous sera* réellement *meilleur* de croire à cette idée, *pourvu que la croyance s'y attachant ne soit pas, bien entendu, en opposition avec d'autres intérêts vitaux d'un intérêt supérieur.*

« Ce qui pour nous serait le meilleur à croire » : voilà qui ressemble assez à une définition de la vérité! C'est à peu près comme si l'on disait : « Ce que nous *devons* croire ». Or, dans cette seconde définition personne ne verrait rien d'étrange. Aurions-nous jamais le devoir de ne pas croire ce qui est *pour nous le meilleur* à croire? Et pouvons-nous maintenir éternellement séparées la notion de ce qui est pour nous le meilleur et la notion de ce qui est vrai pour nous?

Non! — répond le pragmatisme; et je réponds de même. Vous aussi, peut-être, tant que l'on reste dans le domaine de l'abstrait, mais non sans soupçonner que si, pratiquement, nous croyions tout ce qui nous serait avantageux dans notre existence individuelle, on nous verrait faire bon accueil à toutes sortes de fantaisies relativement aux affaires de ce monde, à toutes sortes de superstitions relativement à un au delà. Vos doutes ici sont assurément justifiés, car il est évident que le passage de l'abstrait au concret fait surgir quelque chose qui complique la situation.

Ce qui pour nous est le meilleur à croire, voilà ce qui est vrai pour nous, — disais-je tout à l'heure, mais en ajoutant : *pourvu que notre croyance ne se trouve pas en désaccord avec quelque autre avantage vital.* Or, dans la vie réelle, quels intérêts vitaux l'une de nos croyances particulières est-elle exposée à contrarier? Quels intérêts, sinon ceux qui nous sont assurés par d'*autres croyances*, quand celles-ci sont inconciliables avec la première? En d'autres termes, il peut arriver que l'une de nos croyances vraies rencontre dans les autres le pire des ennemis. De tout temps, il y a eu dans nos vérités cet irréductible instinct de conservation qui les porte à détruire tout ce qui les contredit.

Ma croyance à l'Absolu, fondée sur le bien qu'il me fait, doit donc relever le gant que lui jettent toutes mes autres croyances. Admettons qu'elle peut être vraie, comme ayant pour moi cet avantage de me rendre possibles des vacances morales. Telle que je la conçois pourtant, — vous disais-je en quelque sorte confidentiellement, et rien qu'en mon nom personnel, — elle se heurte à d'autres vérités auxquelles je crois, à des vérités dont il me déplairait fort de lui sacrifier les avantages! Elle se trouve en effet, associée à une certaine logique dont je suis l'adversaire; je constate qu'elle me jette, et me laisse, dans un dédale de paradoxes métaphysiques dont je ne saurais m'accommoder, etc. Or, j'ai dans la vie bien assez de tracas déjà, sans y ajouter l'ennui de porter en moi ces conflits intellectuels! Pour ma part, donc, je renonce tranquillement à l'Absolu : je *prends* tout simplement mes vacances morales; ou bien, étant un philosophe de profession, je m'applique à les justifier en invoquant quelque autre principe!

Il y aurait un moyen de supprimer ce désaccord entre l'idée de l'Absolu et d'autres croyances vraies : ce serait de n'en retenir qu'une seule et unique chose : la valeur qu'elle possède par le fait de m'accorder des vacances! Mais il n'est pas si facile que cela de restreindre une hypothèse : elle renferme des éléments surnuméraires ou accessoires, et c'est d'eux précisément que vient le conflit! Mon refus de croire à l'Absolu, n'est que le refus d'admettre tous ces éléments adventices, puisque je crois fermement avoir le droit de prendre des vacances morales !

Vous voyez par cet exemple ce que je voulais dire en qualifiant de conciliante, de pacificatrice, la méthode pragmatique, et lorsque je disais, d'un mot emprunté à Papini, qu'elle « assouplit » nos théories. Vous ne trouverez dans le pragmatisme aucune prévention, aucun dogme faisant obstruction, aucun axiome inflexible sur les preuves qui seraient seules admises. Il est on ne peut plus accueillant, ne repoussera d'avance aucune hypothèse, prendra en considération n'importe quel témoignage.

De là, dans le domaine de la religion, la grande supériorité du pragmatisme aussi bien sur l'empirisme positiviste, avec son parti pris contre la théologie, que sur le rationalisme religieux qui ne s'intéresse qu'aux conceptions transcendantes, les plus nobles, les plus dépouillées, les plus abstraites. Le pragmatisme élargit le champ de la recherche qui a pour objet Dieu. Le rationalisme n'entend pas sortir de la logique, quitter l'empyrée. L'empirisme ne jure que par les sens extérieurs. Le pragmatisme accepte tout : il accepte la logique ; il accepte les sens et consent à tenir compte des expériences les plus humbles, les plus particulières. Si les expériences mystiques peuvent avoir des conséquences pratiques, il les acceptera. Et, — s'il se trouvait que Dieu pût se rencontrer là, — le pragmatisme acceptera un Dieu qui habiterait au milieu même de la fange des phénomènes particuliers !

Comme critérium de la vérité probable, le pragmatisme prend ce qui remplit le mieux l'office de nous guider dans la vie, ce qui s'ajoute à toutes les parties de notre existence et s'adapte à l'ensemble des exigences de l'expérience, sans qu'aucune soit sacrifiée. Si les notions théologiques peuvent donner cela ; si la notion de Dieu, en particulier, se trouve le donner, comment le pragmatisme pourrait-il s'aviser de nier l'existence de Dieu ? Ce qui, pour lui, n'aurait aucune raison d'être, ce serait de ne pas considérer comme « vraie » une notion qui, aux yeux d'un pragmatiste, serait si bien justifiée par son succès : pour le pragmatisme, en effet, quelle autre sorte de vérité pourrait-il y avoir, en dehors de l'accord d'une idée avec la réalité concrète, avec la vie?

Dans ma dernière Leçon, je reviendrai encore sur les rapports du pragmatisme et de la religion. Mais vous voyez dès maintenant combien le pragmatisme est une doctrine démocratique. Dans ses allures, il est aussi souple et aussi varié; par ses ressources, il est aussi fécond et inépuisable ; par ses conclusions, il est aussi bienfaisant que la nature, notre mère à tous !

## TROISIÈME LEÇON

### TROIS PROBLÈMES MÉTAPHYSIQUES

I. Le problème de la substance. — L'Eucharistie. — Théorie de Berkeley sur la matière. — Théorie de Locke sur l'identité personnelle. — Le matérialisme et le spiritualisme. — Comment le pragmatisme aborde le problème de la matière. — Quelle sorte d'intérêt il attache au problème. — A l'égard du passé, pas de différence appréciable entre le matérialisme et le spiritualisme : « Dieu » n'est pas un principe plus satisfaisant que « la Matière », s'il ne donne ou ne *promet* rien de plus. — Où réside, pour le pragmatisme, la supériorité du spiritualisme.
II. Problème soulevé par l'idée d'un « dessein » qui se réalise dans la nature. — Stérilité de cette idée en elle-même. — La question serait de savoir *quel* dessein se réalise et *quel* en est l'auteur.
III. Le problème du « libre arbitre ». — Rapport du « libre arbitre » avec « l'imputabilité » des actes. — Il implique la même théorie cosmologique que l'idée de « Dieu », de « l'Esprit », et de « l'Ordre » dans la nature.
*Conclusion*. — Attitude constante du pragmatisme : demander sur chaque problème, pour chaque solution offerte, quelles *promesses* elle apporte.

Il me faut maintenant vous rendre plus familière la méthode pragmatique, au moyen de quelques exemples, en l'appliquant à des problèmes particuliers.

Pour commencer par le plus aride, je vais prendre le problème de la *substance*.

## I

Tout le monde connaît la vieille distinction entre la *substance* et l'*attribut*, car on la trouve enchâssée dans la structure même du langage humain, comme en témoigne la différence faite par les grammairiens entre le *sujet* et le *prédicat* ou *attribut*.

Voici, par exemple, un morceau de craie. Elle est blanche, elle est friable, elle a une forme cylindrique, elle n'est pas soluble dans l'eau, etc. : voilà pour elle autant de modes, d'attributs, de propriétés, d'accidents ou de manières d'être, — prenez le terme qui vous plaira! Mais tous ces attributs ont pour sujet, pour support, une certaine quantité de *craie*, et c'est cela qu'on appelle la substance à quoi ils sont attachés. De même, les attributs de cette chaise ont leur sujet d'inhérence dans la substance « bois »; ceux de mon vêtement dans la substance « laine », etc.

A leur tour, la craie, le bois et la laine, malgré leurs différences, présentent des propriétés communes, à raison desquelles on les considère comme des modes d'une substance plus élémentaire, la *matière*, dont les attributs sont l'étendue et l'impénétrabilité.

Pareillement, nos sentiments et nos pensées sont des manières d'être ou des propriétés de nos *âmes* respectives, qui sont elles-mêmes des substances, mais qui ne le sont pas, elles non plus, d'une manière indépendante, car elles sont des modes d'une substance encore plus profonde, l'*esprit*.

Eh bien! on a reconnu de bonne heure que, de la craie, nous *connaissons* uniquement sa blancheur, sa friabilité, etc., et que, du bois, nous *connaissons* seulement sa combustibilité, sa structure fibreuse, etc. Un groupe d'attributs : voilà, en tant que connue, tout ce qu'une substance est pour nous; voilà, sans plus, ce qui donne à cette substance sa valeur positive, argent comptant, pour notre expérience réelle. La substance ne se révèle jamais que par *eux;* n'avoir aucune communication avec *eux*, ce serait ne pouvoir à aucun moment soupçonner son existence à elle; et, si Dieu continuait à les faire parvenir jusqu'à nous, dans le même ordre, tout en accomplissant ce miracle, d'anéantir, à un instant donné, la substance qui leur servait de support, nous ne pourrions jamais découvrir cet instant, puisque les impressions composant notre expérience ne subiraient, elles non plus, aucune modification.

Par suite, les nominalistes sont amenés à soutenir que la substance est une idée toute factice provenant de cet artifice, devenu chez l'homme une manie, de convertir un nom en un objet. C'est par groupes que les phénomènes viennent à nous, — le groupe *craie*, le groupe *bois;* — et chaque groupe reçoit un nom; puis nous regardons ce nom comme le support, en quelque sorte, du groupe de phénomènes qu'il désigne. La basse température d'aujourd'hui, par exemple, se conçoit comme venant de quelque chose qu'on appelle « le climat ». En fait, ce n'est là que le nom désignant un certain nombre de jours, mais on en parle de la même manière que s'il était *derrière* le jour. Oui, d'une manière générale, nous faisons du nom quelque chose qui serait un être et que nous plaçons derrière les faits désignés par lui. Or, disent les nominalistes, les propriétés phénoménales ne résident assurément pas dans les noms; et ce n'est ni un nom, ni quoi que ce soit, qui fait leur *inhérence*. En réalité, elles *adhèrent* les unes aux autres ou, plus exactement, il y a *cohésion* entre elles. Il faut donc abandonner la notion d'une substance qui nous reste inaccessible et dont nous croyons qu'elle explique cette cohésion en lui servant de support, à la manière dont le ciment donne de la cohésion aux pierres d'une mosaïque. L'idée de substance se réduit au fait de la cohésion elle-même, et derrière ce fait il n'y a rien.

Cette idée, empruntée au sens commun, la scolastique l'a rendue très précise et très technique. S'il y a quelque chose qui semble peu susceptible d'avoir des conséquences pratiques pour nous, ce sont bien les substances avec lesquelles tout contact nous est interdit. Et pourtant il y a un cas où la philosophie scolastique a prouvé l'importance de ce concept, en l'étudiant au point de vue pragmatique. Il s'agit de certaines discussions relatives au mystère de l'Eucharistie. La substance, ici, devait apparaître comme ayant une valeur pratique des plus considérables. Puisque les propriétés de l'hostie ne subissent point de changement au moment de la consécration, et qu'elle est cependant devenue le corps même du Christ, il faut bien que la substance seule ait subi une modification : il faut bien que la substance du pain se soit comme retirée, et que la substance divine se soit miraculeusement substituée à elle sans altérer les qualités immédiatement saisies par nos sens. Une énorme différence n'en existe pas moins, puisqu'alors, en recevant l'hostie, on se nourrit de la substance divine elle-même ! De cette manière, la notion de substance fait en quelque sorte irruption dans la vie pour y produire un effet déconcertant, si vous admettez ici que des substances puissent se séparer de leurs propriétés respectives et que l'une puisse échanger les siennes contre celles de l'autre.

Cette application pragmatique de l'idée en question est la seule que je connaisse et ne saurait, bien évidemment, être prise au sérieux que par ceux qui croient déjà, pour des raisons d'un tout autre ordre, à la « présence réelle ».

La critique de la *substance matérielle*, par Berkeley, a si bien produit son effet, que le nom de ce philosophe n'a jamais cessé, depuis, de retentir dans l'histoire de la philosophie. Son argumentation est si connue qu'il suffira de la mentionner. Bien loin de nier le monde extérieur que nous connaissons, Berkeley a corroboré notre croyance à sa réalité. Ce qu'il considère comme la meilleure arme aux mains des adversaires de cette croyance, ce n'est que la conception scolastique d'une substance matérielle, inaccessible pour nous, qui se trouverait *derrière* le monde extérieur et qui, ayant plus de profondeur que lui, comme aussi plus de réalité, serait nécessaire pour le soutenir. Supprimez cette substance, nous dit Berkeley; croyez que le monde sensible est directement projeté en vous par Dieu, — par ce Dieu qui vous est intelligible et qui vous est accessible; — et aussitôt vous établissez solidement l'existence d'un monde maintenant soutenu et garanti par l'autorité divine !

Comme on le voit, c'est là une argumentation d'un caractère nettement dogmatique. Ce que nous connaissons, en fait de « matière », ce sont, pour Berkeley, nos sensations de couleur, de forme, de résistance, et autres. Elles sont la monnaie, les espèces sonnantes, à l'égard desquelles la « matière » n'est que le terme qui les énonce. Quelle différence cela fait-il pour nous, que la matière existe, ou qu'elle n'existe pas, réellement? La différence sera que, dans le premier cas, ces sensations sont possibles pour nous, et que dans le second elles ne le sont pas. C'est donc par les sensations, et par elles seulement, que la matière signifie quelque chose. Et, par conséquent, Berkeley ne nie pas la matière : il ne fait que nous dire en quoi elle consiste. En somme, le mot « matière » exprime une vérité, en tant qu'il s'applique aux sensations.

C'est également en se plaçant au point de vue pragmatique, et à peu près de la même manière, que Locke, et plus tard Hume, ont fait la critique du concept de *substance spirituelle*. Je ne vais m'occuper que de Locke et de sa théorie sur notre « identité personnelle ». Il commence par réduire immédiatement cette notion à sa valeur pratique, dans les termes mêmes de l'expérience. De quoi parlons-nous, quand nous parlons de notre identité? Nous parlons, répond-il, d'une certaine « conscience », d'un certain *quantum* de « conscience » ; c'est-à-dire de ce fait que, à tel moment de notre vie, nous nous rappelons d'autres moments, et que nous avons le sentiment qu'ils font partie d'une seule et même histoire personnelle, — de l'histoire d'un seul et même individu.

Cette unité, pratiquement constatée dans notre vie, le rationalisme l'avait expliquée par l'unité de l'âme-substance. Mais, dit Locke, supposez que Dieu fasse disparaître la conscience : qu'est-ce que cela *nous* donnerait de conserver ce principe qui serait l'âme? Supposez encore qu'il annexe la même conscience à des âmes différentes : qu'est-ce que cela *nous* ferait perdre, quand nous prendrions conscience de nous-mêmes ?

Du temps de Locke, l'âme était surtout une chose faite pour recevoir des récompenses ou subir des châtiments. Or, voyez de quelle manière Locke, discutant l'existence de l'âme à ce point de vue, maintient la question sur le terrain pragmatique. « Supposez, dit-il, qu'un homme croie être la même âme qui fut autrefois Nestor ou Thersite : pourra-t-il s'attribuer leurs actions plus qu'il ne s'attribue celles de n'importe quel autre homme ayant jamais existé ? Faites au contraire que l'une des actions de Nestor devienne une chose dont il aurait *conscience* un beau jour, et alors il trouvera qu'il ne fait qu'un avec Nestor... Sur cette identité personnelle est fondée toute la justice des récompenses et des châtiments. Ce qui peut se concevoir raisonnablement, c'est qu'aucun homme n'ait à répondre de ce qui échappe totalement à sa conscience, et qu'il accepte au contraire l'arrêt rendu contre lui ou en sa faveur, selon que sa conscience l'accuse ou l'absout. Mais supposez un homme puni maintenant pour ce qu'il aurait fait dans une autre existence dont il ne pourrait avoir aucunement conscience : quelle différence y a-t-il pour lui entre le fait de subir le châtiment et le fait d'avoir été *créé* pour souffrir ? »

Notre identité personnelle, pour Locke, se réduit, par suite, à des faits particuliers pratiquement vérifiables. Indépendamment de ces faits vérifiables, a-t-elle aussi son sujet d'inhérence dans un principe spirituel ? C'est là une question n'ayant qu'un intérêt de curiosité. En philosophe à qui ne répugnent pas les compromis, Locke acceptait nonchalamment que l'on crût à une âme substantielle qui se trouverait derrière notre conscience. Mais son successeur Hume, et après lui la plupart des psychologues empiristes, ont nié l'âme, sauf à se servir de ce mot pour désigner la cohésion vérifiable qui s'établit entre certains de nos états intérieurs. Ils se replongent avec ce mot-là dans le flux de l'expérience, pour le transformer en espèces ayant cours, en menue monnaie d'une valeur reconnue, — et cela sous la forme d' « idées », ainsi que sous la forme des relations particulières perçues entre elles. Avec eux, — comme avec Berkeley pour la matière, — la notion de l'âme est bonne, ou « vraie », tout juste *dans cette mesure*, mais pas davantage.

Parler de la substance matérielle fait naturellement penser à la doctrine du « matérialisme » ; mais le matérialisme philosophique peut rester indépendant de la croyance à la « matière », si l'on voit dans celle-ci un principe métaphysique. On peut, avec la même énergie que Berkeley, nier la matière ainsi conçue, — être un phénoméniste comme Huxley, — et n'en pas moins être un matérialiste, au sens large du mot, c'est-à-dire expliquer les phénomènes de l'ordre supérieur par les phénomènes de l'ordre inférieur et laisser les destinées du monde à la merci de ses parties, ou de ses forces, les plus aveugles.

C'est dans le sens large du mot que le matérialisme s'oppose au spiritualisme, au théisme. Ce qui met les choses en mouvement, dit le matérialisme, ce sont les lois de la nature. Prenez les plus sublimes productions du génie de l'homme : le mystère en pourrait être déchiffré par quelqu'un qui posséderait une parfaite connaissance des faits, grâce à leurs conditions physiologiques, et cela sans se demander si la nature n'existe que pour notre pensée, comme le prétendent les idéalistes, ou si la première existe en dehors et indépendamment de la seconde. Dans un cas comme dans l'autre, notre pensée aurait toujours à constater de quelle sorte est cette nature ; elle aurait toujours à bien prendre note, pour en tenir compte, de ce que la nature obéit aux lois aveugles de la physique.

Telle est la physionomie du matérialisme contemporain.

En face de ce matérialisme, auquel le nom de naturalisme conviendrait peut-être mieux, se dresse le « théisme » ou le « spiritualisme », au sens large de ce dernier terme. Il soutient que la pensée n'est pas une simple spectatrice à l'égard des choses et ne se borne pas à les enregistrer : la pensée met les choses en mouvement ; la pensée les façonne ; et le monde reçoit ainsi sa direction, non pas de son élément inférieur, mais de son élément supérieur.

Dans cette question, traitée comme on la traite souvent, on ne peut guère voir qu'un conflit entre des préférences esthétiques. La matière est quelque chose d'informe, de grossier, de compact et de fangeux ; l'esprit est une chose pure, élevée, noble ; et, comme la dignité de l'univers exige qu'on y donne la suprématie à ce qu'il semble renfermer de supérieur, c'est donc de l'esprit qu'il faut faire le principe qui préside à tout. Regarder les principes abstraits comme des causes finales devant lesquelles notre intelligence en vienne à se tenir immobile, dans l'attitude d'une contemplation admirative : voilà le grand tort du rationalisme. Il arrive souvent que le spiritualisme, tel qu'on le professe, ne soit plus qu'un simple sentiment, — d'admiration pour les abstractions d'un certain genre, ou d'antipathie pour celles d'un autre genre. C'est ainsi que je me souviens d'un respectable professeur spiritualiste qui ne parlait jamais du matérialisme sans l'appeler « la philosophie de la fange » : cela suffisait, pensait-il, comme réfutation !

A ce spiritualisme, il n'est pas bien difficile de répondre. Spencer lui a fait une réponse décisive. En quelques pages excellentes, vers la fin du premier volume de sa Psychologie, il nous fait voir qu'on ne trouve plus rien de grossier dans la « matière » dont la physique moderne fait le postulat de ses explications, — matière infiniment subtile et produisant des mouvements d'une rapidité, d'une délicatesse inconcevables ! Il nous montre que la notion même de l'esprit, sous la forme qu'elle a jusqu'à présent prise et gardée chez les mortels, reste, de son côté, trop grossière pour égaler l'extrême ténuité des phénomènes de la nature. Ces deux termes, « matière » et « esprit », ne sont, dit-il, que des symboles désignant cette réalité inconnaissable où s'évanouissent les différences qui nous les font opposer l'un à l'autre.

Une réponse faite dans l'abstrait est recevable pour une objection tout abstraite. Ceux-là donc qui, méprisant la « grossièreté » de la matière, n'ont pas d'autre raison pour protester contre le matérialisme, Spencer les déloge de leur position. La vérité est qu'il y a dans la matière un affinement infini, incroyable. Lorsqu'on a, une seule fois, contemplé le visage d'un enfant, d'un père ou d'une mère sur son lit de mort, le simple fait que la matière ait pu un instant revêtir cette forme précieuse, devrait suffire pour la rendre sacrée à jamais ! Que le *principe* de la vie soit matériel ou immatériel, qu'importe ! De toute façon, la matière fournit sa coopération en se prêtant à tous les desseins de la vie ; et, dans l'exemple que j'ai pris, il fallait bien qu'elle renfermât quelque chose qui rendit possible pour elle cette adorable incarnation !

Mais maintenant, au lieu de nous en tenir béatement à des principes abstraits, comme le fait un intellectualisme stagnant, appliquons à ce problème la méthode pragmatique. Qu'est-ce que nous entendons par la matière ? Que *signifie*-t-elle pour nous ? Quelle différence cela peut-il faire, *à présent*, que le monde soit mené par la matière ou par l'esprit ? Le problème prend ainsi, me semble-t-il, un aspect assez nouveau.

Tout d'abord j'appellerai votre attention sur un fait curieux. N'est-il pas étrange, en effet, de remarquer qu'on peut indifféremment croire que le monde fut l'œuvre de la matière, ou qu'il fut l'œuvre d'un esprit divin, car ces deux conceptions reviennent exactement au même, tant qu'il ne s'agit que du *passé* de l'univers ?

Imaginez, en effet, que le monde soit une fois pour toutes, irrévocablement, donné tel quel. Imaginez-le prenant fin en ce moment même, sans qu'aucun avenir existe pour lui. Et maintenant, voyons comment le théiste et le matérialiste appliquent à son histoire leurs explications opposées.

Le théiste montre comme quoi Dieu avait créé le monde. Le matérialiste montre, avec un égal succès, supposons-le, comme quoi il résultait de forces physiques aveugles. Là-dessus, demandons au pragmatiste de choisir entre leurs théories. Comment pourra-t-il appliquer son critérium à un monde dès maintenant achevé ? Pour lui, les concepts sont des choses nous permettant de revenir à l'expérience et d'y chercher des différences. Mais d'expérience, par hypothèse, il ne doit plus y en avoir ; et, de différence, il ne peut plus y en avoir à chercher. Les deux théories présentées ont développé toutes leurs conséquences ; et, d'après notre hypothèse, ces conséquences sont identiques de part et d'autre. Le pragmatiste est donc bien obligé de dire que les deux théories, sous deux noms différents, ont exactement la même signification, et que la discussion n'est ici qu'une chicane de mots.

Considérez effectivement la chose sans parti pris, et dites-moi à quoi servirait ou ce que *vaudrait* un Dieu qui subsisterait après l'accomplissement de son œuvre, après l'écroulement de son univers ? Il ne vaudrait absolument rien de plus que cet univers ne valait. Il faudrait dire que son pouvoir créateur est allé jusqu'à en obtenir ce résultat, — où les défauts se mêlaient aux mérites, — mais qu'il n'a pas pu aller plus loin. Et puisqu'il ne doit y avoir aucun avenir ; puisque, dans les sentiments qui accompagnèrent les choses à mesure qu'elles passaient, et qui maintenant les suivent dans leur disparition, toute la valeur de l'univers a déjà rendu ce qu'elle pouvait rendre ; puisque sa signification s'est déjà exprimée toute dans ces sentiments ; puisqu'enfin cette signification ne se complète pas, — comme se complète au contraire celle de notre monde réel, — par le nouvel intérêt qu'il prendrait s'il avait pour fonction de préparer quelque chose encore à naître, eh bien ! alors, il nous a fourni, pour ainsi dire, de quoi mesurer Dieu ! Alors, en effet, nous savons que Dieu est l'Etre qui a pu faire *ce monde-là ;* et, d'avoir fait celui-là, nous lui sommes reconnaissants, mais nous n'avons pas à lui être reconnaissants d'autre chose.

Prenons, d'autre part, la théorie contraire, d'après laquelle les atomes matériels, les morceaux de matière, obéissant à leurs lois propres, auraient été capables de produire l'univers en question, rien de moins : n'aurions-nous pas pour eux, à leur tour, exactement la même reconnaissance? Qu'aurions-nous à perdre, par conséquent, en nous passant de cette hypothèse qui est Dieu, pour considérer la matière comme seule responsable de cet univers? Sur quel point un certain manque de vie, une certaine grossièreté qu'on lui reproche, pourraient-ils venir nous gêner? Et comment, l'expérience étant définitivement ce qu'elle est, la présence de Dieu pourrait-elle la rendre plus vivante et plus riche?

En toute sincérité, je ne vois pas qu'il soit possible de répondre à cette question [1]. Le monde faisant l'objet réel de notre expérience est, dans ses détails, identiquement le même pour chacune des deux hypothèses, — « le même pour être béni, le même pour être honni », comme dit Browning [2]. Il est là, devant nous, irrévocablement : c'est un don qui ne saurait nous être repris. En donnant à sa

---

1. Voir cependant la note, *très importante*, de la page 280 (Appendice). [Trad.]

(2) ROBERT BROWNING. *A Lover's Quarrel* (Plaintes d'un amant), str. 17 :

> Que le monde soit noble, ou bien qu'il soit immonde,
> Et le soit plus ou moins : qu'importe? il est le monde :
>   Le même, quand je le bénis ;
>   Le même, quand je le honnis.
>
> [Trad.]

cause le nom de « matière », on ne retranche aucun des « numéros » qui sont entrés dans sa composition ; en donnant à cette cause le nom de Dieu, on n'y ajoute rien. Il s'agit toujours du Dieu ou des atomes de tel univers exactement, et non pas d'un autre. Votre Dieu, s'il s'y trouve, a fait ce que pouvaient faire les atomes, pas autre chose : il a pris, pour se montrer, l'aspect des atomes, en quelque sorte ; et il a ainsi mérité autant de gratitude que les atomes en méritent, mais pas davantage. Si de sa présence il ne résulte pas pour l'œuvre une autre direction, un autre dénouement, qu'avec les atomes pour seuls acteurs en scène, sa présence ne peut assurément pas donner à cette œuvre un surcroît de dignité, pas plus que son absence ne pourrait lui rien retirer à cet égard. Une fois la pièce jouée et le rideau baissé, vous ne donnez pas plus de valeur réelle à cette pièce en proclamant qu'elle a pour auteur un homme de génie ; et vous n'en diminuez pas la valeur non plus en le qualifiant, lui, de vulgaire écrivailleur !

Il est ainsi constaté que si, de notre hypothèse, on ne peut déduire aucun fait particulier pour notre expérience ou notre conduite dans l'avenir, le débat du matérialisme et du théisme devient absolument vain et n'a plus aucun intérêt. « La matière » et « Dieu », en pareil cas, c'est exactement la même chose : c'est toujours la puissance qui fut capable de faire ce monde maintenant achevé, ni plus ni moins ; et alors il est d'un sage de tourner le dos à des discussions oiseuses.

Aussi bien, on voit la plupart des hommes fuir d'instinct, et l'on voit les hommes de science, avec les positivistes, fuir de propos délibéré, ces controverses philosophiques qui ne semblent jamais rien donner, en fait de conséquences précises ayant quelque intérêt pour l'avenir. Nous ne sommes que trop habitués à entendre accuser la philosophie de rester creuse et toute verbale. Si le pragmatisme est bien une doctrine vraie, il faut reconnaître ce reproche comme justifié, tant qu'on n'établit pas que les théories aux prises l'une avec l'autre comportent des applications pratiques différentes, si délicates et si lointaines que soient ces applications. L'homme du commun et l'homme de science disent alors qu'ils ne les aperçoivent pas; et si le métaphysicien ne sait pas les découvrir non plus, ce sont eux qui ont raison de le combattre, car, en pareil cas, sa métaphysique n'est qu'un pompeux badinage.

Un véritable débat métaphysique implique donc toujours quelque résultat pratique, ce résultat fût-il conjectural et lointain. Pour vous en convaincre, reprenez avec moi notre problème. Plaçons-nous, cette fois, dans le monde où nous vivons, dans *le monde pour lequel il y a un avenir* et qui n'est pas encore achevé en ce moment même. Dans ce monde inachevé, la question de savoir lequel choisir, du matérialisme et du théisme, est d'un profond intérêt pratique, comme nous allons le voir.

Quelle différence de programme y a-t-il pour nous, soit à considérer que les faits de l'expérience, jusques et y compris l'instant actuel, sont des combinaisons réalisées sans aucun but par d'aveugles atomes, aux mouvements desquels président des lois éternelles, — soit à les considérer, au contraire, comme dus à la providence divine? En ce qui concerne les faits passés, nulle différence : ils sont arrivés à destination, ils sont « logés », ils sont

« bouclés »; et ce qu'ils apportaient de bon est chose acquise maintenant, que leur cause fût dans votre Dieu ou qu'elle fût dans les atomes.

Aussi rencontre-t-on aujourd'hui de nombreux matérialistes qui, ne voulant tenir aucun compte de l'avenir et des aspects pratiques de la question, s'appliquent à faire disparaître ce qui rend haïssable le matérialisme, et même à se débarrasser de ce mot, en montrant que, si la matière a pu donner un tel gain, eh bien! alors, la matière, considérée quant à ses fonctions, est une entité divine tout comme l'est Dieu, qu'en somme elle ne fait qu'un avec Dieu, et qu'elle est précisément ce que vous appelez Dieu.
— Cessez, nous disent-ils, d'employer l'un ou l'autre de ces deux termes : c'est là une antithèse qui a fait son temps. Employez un terme qui n'éveille, d'une part, aucune idée mystique, et qui, de l'autre, ne fasse penser à rien de grossier, d'informe et de vil. Parlez du mystère originel, de l'inconnaissable énergie, de la puissance une et unique, sans parler ni d'un Dieu ni d'une matière.

Tel est bien le parti que nous recommande instamment Spencer; et, si la philosophie était tout entière tournée vers le passé, il pourrait se dire un excellent pragmatiste.

Mais la philosophie est tournée vers l'avenir aussi. Une fois trouvé ce que le monde a été, ce qu'il a fait, ce qu'il a donné, elle continue de poser l'autre question : « Qu'est-ce que le monde nous *promet?* » Apportez-nous une matière qui nous promette le *succès;* qui doive, en vertu de ses lois, nous conduire toujours plus près de la perfection : alors tout homme raisonnable adorera cette matière aussi volontiers que Spencer adore la puissance inconnaissable qu'il a imaginée. C'est qu'alors votre matière ne sera pas seulement ce qui a fait que la justice régnât jusqu'à présent, mais ce qui fera que la justice règne à jamais. Or, c'est de cela que nous avons besoin, et de cela seulement. Effectuant tout ce qu'un Dieu est capable d'effectuer, elle est l'équivalent de Dieu; sa fonction est bien celle qu'un Dieu doit remplir, et cela dans un monde où ce Dieu serait superflu, dans un monde où son absence ne saurait plus se faire raisonnablement regretter. « Emotion cosmique » : voilà bien le nom qui conviendrait à la religion.

Mais en sommes-nous réellement là? La matière qui, chez Spencer, préside à l'évolution cosmique, est-elle bien ce principe que nous venons de dire, ou quelque chose qui approche d'un tel principe de perfection indéfinie? Non, elle n'est rien de tel. Quelle est en effet la fin, quel est l'avenir, que la science nous annonce pour chacune des choses, chacun des systèmes de choses, ayant évolué en vertu des lois cosmiques? Cet avenir, c'est une tragédie ayant pour dénouement la mort! En éliminant le côté pratique du problème, pour n'en retenir que le côté esthétique, Spencer s'est trouvé ne fonder sa croyance sur rien de sérieux.

Et maintenant, appliquons, au contraire, notre principe qui veut qu'on envisage les résultats pratiques : nous voyons aussitôt quel intérêt vital acquiert le choix à faire entre le matérialisme et le théisme.

Indifférent lorsqu'on les comparait à un point de vue rétrospectif, le choix devient inévitable dès que, les considérant par rapport à l'avenir, nous les voyons offrir pour l'expérience des perspectives toutes différentes. Certes, toutes les bonnes heures que notre organisme a jamais connues, toutes les formes sous lesquelles notre pensée se construit un idéal, nous en sommes redevables, d'après la théorie de l'évolution mécanique, aux lois assurant la redistribution de la matière et du mouvement. Mais ces lois, leur propre fatalité les condamne à redéfaire ce qu'elles ont fait, à redissoudre tout ce qui aura, grâce à elles, accompli son évolution !

Tout le monde connaît le tableau, d'avance tracé par la science évolutionniste, de l'état qui sera finalement celui de l'univers. « Les forces de notre système déclineront, écrit M. Balfour[1] ; la splendeur de notre soleil se ternira ; la terre, devenue inerte, et qui ne connaîtra plus de saisons, ne pourra plus supporter la présence des hommes qui seront venus, momentanément, troubler sa solitude. L'homme s'abîmera dans le gouffre ouvert sous ses pieds, et toutes ses pensées avec lui périront. L'inquiète conscience qui, dans ce coin obscur, aura pour quelque temps, pour bien peu de temps, troublé l'heureux silence de l'univers, cessera de s'agiter. La matière s'ignorera désormais. Les *impérissables monuments*, les *actes éternellement mémorables*, seront comme s'ils n'avaient jamais été ; et de même la mort ; et de même l'amour, plus fort que la mort ! Et pour aucune des choses qui existent, rien de meilleur, rien de pire, ne résultera de tout ce que l'humanité, par son labeur, par son génie, par son dévouement, par ses souffrances, se sera efforcée de réaliser à travers d'innombrables siècles ! »

1. BALFOUR, *Les fondements de la croyance*. (Librairie universelle). — [On doit faire observer ici que la traduction du passage ci-dessus n'a pas été empruntée à l'édition française. — Trad.]

Voilà justement où le bât nous blesse ! Si les énormes poussées des courants de l'atmosphère cosmique font apparaître pour nous maint rivage tout paré de joyaux ; si, bien souvent, il leur arrive de laisser au loin flotter sur place un banc de nuages, île enchantée qui s'attarde, s'attarde, avant de se dissoudre, — de même qu'en ce moment, à notre grande joie, s'attarde notre univers, — pourtant, une fois disparus ces éphémères produits de l'évolution, rien ne reste, absolument *rien*, pour représenter toutes ces qualités particulières, tous ces éléments d'une précieuse richesse qui ont pu s'y enchâsser. Tout cela est mort, tout cela est disparu, — définitivement disparu, hors de la sphère même du réel, hors du domaine même de l'existence. Pas un écho de tout cela ; pas un souvenir ; pas une influence sur quelque chose qui pourrait venir ensuite, sur quelque chose par quoi entretenir le souci du même idéal ou d'un idéal du même genre !

A cet irréparable naufrage, à cette tragédie finale aboutit nécessairement le matérialisme scientifique, tel qu'il est actuellement compris. Les forces éternelles, les forces appelées à survivre les dernières dans le seul cycle de l'évolution que nous puissions voir d'une manière définie, ce sont les forces inférieures et non pas les forces supérieures. Cela, Spencer le croit aussi fermement que personne. Alors pourquoi se met-il à discuter avec nous comme si nous protestions, au nom d'une esthétique niaise, contre l' « inélégance » de « la matière » et du « mouvement » qui sont les principes de sa philosophie ? Ce n'est pas cela qui nous consterne : c'est de ne rien trouver que de désolant dans les résultats auxquels, en pratique, sa philosophie nous conduit.

Oui, c'est une objection positive, et non pas une objection purement négative, que soulève le matérialisme. Lui reprocher d'être ce qu'il est, du reste, très réellement, lui reprocher son « inélégance », ce serait burlesque aujourd'hui. « L'inélégance n'est pas dans les choses, mais dans la manière de s'en servir » : cela, nous le savons maintenant, et nous le savons bien. Au lieu de reprocher au matérialisme ce qu'il est ou ce qu'il fait, nous lui reprochons ce qu'il n'est pas et ce qu'il ne fait pas, car nous lui reprochons de ne pas garantir d'une façon permanente nos intérêts supérieurs, de ne point satisfaire celles de nos espérances dont l'objet est le plus lointain !

L'idée de Dieu, au contraire, a beau être tout à fait inférieure en clarté à ces notions mathématiques chères aux systèmes qui, en philosophie, expliquent tout par les lois de la mécanique : elle a du moins cette supériorité pratique de nous garantir un ordre idéal dont rien ne pourra compromettre le règne permanent. Qu'il y ait un monde renfermant un Dieu qui aura toujours le dernier mot, et ce monde-là peut bien périr par le feu ou par la gelée ; mais nous, songeant à ce Dieu, nous pourrons nous dire qu'il restera soucieux de fournir aux anciennes formes de l'idéal la possibilité de se satisfaire ailleurs. Grâce à lui, là où il existe, la tragédie ne sera que partielle et momentanée ; le naufrage, la dissolution, n'aura pas le dernier mot dans la destinée des choses !

Ce besoin d'un ordre moral, qui soit éternel, est l'un des besoins les plus profonds de notre cœur. C'est parce que certains poètes, comme Dante et Wordsworth, ont cru à cet ordre éternel, que leurs vers possèdent une si admirable vertu tonique et consolante. Ce sera donc dans cette manière toute différente de s'adresser à nos sentiments et de faire appel à l'action ; dans cette façon si opposée d'ajuster en nous les attitudes où s'expriment la pensée de l'avenir et l'espérance, ainsi que dans les menues conséquences qu'entraînent les divergences des deux doctrines; ce sera sur ce terrain concret qu'apparaîtra la réelle signification du matérialisme, d'une part, et du spiritualisme, de l'autre : ce ne sera pas dans ces abstractions où l'on fend un cheveu en quatre, à discuter sur l'essence intime de la matière ou sur les attributs métaphysiques de Dieu. Le matérialisme est purement et simplement le refus de croire que l'ordre moral est éternel : le spiritualisme est l'affirmation d'un ordre moral éternel ; et, tandis que le matérialisme donnait le coup de grâce à nos légitimes espérances, le spiritualisme, au contraire, leur lâche la bride !

Voilà, n'est-il pas vrai? pour quiconque est capable de sentir ces sortes de choses, un litige d'une assez réelle gravité; et tant que les hommes seront des hommes, il sera matière à de sérieux débats philosophiques.

Tout en admettant que le spiritualisme et le matérialisme nous apportent des prophéties différentes sur l'avenir du monde, plus d'un, cependant, pourra hausser les épaules à l'idée de cette différence, comme à l'idée d'une chose si infiniment lointaine qu'elle n'a pas le moindre intérêt pour un esprit sensé. Le propre d'un esprit sensé, dira-t-on, est de s'en tenir à des vues moins vastes et de n'attacher aucun intérêt à des chimères telles que la destinée ultérieure de l'univers. — Eh bien ! moi, j'estime qu'on méconnaît la nature humaine, lorsqu'on parle ainsi. Il ne suffit pas de jouer du mot « insanité » pour en finir avec l'angoisse religieuse. Les choses de l'absolu, les choses qui sont les choses suprêmes, les choses qui viennent par-dessus les autres et qui les recouvrent, voilà les choses qui présentent un réel intérêt philosophique : elles inspirent de graves préoccupations aux esprits supérieurs, et la pensée qui s'en tient aux vues les moins vastes n'est que l'étroite pensée du plus superficiel des hommes.

Naturellement, nous ne concevons encore qu'assez vaguement les questions de fait en jeu dans ce débat. Mais la croyance spiritualiste, sous toutes ses formes, a pour objet un monde *plein de promesses*, tandis que le soleil du matérialisme se couche dans un océan de désillusions! Rappelez-vous ce que je vous ai dit de l'Absolu : il nous accorde des vacances morales. Toute conception d'un caractère religieux nous en accorde. Non seulement elle donne plus d'élan à nos heures de pleine activité, mais elle s'intéresse aussi, pour les justifier, à nos heures de joie, d'abandon, de confiance.

Les raisons qui justifient ces heures-là, la croyance en Dieu ne nous en présente, il est vrai, qu'un tableau plutôt confus. Pour démêler les traits précis des événements futurs d'où viendra le salut et que nous assure cette croyance, il faudra les interminables méthodes de la science : nous ne pouvons *étudier* notre Dieu qu'en étudiant sa création. Mais nous pouvons *jouir* de notre Dieu, si nous en avons un, dès avant de nous livrer à tout ce travail. Pour ma part, je suis convaincu que le premier des témoignages en faveur de Dieu réside dans notre expérience personnelle. Et lorsqu'elle vous offre votre Dieu, son nom immédiatement vous assure ce bienfait que sont des vacances !

Rappelez-vous cependant ce que je disais, dans ma première Leçon, sur ces vérités qui se heurtent et qui cherchent mutuellement à se faire mordre la poussière : la vérité de « Dieu » est tenue de relever le gant que lui jettent toutes les autres vérités. Si la première les met à l'épreuve, elles la mettent à l'épreuve également. Notre opinion sur Dieu ne pourra devenir *définitive*, qu'après que les vérités en notre possession auront, toutes ensemble, acquis toute leur précision avec tout leur développement : espérons qu'elles ne manqueront pas de trouver un *modus vivendi*, un terrain d'entente !

## II

Je passe à un problème philosophique lié très étroitement au premier : le problème du *dessein réalisé dans la nature*. Depuis un temps immémorial, l'existence de Dieu est tenue pour démontrée par certains phénomènes naturels. En de nombreux phénomènes semble se révéler un dessein tel que chacun aurait été expressément conçu en vue des autres. Ainsi le bec, la langue, les pattes, la queue, etc., du pivert, le rendent merveilleusement propre à vivre dans un monde où il y a des arbres, avec des vers cachés sous l'écorce, pour le nourrir. Les diverses parties de notre œil l'adaptent admirablement aux lois de la lumière, dont elles amènent les rayons à former sur la rétine un tableau nettement dessiné. Une si parfaite adaptation mutuelle de choses d'une origine différente témoignait d'un dessein, disait-on ; et l'on ne manquait pas de voir en l'auteur de ce dessein une providence pleine d'amour pour les hommes.

La première tâche à remplir dans cette démonstration était de prouver l'*existence* d'un tel dessein. On mettait la nature au pillage pour le chercher dans ses résultats, manifestés par des choses distinctes entre lesquelles se constatait une coadaptation. Nos yeux, par exemple, se forment, à l'origine, dans les ténèbres intra-utérines, et c'est dans le soleil que la lumière a son origine : voyez pourtant comme ces deux choses sont bien adaptées l'une à l'autre ! Elles sont faites l'une *pour* l'autre, évidemment ! La vision est la fin préconçue pour la réalisation de laquelle la lumière et les yeux, — choses cependant distinctes, — sont des moyens préconçus.

A considérer l'unanimité avec laquelle nos ancêtres étaient sensibles à la force de cet argument, il est curieux de voir combien peu il compte pour la science, depuis le triomphe du « darwinisme » ! Darwin nous a familiarisés avec l'idée que des faits fortuits, pourvu qu'on leur laisse le temps de s'accumuler, peuvent aboutir à des résultats « adaptés ». Il a montré l'énorme gaspillage auquel se livre la nature pour produire des résultats que leur manque d'adaptation condamne à disparaître. Il a également insisté sur les nombreuses adaptations qui, à supposer qu'un dessein s'y révèle, déposeraient dans le sens, non pas d'un principe bon, mais d'un principe mauvais. *Ici*, en effet, tout dépend du point de vue : pour le ver caché sous l'écorce d'un arbre, l'adaptation parfaite réalisée, dans les organes du pivert, en vue d'arracher ce ver à sa retraite, ferait évidemment croire à une intelligence diabolique !

Les théologiens d'aujourd'hui se sont évertués à tirer parti des faits invoqués par Darwin, mais pour les interpréter comme prouvant une intelligence divine. Ils n'ont pas cessé d'opposer l'intelligence et le mécanisme : c'était l'un *ou* l'autre de ces deux termes ; il fallait choisir ! C'est comme si l'on disait : « Mes chaussures sont évidemment faites pour s'adapter à mes pieds ; et, par suite, elles ne peuvent pas être le produit d'un mécanisme ». Or, nous savons qu'elles résultent d'un mécanisme destiné lui-même à pourvoir nos pieds de chaussures. La théologie n'a qu'à étendre dans ce sens les desseins de Dieu. Qu'est-ce que se proposent les hommes d'une équipe de football ? Ce n'est pas uniquement de faire atteindre un certain but à leur balle, — car alors il leur suffirait de quitter leur lit, par une nuit bien noire, pour aller placer cette balle à l'endroit voulu ; — mais d'atteindre le but par le fonctionnement d'un *mécanisme de conditions* déterminées, mécanisme qui comprend les règles du jeu et les mouvements opposés par l'autre équipe. Pareillement, Dieu ne se propose pas simplement, par exemple, de créer les hommes et de les sauver : il se propose plutôt de faire atteindre ce but par le seul fonctionnement du vaste mécanisme de la nature. Sans les redoutables lois et les forces redoutables que la nature nous oppose, la création de l'homme et sa perfection seraient, — il nous sera permis de le conjecturer, — une œuvre d'un intérêt trop mince pour que Dieu ait pu se la proposer.

A raisonner comme je viens de le faire, en sacrifiant le traditionnel anthropomorphisme, vraiment trop commode, que renfermait le vieil argument fondé sur l'ordre de la nature, sa forme reste sauve.

L'auteur de cet ordre n'est plus, comme autrefois, une divinité conçue à l'image de l'homme. Ses desseins se sont élargis de manière à ne pouvoir être compréhensibles pour les humains. D'après *ce qu'ils sont*, de pareils desseins nous causent une stupeur telle que le simple fait qu'il *existe* une intelligence qui en est l'auteur, n'a plus pour nous qu'un intérêt relativement médiocre. Nous ne pouvons que difficilement comprendre le *caractère* d'une pensée cosmique, d'une intelligence universelle, dont les intentions se révèlent pleinement par le singulier mélange de biens et de maux rencontrés dans les choses particulières de ce monde réel. Pour mieux dire, il nous est absolument impossible de le comprendre. Le mot « dessein », en lui-même, ne fournit aucune conséquence et n'explique rien : c'est le plus stérile des principes. Et la vieille question de savoir s'il *existe* un dessein dans la nature, est une question oiseuse. Le vrai problème consiste à savoir *ce qu'est le monde*, — qu'il soit ou non le produit d'un dessein ; — et cela, on ne pourra le savoir que par l'étude de tous les faits particuliers.

Quoi que la nature ait produit ou soit en train de produire, les moyens, ne l'oublions pas, doivent avoir été adéquats, avoir été *adaptés à cette production*. L'argument tiré de l'adaptation des choses à un dessein s'appliquerait donc toujours, quel que fût le caractère de la chose produite. La dernière éruption du Mont Pelée, par exemple, a exigé toute l'histoire antérieure du monde pour produire exactement cette combinaison de maisons écroulées, de cadavres d'hommes et d'animaux, de navires coulés, de cendres volcaniques, etc., et cela exactement avec cet horrible ensemble d'attitudes et de positions. Il a fallu, pour cela, que la France fût une nation et colonisât la Martinique. Il a fallu que la république des Etats-Unis de l'Amérique du Nord existât aussi et qu'elle y envoyât ses navires.. Si vraiment Dieu visait précisément ce résultat, une intelligence achevée s'est manifestée dans les moyens qui ont fait converger dans cette direction les diverses influences des siècles.

On en dirait autant pour n'importe quel état de choses effectivement donné dans la nature ou dans l'histoire. Les différentes parties de la réalité doivent toujours produire quelque résultat défini, — chaotique ou harmonieux, peu importe. Quand nous considérons ce qui, en fait, s'est réalisé, toujours et nécessairement les conditions nous apparaissent comme ayant été on ne peut mieux prévues pour assurer cette réalisation. On aura donc toujours de quoi dire, dans n'importe quel monde concevable, de n'importe quel aspect concevable également, que le mécanisme cosmique tout entier peut avoir été conçu en vue de produire cet aspect.

Au point de vue pragmatique, il résulte de là que le mot abstrait « dessein » est comme une cartouche à poudre, mais sans balle. Il n'exprime pas l'idée de conséquences à produire; il ne fait rien exécuter. *Quel* dessein s'est réalisé? *Quel* en est l'auteur? Voilà les seules questions sérieuses; et des réponses, même simplement approximatives, ne sont possibles que par l'étude des faits.

En attendant une réponse que les faits puissent lentement fournir, vouloir qu'il y ait réellement *un dessein*, être convaincu qu'il vient d'une intelligence divine, c'est s'assurer, par ce mot lui-même, un avantage pratique, — cet avantage que nous avons constaté pour les mots Dieu, Esprit, Absolu. Sans valeur en tant que pur principe placé par les rationalistes au-dessus des choses, ou derrière, pour être d'autant plus digne d'admiration, — le mot « dessein » devient un terme *plein de promesses*, si notre croyance en tire quelque chose de concret, quelque chose de divin. De l'emporter avec nous pour rentrer dans le monde de l'expérience, nous y gagnerons d'envisager l'avenir avec plus de confiance. Si ce n'est pas une force aveugle, mais une force clairvoyante, qui détermine le cours des choses, il nous est permis de compter raisonnablement sur des résultats meilleurs. Cette vague confiance dans l'avenir est actuellement la seule signification pratique qu'on puisse attacher au terme en question. Mais une telle signification sera d'une extrême importance, si la confiance à l'égard de l'univers est justifiée, et non pas mal fondée; si elle vaut mieux que la défiance, et non pas moins. Voilà, en tout cas, le degré de « vérité » qu'il y aura dans le mot ainsi interprété.

## III

En passant au problème du *libre arbitre*, nous abordons une question non moins rebattue que les deux précédentes.

La plupart des gens qui croient à ce qu'ils appellent leur libre arbitre y croient à la façon des rationalistes. C'est un principe, une faculté, un pouvoir réel, qui, chez l'homme s'ajoute aux autres, et qui augmente sa dignité, d'une manière d'ailleurs énigmatique. Cet accroissement de dignité lui fait un devoir de croire à son libre arbitre.

Les déterministes le nient. Ils disent que l'individu, dans l'humanité, ne crée rien de nouveau et ne fait que transmettre à l'avenir toute la poussée reçue par lui du passé de l'univers dont il est une si faible expression. Ils le diminuent donc. Dépouillé de ce pouvoir créateur, l'homme perd de sa noblesse. Je m'imagine que la plupart d'entre vous partagent notre instinctive croyance au libre arbitre, et que, dans leur attachement à cette croyance, entre pour beaucoup l'admiration inspirée par un tel principe de dignité.

Mais le point de vue pragmatique est également intervenu dans la discussion du libre arbitre. A ce point de vue, chose assez curieuse, le libre arbitre a été interprété de la même manière par ses partisans et par ses adversaires. Vous savez quelle grande place les questions relatives à *l'imputabilité* des actes, à la *responsabilité*, ont tenue dans les controverses de la morale. A entendre certaines personnes, on supposerait que la morale tout entière a pour unique but d'établir un code du mérite et du démérite, — tant demeure vivace en nous le vieux levain légal et théologique, l'intérêt qui s'attache au péché, au crime, et à son châtiment! « Qui devons-nous blâmer? Qui pouvons-nous châtier? Quels sont ceux que Dieu punira? » Ces préoccupations planent, comme un mauvais rêve, sur l'histoire religieuse de l'humanité!

Aussi a-t-on violemment pris à partie le libre arbitre et le déterminisme. On les a qualifiés d'absurdes, l'un et l'autre, parce que tous deux semblaient, aux yeux de leurs ennemis, ne pas permettre d'attribuer une bonne ou une mauvaise action à son auteur. Singulière antinomie! Le libre arbitre signifie quelque chose de nouveau, quelque chose qui vient se greffer sur le passé sans y avoir encore été impliqué, — disent les déterministes. Mais que disent les partisans du libre arbitre? Si nos actes étaient déterminés d'avance, si nous n'avons fait que recevoir la poussée du passé tout entier, demandent-ils, comment pourra-t-on nous louer ou nous blâmer de quoi que ce soit? L'individu serait « l'instrument » et non pas « l'auteur principal ». Où serait alors cette chose si précieuse, — l'imputabilité de nos actes ou notre responsabilité personnelle?

— Mais, répliquent les déterministes, où donc serait-elle, si nous possédions réellement le libre arbitre? Qu'un acte « libre » soit de ma part une nouveauté pure et simple, il ne vient pas de mon Moi antérieur; il surgit *ex nihilo*, et ne fait que venir s'appliquer sur moi; et alors comment puis-je, *Moi*, comment mon *Moi* antérieur peut-il en être responsable? Comment peut-il y avoir en moi aucun *caractère* durable, aucun caractère qui persiste assez longtemps pour être l'objet d'une louange ou d'un blâme? Le chapelet de nos jours se brise; ce n'est plus qu'une suite de grains qui tombent les uns après les autres, mais sans aucun ordre, comme d'un coup de dés, dès que votre absurde théorie indéterministe enlève le fil de la nécessité intérieure qui les unissait.

Il se peut que ce soit là un bon argument *ad hominem*. Autrement, il est pitoyable. En dehors de toute autre raison, est-ce qu'un homme, une femme, un enfant même, ayant le sentiment des réalités, devrait, je vous le demande, ne pas rougir d'invoquer des principes tels que la dignité ou la responsabilité? On peut compter sur l'instinct et sur l'intérêt, pour assurer, à eux tout seuls, cette besogne sociale des châtiments et des éloges ! Qu'un homme accomplisse de bonnes actions, nous le louerons ; qu'il en commette de mauvaises, nous le punirons, — et cela dans une hypothèse comme dans l'autre, indépendamment de toutes vos théories sur la question de savoir si ses actes résultent de ce qu'il y avait en lui auparavant, ou s'ils sont quelque chose de rigoureusement nouveau. Faire tourner toute notre morale humaine autour de la question du « mérite », c'est une piteuse fiction ! Dieu seul peut connaître nos mérites, — si nous en avons ! C'est bien sur le terrain pragmatique qu'il faut se placer pour supposer le libre arbitre ; mais, précisément, ce misérable droit de punir, qui a fait tant de bruit dans les discussions relatives à notre sujet, que vient-il faire sur ce terrain-là ?

Pour le pragmatisme, le libre arbitre signifie *l'apparition de certaines choses nouvelles* dans le monde ; le droit de nous attendre à ce que, dans ses éléments les plus profonds, comme dans les phénomènes se produisant à sa surface, l'avenir ne répétera pas identiquement, ne fera pas qu'imiter, le passé. Qu'une imitation *en masse*[1] se produise, qui songe à le nier ? Chacune des moindres lois présuppose « l'uniformité de la nature ». Mais il se peut que la nature ne soit qu'approximativement uniforme. S'il y a donc des hommes chez qui la connaissance du passé de l'univers a fait naître soit le pessimisme, soit des doutes sur la valeur du monde, — doutes appelés à devenir des certitudes dans le cas où l'on supposerait cette valeur fixée une fois pour toutes ; — ces hommes

---

1. En français dans le texte. [Trad.]

pourront accueillir sans effort la doctrine du libre arbitre comme une doctrine *mélioriste*. Elle présente la perfectibilité comme possible du moins. Le déterminisme, au contraire, nous assure que cette idée même de *possibilité* est un produit de l'humaine ignorance : c'est la nécessité, avec l'impossibilité, qui, d'après eux, régit les destinées du monde[1].

Le libre arbitre apporte donc une théorie cosmologique générale *pleine de promesses*, tout comme l'idée de l'Absolu, de Dieu, de l'Esprit, ou d'un Dessein qui se réalise dans l'univers. Pris abstraitement, il n'y a pas un seul de ces termes qui ne soit vide de tout contenu à lui propre ; pas un seul qui nous donne le moindre tableau du réel ; pas un seul qui conserverait la moindre valeur pour l'action dans un monde dont le caractère eût été de posséder dès l'origine une perfection manifeste. La joie d'être, l'ivresse de vivre, tout simplement, — l'émotion cosmique toute pure et le pur ravissement que donne la réalité, suffiraient, me semble-t-il, à dépouiller ces spéculations de l'intérêt qu'elles inspirent, si ce monde n'était qu'un pays de Cocagne, qu'un lieu de félicité, dès maintenant. Pourquoi nous intéressons-nous à une métaphysique religieuse ? Parce que notre avenir, tel que l'expérience nous le fait concevoir, ne nous donne pas le sentiment de la sécurité ; parce que nous avons besoin qu'il nous soit garanti par quelque principe supérieur. Si le passé et le présent nous satisfaisaient entièrement, qui est-ce qui pourrait désirer que l'avenir ne leur ressemblât point ?

Alors également, qui donc pourrait être désireux de posséder le libre arbitre ? Quel homme ne dirait

---

1. Sur le *possible*, voir la huitième Leçon. [Trad.]

avec Huxley : « Qu'on me remonte tous les jours comme une montre, et que comme elle, je marche fatalement bien, — en fait de liberté, je ne demande rien de mieux » ? La « liberté », dans un monde déjà parfait, ne pourrait être que la liberté d'être *pire* : quel insensé souhaiterait cette liberté-là ? Le dernier mot de la perfection pour l'univers des optimistes, ce serait d'être nécessairement ce qu'il est, et de ne pouvoir absolument pas être autre chose. Bien certainement, la seule *possibilité* qu'on puisse raisonnablement revendiquer, c'est la possibilité pour les choses de devenir *meilleures*. Cette possibilité, ai-je besoin de dire, qu'étant donné ce qu'est le monde en fait, et la manière dont il se comporte, nous avons amplement lieu de la faire figurer parmi nos *desiderata* ?

En résumé, la doctrine du libre arbitre n'a de signification que si elle est une doctrine *réconfortante* pour nous. A ce titre, elle prend place parmi les autres doctrines religieuses. Toutes ensemble, elles relèvent les vieilles ruines, elles réparent les désastres du passé. Notre âme, enfermée dans cette arrière-cour qu'est l'expérience sensible, ne cesse de dire à l'intelligence perchée sur sa tour : « Veilleur, quelles nouvelles ? La nuit semble-t-elle nous apporter quelque promesse ? » Et alors l'intelligence jette à notre âme ces mots pleins de promesses !

En dehors de cette signification pratique, les mots Dieu, libre arbitre, dessein, etc., n'en ont aucune. Ils ont beau, pourtant, être obscurs par eux-mêmes ; ou bien l'on a beau ne les prendre que dans un sens intellectualiste : dès que nous les emportons avec nous au milieu des plus épais fourrés de la vie, les ténèbres qu'il y avait là deviennent lumineuses tout autour de nous ! Par contre, en étudiant ces mots et leur définition, cessez-vous de vous dire qu'il n'y a là qu'une finalité intellectuelle : où êtes-vous ? Vous êtes en train de contempler niaisement un prétentieux simulacre de pensée ! *Deus est Ens, a se, extra et supra omne genus, necessarium, unum, infinite perfectum, simplex, immutabile, immensum, æternum, intelligens*, etc ; (Dieu est l'Etre, absolu, en dehors et au-dessus de tout genre, nécessaire, unique, infiniment parfait, simple, immuable, immense, éternel, intelligent, etc.;) — qu'il y a-t-il de réellement instructif dans une pareille définition ? Elle est plus qu'insignifiante, sous sa robe pompeuse constellée d'adjectifs ! Le pragmatisme peut l'interpréter en y introduisant un sens positif, et cela parce qu'il tourne complètement le dos au point de vue intellectualiste. « Dieu est dans son ciel ; tout va bien pour l'univers ! » Voilà le cœur même, le vrai fonds de votre théologie ; et voilà qui vous dispense de toutes les définitions offertes par le rationalisme !

Pourquoi ne pas faire, nous tous, rationalistes ou pragmatistes, cet aveu ?

Le pragmatisme, d'ailleurs, bien loin d'avoir toujours les yeux fixés sur le premier plan des applications pratiques, comme on l'en accuse, s'attache tout autant aux perspectives les plus lointaines de l'univers. Et voyez alors comme toutes ces questions suprêmes tournent, en quelque sorte, sur leurs gonds ! Au lieu de regarder derrière soi, de remonter à des principes, à un *Moi*, établi par la théorie de la connaissance » (erkenntnisstheoretische Isch , à un Dieu, à un « principe de causalité » (Kausalitatsprinzip), à un Dessein céleste, à un Libre Arbitre, etc., voyez comme le pragmatisme déplace, pour ainsi dire, l'accent, le reporte de l'arrière en avant, regarde devant lui et plonge ses regards dans les faits !

La question véritablement vitale pour nous est, en effet, celle-ci : « Qu'est-ce que le monde va être? Qu'est-ce que la vie doit pouvoir devenir, quelle forme doit-elle pouvoir se donner? » Il faut donc bien que le centre de gravité se déplace en philosophie. Il faut que la terre, la région des choses réelles, longtemps rejetée dans l'ombre par les splendeurs des hautes régions éthérées, reprenne ses droits.

Projeter la lumière dans cette direction, c'est dire que les problèmes philosophiques en viendront à être traités par des esprits moins férus d'abstraction, et qui s'exprimeront sur un ton plus scientifique, avec un sentiment plus vif des réalités particulières, sans d'ailleurs se montrer aucunement irréligieux. Il se fera un déplacement du « siège de l'autorité », qui fait presque penser à la Réforme protestante. Pour les papistes, le protestantisme faisait souvent l'effet du gâchis, de l'anarchie et de la confusion. Le pragmatisme fera sans doute plus d'une fois la même impression sur les ultras du rationalisme : ils y verront un pur fatras sans aucune valeur philosophique. Mais, dans les pays protestants, la vie poursuit son chemin, malgré tout, et accomplit son œuvre. Le protestantisme philosophique n'aura pas, j'ose le croire, un moindre succès.

## QUATRIÈME LEÇON

### L'UN ET LE MULTIPLE

Le phénomène physique de la « réflexion totale ». — Ce n'est pas seulement de réalité « une », mais de réalité « totale », qu'il s'agit en philosophie. — Quel est le sentiment des rationalistes à l'égard de l'unité. — Considéré au point de vue pragmatique, le monde est *un* de plus d'une manière.
   I. Il est *un* pour la pensée et le discours.
   II. Il est *continu* (le temps et l'espace).
   III. Ses parties *agissent et réagissent* les unes sur les autres.
   IV. Problème de *l'unité causale*.
   V. Problème de l'unité des *genres*.
   VI. Problème de l'unité des *fins* ou de *l'unité téléologique*.
   VII. Problème de *l'unité esthétique*.
   VIII. Problème de *l'unité noétique*. — Hypothèse d'un sujet unique ou d'une pensée unique. — Le monisme absolu. — L'hindou Vivekanda et le monisme mystique. — Diverses façons de concevoir l'univers un et multiple tout à la fois.
*Conclusion*. — Nécessité d'abandonner le dogmatisme moniste et de s'en tenir aux constatations de l'expérience.

Nous avons vu de quelle manière la méthode pragmatique procède avec certains concepts : au lieu de s'en tenir, devant eux, à une admiration contemplative, elle les emporte avec elle pour se plonger dans le fleuve de l'expérience et pour prolonger, grâce à eux, la perspective qui s'offre à elle. Ces concepts, — un dessein qui se réalise dans le monde, une intelligence infinie, l'esprit au lieu de la matière, — promettent à l'univers un avenir meilleur : là, et pas ailleurs, est toute leur signification, — qu'ils soient vrais ou qu'ils soient faux.

En songeant au phénomène qu'on appelle en optique « la réflexion totale », je me suis souvent dit qu'il fournit un excellent symbole de la relation que le pragmatisme conçoit entre les idées abstraites et les réalités concrètes. Tenez un verre d'eau un peu au-dessus de vos yeux, et fixez vos regards sur la surface de l'eau en leur faisant traverser la masse liquide; ou plutôt dirigez-les de même au travers de la vitre plate d'un aquarium. Vous verrez alors le reflet, extraordinairement brillant, de l'image, par exemple, d'une bougie qui brûle ou de n'importe quel autre objet lumineux, placé de l'autre côté du récipient. En pareil cas, aucun rayon ne dépasse la surface de l'eau, et chacun des rayons est renvoyé intégralement jusqu'à la dernière couche du fond.

Eh bien ! admettez que l'eau représente le monde des faits sensibles et que l'air représente le monde des idées abstraites. Ces deux mondes, bien entendu, sont réels l'un et l'autre, et agissent l'un sur l'autre ; mais cette action ne s'exerce qu'à la limite où ils se rencontrent ; et le milieu dans lequel il y a des êtres vivants, le milieu dans lequel des événements se produisent pour nous, c'est l'eau. Nous ressemblons à des poissons qui nagent dans l'océan des sens, cet océan que borne immédiatement, par en dessus, l'élément supérieur, mais qui reste aussi incapable de le respirer dans sa pureté que d'y pénétrer. Néanmoins, c'est de cet élément que nous tirons notre oxygène. En outre, nous ne cessons jamais de le toucher, tantôt sur tel point, tantôt sur tel autre;

et, chaque fois que nous le touchons, non seulement nous retournons de la surface vers le fond, mais de ce contact résulte un renouvellement de notre énergie, en même temps qu'une impulsion déterminant à nouveau la direction de notre course. Les idées abstraites, ici symbolisées par l'air, nous sont indispensables pour vivre; mais, par elles-mêmes, elles sont en quelque sorte irrespirables, et, par elles-mêmes, toute leur action se réduit à cette propriété qu'elles ont de nous imprimer une nouvelle direction.

« Toute comparaison est boiteuse »; pourtant celle-ci ne laisse pas de séduire mon imagination, car elle montre comment une chose, insuffisante dans le domaine ordinaire de la vie, peut n'en être pas moins l'une des conditions très effectives de la vie dans une autre sphère.

Je me propose en ce moment d'étudier encore l'une des applications de la méthode pragmatique, afin de vous faire mieux comprendre cette méthode; et c'est sur le vieux problème de « l'un » et du « multiple » que je vais diriger la lumière qu'elle peut donner.

Il est bien peu de personnes que ce problème ait empêchées de dormir; et je ne serais pas surpris d'en entendre plus d'une me dire qu'elle ne s'en est jamais tourmentée. Pour ma part, à force de m'y absorber, j'en suis venu à le considérer comme le plus central de tous les problèmes philosophiques, et cela en raison de sa portée, de sa fécondité. Savoir d'un homme qu'il est un moniste résolu ou qu'il est un pluraliste déterminé, c'est peut-être en savoir plus long sur toutes ses autres opinions que si l'on croyait devoir lui donner un autre nom en *iste*. Distinguer ceux qui admettent « l'un » et ceux qui admettent le « multiple », voilà, entre toutes les classifications, celle d'où résulte le plus grand nombre de conséquences. J'espère donc pouvoir vous faire partager l'intérêt qui, pour moi, s'attache à ce problème.

On a souvent défini la philosophie une recherche, ou une vision, ayant pour objet l'unité de l'univers. On ne discute guère cette définition. Ainsi présentée, elle est vraie, la philosophie ayant toujours montré qu'elle s'intéresse avant tout à l'unité.

Mais la *variété* dans les choses, qu'est-ce qu'on en fait? Serait-ce un objet tellement indigne d'intéresser la philosophie? Si, au lieu de considérer cette dernière, nous considérons notre pensée en général et ses aspirations, nous voyons que la variété est pour elle un besoin, et non pas l'unité seulement. La connaissance du détail des faits passe toujours, aussi bien que leur réduction à l'unité, pour le signe indispensable de la supériorité intellectuelle. A vos hommes de *savoir*, à vos *érudits* du type encyclopédique et philologique, les éloges n'ont pas plus manqué qu'à vos philosophes. Ce n'est d'ailleurs pas seulement la variété, ni seulement l'unité, celle-ci sans celle-là ou la première sans la seconde, que réclame notre intelligence : c'est l'*universalité*, la réalité *totale*[1]. Et alors il n'importe pas moins de connaître les divers éléments de la réalité que d'en comprendre la connexion. La curiosité des faits va de pair avec le goût de la systématisation.

Malgré cette constatation, l'unité des choses a

---

1. Cf. A. BELLANGER, *Les concepts de cause et l'activité intentionnelle de l'esprit*. Paris, Alcan, 1905, p. 79 sq.

toujours passé pour avoir un *plus noble éclat* que leur variété ! La première fois qu'un jeune homme acquiert l'idée que l'univers tout entier ne forme qu'un grand fait unique dont toutes les parties marchent en quelque sorte de front, sur une seule ligne, et emboîtées l'une dans l'autre hermétiquement, il a le sentiment de posséder là une conception supérieure des choses et ne regarde plus que de haut ceux qui restent incapables d'atteindre une si sublime conception !

Prise sous cette forme abstraite, telle qu'on la rencontre d'abord, la conception moniste est si vague qu'elle semble à peine digne d'une discussion théorique. Pourtant vous y tenez probablement tous, d'une manière ou d'une autre. Un certain monisme abstrait, une sorte de réponse du cœur au caractère de l'unité, — comme si c'était là dans le monde réel un trait qui fût indépendant de la multiplicité, et qui possédât une valeur infiniment supérieure, une dignité infiniment plus haute, — voilà quelle disposition d'esprit règne dans les cercles cultivés. Elle y règne à tel point qu'on pourrait dire qu'elle fait partie du sens commun philosophique.

Il va de soi, disons-nous à notre tour, que le monde est un : sans cela, comment pourrait-il être, si peu que ce fût, un monde ? En principe, les empiristes croient aussi fermement que les rationalistes à ce monisme abstrait.

La différence, c'est que les empiristes n'en sont pas éblouis au même degré. L'unité ne les rend pas aveugles à toute autre chose : elle n'éteint pas chez eux la curiosité qui se porte sur les faits particuliers. Il existe, au contraire, des rationalistes d'une certaine école qui ne manquent jamais d'interpréter d'une façon toute mystique cette unité abstraite; oubliant tout le reste, ils voient en elle un principe qu'ils admirent, qu'ils vénèrent; après quoi ils se comportent intellectuellement comme s'ils avaient dit : un point, c'est tout!

« Le monde est un! » Il arrive que la formule devienne une sorte de religion des nombres. Le nombre « trois » et le nombre « sept » ont, il est vrai, passé pour des nombres sacrés. Mais, dans le domaine de l'abstrait, en quoi « un » est-il supérieur à « quarante-trois », à « deux millions dix unités » ? Dans cette première croyance, si vague, à l'unité du monde, on trouve si peu quelque chose à quoi se prendre, qu'on ne sait guère quelle signification elle peut bien avoir.

Le seul moyen de ne pas piétiner sur place avec notre notion de l'unité, est de la considérer en adoptant le point de vue pragmatique. L'existence de l'unité étant admise au lieu d'être niée, à l'égard de quels faits en résultera-t-il une différence? En tant que connaissance, qu'est-ce qu'elle sera, cette unité? Le monde est *un* : soit; mais *de quelle manière* est-il un? Quelle *sorte* d'unité possède-t-il? Et quelle valeur pratique son unité a-t-elle *pour nous*?

En posant ces questions, nous quittons le vague pour le défini, l'abstrait pour le concret. De nombreuses conséquences se laissent aussitôt apercevoir comme résultant de l'unité affirmée pour l'univers. Je vais en signaler successivement les plus manifestes.

I

Tout d'abord, et à tout le moins, le monde est un, en tant qu'il fait l'objet de la pensée et du discours chez l'homme. Que sa multiplicité fût irrémédiable au point de rendre absolument impossible pour notre esprit, sous une forme quelconque, l'union des parties le composant, et notre pensée elle-même ne pourrait pas « l'exprimer » d'emblée tout entier : notre pensée ferait comme des yeux qui cherchent à regarder au même moment dans des directions opposées! Mais, en fait, nous entendons exprimer le réel tout entier par notre terme abstrait « monde » ou « univers », lequel pose expressément qu'aucune partie ne sera exclue de sa signification.

Cette unité dans le discours ne comporte d'ailleurs, bien évidemment, aucune autre constatation précise dans le sens du monisme. Un « chaos », une fois désigné par ce terme, a tout autant d'unité qu'un « cosmos », dans le discours.

Il est singulier de voir les monistes se figurer qu'ils peuvent inscrire à leur actif une grande victoire, quand ils entendent un pluraliste dire : « L'univers est multiple »! — « L'Univers! » ricanent aussitôt les monistes; « son langage le trahit! Le voilà, de son propre aveu, atteint et convaincu de monisme! » Eh bien! mettons, pour le moment, que les choses forment une réalité qui est une. Vous pouvez donc leur jeter à toutes, prises en tas, — leur jeter à la tête, si j'ose dire, ce nom d' « univers »; mais qu'est-ce que cela vous donne? Il reste toujours à vérifier si elles possèdent bien le caractère de l'unité dans quelque autre sens qui aurait plus d'intérêt!

## II

Sont-elles *continues*, par exemple? Pouvez-vous passer de l'une à l'autre, sans jamais quitter votre univers, sans jamais vous exposer à une chute qui vous en ferait sortir ? En d'autres termes, toutes les parties de l'univers sont-elles accrochées les unes aux autres, au lieu d'être comme des grains de sable détachés?

Que dis-je ? les grains de sable eux-mêmes « s'entre-tiennent »[1] dans l'espace qui leur sert de lit en quelque sorte ; et, si vous pouvez d'une manière quelconque vous déplacer dans cet espace, vous pouvez passer sans aucune interruption de celui qui est le numéro un à celui qui est le numéro deux. L'espace et le temps sont ainsi des instruments de continuité qui font que les parties de l'univers « s'entre-tiennent ».

La différence est donc énorme, au point de vue pratique, entre le monisme et le pluralisme, quant aux conséquences de la manière dont ils conçoivent ici l'unité ou l'union.

## III

Innombrables sont les autres voies par lesquelles se réalise, dans le domaine de l'action, la continuité des choses. On peut tracer certaines lignes suivant lesquelles s'exercent les influences qui assurent leur union. Suivez vous-mêmes n'importe laquelle de ces

---

1. PASCAL. [Trad.]

lignes ; et vous passerez d'une chose à une autre, si bien qu'il se pourra que vous ayez franchi une grande partie de l'étendue qu'occupe l'univers. La pesanteur, la propagation de la chaleur, sont de ces influences qui unissent toutes les choses dans le monde physique ; et de même l'électricité, la lumière, les propriétés chimiques : pour ces diverses influences existent des lignes du même genre. Mais, pour ces dernières, les corps opaques et les corps inertes interrompent la continuité, de sorte qu'il vous faut les tourner, ou adopter une autre manière de procéder, si vous voulez aller plus loin ce jour-là. Pratiquement, l'unité de votre univers est alors perdue pour vous, *en tant qu'elle était constituée par ces premières lignes d'influence.*

Innombrables également sont les différentes espèces de liaisons que des choses spéciales peuvent avoir avec d'autres choses spéciales ; et dans son *ensemble*[1] n'importe laquelle de ces liaisons forme un *système* d'une certaine sorte où les choses se trouvent exister conjointement. C'est ce qui arrive pour les hommes enfermés dans un vaste réseau de *connaissances* ou de relations sociales. Brown connaît Jones, et celui-ci connaît Robinson, et ainsi de suite. *En choisissant* donc *comme il faut votre série d'intermédiaires*, vous pouvez faire parvenir un message de Jones jusqu'à l'Impératrice de la Chine, jusqu'au chef des Pygmées de l'Afrique, jusqu'à n'importe lequel des habitants de l'univers. Mais vous êtes arrêté court, quand vous choisissez mal l'un de vos intermédiaires.

Sur ce « système de connaissances » ou de « gens qui se connaissent », se greffe ce qu'on peut appeler

---

1. En français dans le texte. [Trad.]

les « systèmes d'affections ». A aime B, qui aime C, etc. De même pour la haine, bien entendu. Mais ce sont là des systèmes moins étendus que l'immense système de « connaissances » qu'ils présupposent.

Chaque jour les efforts de l'humanité unifient le monde par des systèmes de plus en plus définis. Nous avons inventé le système colonial, le système postal, le système consulaire, le système commercial ; et là, toutes les parties obéissent à des influences définies se propageant au sein de chaque système, mais sans pouvoir s'étendre aux faits qui restent en dehors. Il en résulte, pour les diverses parties de l'univers, d'innombrables petits groupements qui rentrent dans des groupements plus vastes ; et ce sont là autant de petits mondes, non pas simplement dans le discours, mais dans le domaine de l'action, à l'intérieur de l'immense univers qui les comprend tous. Chaque système représente tel type ou tel degré d'unité, ses parties composantes étant liées entre elles d'après telle relation d'une espèce particulière ; et une même partie peut figurer en de nombreux systèmes différents : c'est ainsi qu'un même homme peut occuper divers emplois et appartenir à plusieurs associations.

D'après toute cette « systématisation », ce qui fait donc la valeur pratique du concept de l'unité, c'est l'existence réelle, et pratiquement constatée, d'un nombre incalculable de réseaux bien définis dans l'univers. Inégalement étendus et compréhensifs, ils se superposent tous les uns sur les autres, et cela de telle manière qu'ils ne laissent aucun interstice par où aucune des parties, aucun des éléments de l'univers, puisse s'échapper. A quelque haut point que soit poussé le manque de connexion entre les choses,

— fait dû à ce que les influences et les rencontres formant ces systèmes suivent des voies rigoureusement exclusives, — il n'existe pas une chose qui ne se constate comme influencée d'une manière quelconque par une autre chose, pour peu que vous sachiez découvrir le chemin parcouru par cette influence.

En général donc, dans l'ensemble, et non au pied de la lettre, on peut dire qu'il y a cohésion et adhérence, d'une manière ou d'une autre, entre les choses, et que l'univers existe bien sous des formes qui, semblables aux mailles d'un filet, aux anneaux d'une chaîne, font de lui une œuvre continue ou « intégrée ». Peu importe l'espèce d'influence qui contribue à son unité, pourvu que vous en puissiez suivre les différentes parties de proche en proche.

Voilà comment et dans quelles limites on peut affirmer l'unité réelle de l'univers; mais pas autrement ni en dehors de ces limites. Au delà, en effet, il faut affirmer qu'il n'est pas un. Dans ces limites elles-mêmes, vous n'établirez des connexions valables que si vous choisissez des intermédiaires appropriés, des faits qui soient de « bons conducteurs » pour les influences à établir, et non des faits qui seraient de « mauvais conducteurs » ou ne seraient pas des « conducteurs » du tout ! Dans ce dernier cas, vous seriez arrêté dès le premier pas, et vous ne pourriez qu'enregistrer la *multiplicité* pure et simple de l'univers, au point de vue particulier que vous auriez adopté dans vos recherches. En fait, si notre esprit s'était intéressé aux relations qui séparent les choses, autant qu'il s'intéresse aux rapports qui les unissent, la philosophie aurait obtenu, à célébrer le *manque d'unité* dans l'univers, le succès qu'elle a obtenu en y célébrant l'unité !

Il importe absolument de remarquer que l'unité et la multiplicité sont choses coordonnées entre elles. Toutes deux sont primordiales; toutes deux sont essentielles au même degré, et leur excellence est égale aussi. Dans l'espace, la fonction de séparer les choses semble s'exercer exactement sur le même pied que celle de les unir; mais tantôt c'est l'une et tantôt c'est l'autre de ces deux fonctions qui nous intéresse le plus : de même, pour notre manière générale d'opérer sur le monde des influences, dans le domaine soumis aux grands courants de l'action et de la réaction, tantôt c'est de « conducteurs », et tantôt c'est de « non-conducteurs » que nous avons besoin; et la sagesse consiste à savoir distinguer ces deux cas au moment voulu.

## IV

Tous ces systèmes d'influence ou de non-influence, on peut les faire rentrer dans le problème général de l'*unité causale* du monde. Pour affirmer cette unité causale, pour l'affirmer absolue, il faudrait établir que les moindres influences causales qui sont en jeu dans les choses, convergent toutes dans le passé vers une même origine causale, vers une grande cause première qui leur fut commune. Cette origine, cette cause absolue, c'est le *fiat* prononcé par Dieu, au moment de la création, qui la représentait dans la philosophie traditionnelle. L'idéalisme transcendantal, ramenant le fait de « créer » au fait de « penser » ou de « vouloir penser », qualifie d' « éternel », plutôt que de « premier », l'acte divin; mais l'unité n'en est pas moins absolue au sein de la multiplicité, comme auparavant : sans l'unité, d'après l'idéalisme, la multiplicité ne *serait* pas.

Devant cette conception de l'unité d'origine des choses, s'est toujours dressée la notion pluraliste d'une multiplicité qui existerait par elle-même éternellement, sous la forme d'atomes ou d'unités spirituelles d'une nature quelconque.

Ces deux solutions ne laissent pas d'avoir leur intérêt pratique; mais, pour l'objet dont je m'occupe dans ces Leçons, il n'apparaîtrait sans doute pas; et je préfère donc ne pas insister sur ce point.

## V

Pour le pragmatisme, l'espèce d'union ou d'unité la plus importante qui se manifeste dans les choses, est leur *unité générique.*

Les choses existent et se distribuent par « genres ». Chaque « genre » comprend de nombreux échantillons; et, ce qu'il implique pour l'un, il l'implique aussi pour tous les autres. Il est facile de concevoir que chaque fait dans le monde pourrait être singulier, c'est-à-dire sans aucune ressemblance avec aucun autre fait et seul de son genre. S'il en était ainsi, notre logique serait inutile, puisque toutes les opérations de cette logique affirment, d'un cas unique, ce qui est vrai du genre dont il fait partie. Avec un monde où n'existeraient pas deux choses semblables, nous ne pourrions plus, d'après notre expérience passée, inférer notre expérience future. Voilà pourquoi l'existence d'une si remarquable unité générique dans les choses est peut-être l'exemple le plus significatif de l'intérêt pratique qu'il peut y avoir à dire : « l'univers est un ».

L'unité générique *absolue* serait chose acquise pour nous, s'il y avait quelque « genre suprême » sous lequel pourraient se « subsumer » ou se ranger toutes les choses sans exception. « Etres », « choses pensables », « expériences » ou « perceptions », tels seraient les termes qui pourraient poser leur candidature à ce poste de « genre suprême ». Ici encore, la question de savoir quel intérêt pourraient avoir pour le pragmatisme ces solutions diverses, est une question que je préfère ne pas trancher pour le moment.

## VI

*L'unité de fin* fournit un nouvel exemple du sens que peut prendre la formule : « le monde est un ».

On voit dans le monde un nombre considérable de choses subordonnées à un plan. Tous les systèmes publics créés par l'homme, — organisation administrative, industrielle, militaire, etc., — existent chacun pour sa fin propre qui est une autorité à exercer. Chacun des êtres vivants poursuit ses fins particulières. Et tous les êtres vivants collaborent, selon leur degré de développement, à des fins collectives qui sont celles d'un groupe, d'une tribu, les fins les plus vastes absorbant les fins d'une ampleur moindre, si bien qu'une fin absolument unique, suprême ou culminante, à laquelle travailleraient toutes les choses sans exception, pourrait se concevoir comme susceptible d'être atteinte.

Ai-je besoin de dire que les apparences sont en désaccord avec cette conception? Il n'est pas impossible, disais-je dans ma troisième Leçon, qu'un résultat ait été prévu et préparé; mais, en fait, aucun des résultats que nous connaissons dans le monde n'a été préparé dans tous ses détails. Les hommes et les peuples se mettent en route avec l'idée vague d'un but qui est la richesse, la grandeur, la vertu. A chaque pas, des incidents imprévus surgissent devant leurs yeux, d'anciennes perspectives se dérobent; et les détails du plan général, à la fin de la journée, sont à modifier. Ce que l'on finit par atteindre peut valoir mieux ou valoir moins que ce qu'on avait eu en vue, mais se trouve toujours être différent et plus complexe.

En outre, nos diverses fins se font mutuellement la guerre. Faute pour l'une de pouvoir terrasser l'autre, elles transigent; et, de nouveau, le résultat est différent de celui que l'une et l'autre représentaient primitivement. En général et d'une manière approximative, il est possible qu'en grande partie on obtienne ce qu'on se proposait; mais tout favorise fortement cette idée que notre monde est imparfaitement unifié au point de vue téléologique, et qu'il continue de poursuivre une meilleure organisation de ses fins.

On ne peut réclamer l'unité téléologique *absolue*, prétendre qu'il y a une fin unique à laquelle concourent tous les détails de l'univers, — qu'en dogmatisant à ses risques et périls. A mesure que devient plus concrète notre connaissance de l'hostilité réciproque des intérêts qui sont en jeu dans le monde, les théologiens qui dogmatisent ainsi voient du moins en moins la possibilité d'imaginer en quoi pourrait bien consister cette fin unique et culminante. Nous constatons, il est vrai, que certains maux nous conduisent à un bien ultérieur, que le bitter rend meilleur le cocktail, et qu'un brin de danger, une pointe d'angoisse, rehausse agréablement les atouts qu'on a en main. Ces constatations peuvent, par une généralisation très confuse, nous faire aboutir à la doctrine d'après laquelle tout le mal qui se rencontre dans l'univers n'a pas d'autre effet que de le conduire à une perfection plus grande. Mais l'échelle du mal, telle que nous la voyons se dresser devant nos yeux, défie toute résignation. Avec tout l'idéalisme transcendantal qu'on trouve dans tel livre d'un Bradley ou d'un Royce, nous ne sommes pas plus avancés qu'avec le Livre de Job... Les voies de Dieu ne sont pas nos voies; donc mettons notre doigt sur nos lèvres, me dit-on... Eh bien! un Dieu pour qui tant d'horreurs inutiles sont un régal, ce Dieu-là n'est pas un Dieu auquel puissent s'adresser les aspirations d'un être humain. Sa joyeuse humeur est trop joyeuse pour nous. En d'autres termes, « l'Absolu », avec sa fin unique, n'est pas le Dieu humain des braves gens!

## VII

Dans les choses, l'*unité esthétique* se constate également, et celle-ci est très analogue à l'unité téléologique.

Les choses nous racontent une histoire. Leurs parties se trouvent accrochées entre elles de manière à former une gradation ascendante. Chacune fait visiblement le jeu des autres. Rétrospectivement, nous pouvons voir, bien qu'aucun dessein n'ait expressément présidé à l'enchaînement de certains faits, que ceux-ci se sont néanmoins trouvés prendre la forme d'un drame, avec son exposition, son nœud, son dénouement.

En réalité, toute histoire a son terme. Ici encore il est plus naturel d'adopter le point de vue d'une multiplicité. Le monde est rempli d'histoires partielles qui se déroulent parallèlement, et qui ne commencent ni ne finissent ensemble. Il y a des points où elles s'entrelacent et se mêlent; mais notre pensée ne parvient pas à les unifier complètement. Si je veux suivre l'histoire de votre vie, il me faut momentanément détourner de la mienne mon attention. Même pour raconter l'histoire de deux jumeaux, leur biographe serait obligé de les offrir alternativement à l'attention de son lecteur!

Dire que l'univers nous raconte une seule histoire, c'est donc là encore un de ces dogmes du monisme auxquels on ne peut croire qu'à son corps défendant. Le pluralisme nous fait facilement voir dans l'histoire du monde quelque chose comme une corde dont chaque fibre séparément nous fait un récit distinct; mais, concevoir chacun des points d'intersection des fibres composant cette corde comme un fait absolument isolé, puis additionner tous les points d'une série longitudinale pour faire du total un seul être ayant sa vie individuelle, voilà qui est plus malaisé. Avec son microscope, le naturaliste résout un embryon donné en une multitude de points d'intersection, que sa pensée reconstitue en un tout ayant sa cohésion. Mais les éléments qui composent le monde, en tant qu'ils sont des êtres, paraissent discontinus dans le sens transversal, et semblent n'avoir de cohésion que dans le sens de la longueur. L'embryologiste lui-même, lorsqu'il veut suivre le *développement* du sujet qu'il observe, est contraint d'étudier tour à tour l'histoire de chacun des organes. Par suite, l'unité esthétique *absolue* est encore un idéal tout abstrait : le monde est plutôt une épopée aux multiples épisodes qu'un drame où l'unité d'action serait manifeste.

Jusqu'ici, donc, nous voyons que le monde n'est unifié qu'au moyen d'une multiplicité de systèmes, de genres, de fins et de drames. Que l'unité soit plus réelle qu'apparente dans tous ces procédés, je n'en disconviens pas. Et je conviens également que la *possibilité* d'une fin unique et souveraine, d'un système ou d'un genre unique et suprême, d'une histoire unique absorbant les autres, est une hypothèse légitime. Je dis seulement que toute affirmation dogmatique là-dessus est, quant à présent, une affirmation téméraire, dépourvue de garanties suffisantes.

## VIII

Depuis une centaine d'années, les monistes ont fait de l'idée d'un *sujet unique de la connaissance* la « cheville ouvrière de notre pensée » (*denkmittel*). D'après eux, la multiplicité n'existe qu'à titre d'objet pour la pensée de ce « sujet unique », qui est l'Absolu : elle n'existe que dans son rêve à lui, pour ainsi dire ; et, *de la manière dont il la connaît*, elle n'a pour lui qu'une seule et unique fin, ne forme pour lui qu'un système unique, ne lui raconte qu'une seule et unique histoire.

Cette notion d'une unité qui, dans les choses, n'est que l'*unité d'une pensée les embrassant toutes*, — cette notion est bien l'œuvre la plus sublime de la philosophie intellectualiste. Lorsqu'on croit à l'Absolu, on déclare d'ordinaire que c'est pour des raisons impérieuses auxquelles ne saurait résister un penseur clairvoyant. Moi, dans ma seconde Leçon, j'ai signalé quelques-unes des immenses conséquences *pratiques* qu'entraîne l'Absolu ; et d'importantes différences de plus d'une sorte s'ensuivraient certainement, si, au lieu de le rejeter, on l'admettait comme vrai.

Ne pouvant aborder ici toutes les preuves logiques par lesquelles on prétend établir l'existence de l'Absolu, je me borne à déclarer que je n'en vois aucune qui me paraisse solide. Je parlerai donc de cet Absolu, de cet Omniscient, comme d'une simple hypothèse à mettre, pour le moment, sur le même pied que la conception pluraliste : or, d'après cette dernière, il n'existe aucun point de vue, aucun foyer de connaissance, d'où le contenu de l'univers soit, tout entier, visible d'un seul coup d'œil.

« La conscience, chez Dieu, nous dit M. Royce, forme, prise tout entière, un seul et unique moment, d'une transparence lumineuse[1] ». Tel est bien le type de l'unité que le monisme veut trouver dans la pensée. L'empirisme, au contraire, se tient pour satisfait du genre d'unité auquel nous sommes habitués dans la pensée humaine. *Quel que soit le sujet* qui connaît, rien n'est connu qu'*avec* autre chose. Or, il se peut que les êtres capables de connaître soient une multiplicité décidément irréductible. Il se peut aussi que le plus grand parmi eux ne connaisse pas le tout de chaque chose, ou même qu'il ne connaisse pas d'un seul coup, en une seule fois, ce qu'il se trouve effectivement connaître ; et peut-être, d'ail-

1. *The Conception of God*, New-York, 1897, p. 292.

leurs, l'oubli n'est-il pas impossible pour lui. Quel que soit le type réalisé, le monde n'en sera pas moins un univers, un tout, dans la pensée opérant la liaison des parties qui en sont connues. La seule différence consisterait en ce que, dans le premier cas, les connaissances seraient absolument unifiées, et que, dans le second, elles seraient mises bout à bout, de manière à se recouvrir en se rabattant, pour ainsi dire, l'une sur l'autre.

La notion d'un unique sujet en qui la connaissance est instantanée, ou éternelle, — ces deux adjectifs ayant ici le même sens, — voilà, vous disais-je, le chef-d'œuvre de l'intellectualisme contemporain. Grâce à elle, on a rejeté cette « Substance » à laquelle les philosophes antérieurs attachaient un si grand prix et qui leur permettait de pousser si loin leur travail de l'unification des connaissances ; — cette Substance qui seule « est en soi et par soi » ; — cette Substance universelle dont les faits particuliers composant notre expérience ne sont que des formes ayant en elle leur support. La Substance a succombé devant les attaques, d'un caractère tout pragmatique, venues de l'école anglaise. On n'y voit plus, de nos jours, qu'un nom désignant ce fait que les phénomènes se présentent comme effectivement groupés, comme donnés sous des formes cohérentes, et que ces formes sont bien celles sous lesquelles notre esprit fini les rencontre dans l'expérience, ou les pense tous ensemble. Oui, ces formes, ces liaisons entrent aussi réellement, comme parties composantes, dans la trame de notre expérience, que les termes ainsi groupés ; et l'idéalisme moderne, je le répète, a fait un grand pas dans le sens du pragmatisme, lorsqu'il a recouru à ces moyens, directement concevables, d'expliquer l'unité du monde, au lieu de l'expliquer par « l'inhérence » des parties, — quelle que soit la nature de cette « inhérence », — par quelque principe inimaginable logé dans la coulisse !

Ainsi, « le monde est un », dans la mesure exactement où l'expérience nous montre un enchaînement de phénomènes, — « un », par rapport aux liaisons définies qui nous apparaissent, et seulement par rapport à elles. Et alors, dans la mesure où se rencontrent des disjonctions définies, le monde n'est *pas* un. De cette manière, l'unité et la multiplicité sont l'une et l'autre admises pour lui sur des points que l'on peut expressément distinguer. Il n'est pas un « univers » pur et simple ; il n'est pas non plus un « multivers » pur et simple. Et ses diverses manières d'être « un » indiquent, pour leur vérification précise, autant de programmes distincts dans le travail scientifique.

On voit maintenant l'utilité de la question posée par le pragmatisme : en quoi consiste l'unité, telle que nous la connaissons, et quelles conséquences pratiques entraîne l'idée de l'unité, une fois prise ainsi ? Par là, en effet, nous échappons à toute l'agitation fiévreuse que cette idée provoquait, lorsqu'on y voyait un principe de sublimité ; par là nous rentrons, avec le sang-froid voulu, dans le courant de l'expérience. Peut-être nous révélera-t-il un degré de liaison, d'unité, dépassant de beaucoup nos prévisions actuelles ; mais il reste entendu que les principes en vigueur dans le domaine du dogmatisme ne nous donnent pas le droit de réclamer d'avance, sur aucun point, l'unité absolue.

Il est si malaisé de voir avec précision ce que

l'unité absolue peut signifier, que la plupart d'entre vous acceptent volontiers de garder l'attitude réservée qui est, en fin de compte, la nôtre. Il peut cependant y avoir des esprits d'un monisme tellement radical qu'il leur répugne de mettre l'égalité et la multiplicité, définitivement, sur un pied d'égalité. Une unité admettant des degrés différents; une unité comportant divers types; une unité qui s'arrête devant des éléments « non-conducteurs »; une unité qui se fait tout simplement de proche en proche, au lieu de se faire d'un seul coup, en bloc; une unité qui se réduit même, dans bien des cas, à une simple proximité extérieure, au lieu d'être un lien plus intime; une unité, enfin, qui n'est qu'un enchaînement : tout cela donne à de tels esprits l'impression d'une pensée qui s'arrête à mi-chemin. L'unité des choses, étant supérieure à leur multiplicité, la première, pensent-ils, doit aussi avoir une vérité plus profonde : elle doit être l'aspect le plus réel de l'univers. La conception pragmatique, continuent-ils, nous présente un univers imparfaitement rationnel : il faut que l'univers réel forme, dans la catégorie de l'être, une unité inconditionnelle, absolue, quelque chose de « consolidé », dont les parties, solidaires entre elles, s'impliquent mutuellement depuis la première jusqu'à la dernière, sans quoi il nous sera impossible de considérer comme complètement rationnel ce domaine dont nous faisons partie nous-mêmes.

Sans aucun doute, cette conception d'un monisme outré a pour bien des personnes une grande portée. « Une seule Vie, Une seule Vérité, Un seul Amour, Un seul Principe, Un seul Bien, Un seul Dieu » : voilà ce que je lis dans une plaquette publiée par la

« Science Chrétienne », et que le courrier d'aujourd'hui met dans mes mains. Oui, sans doute, une telle profession de foi possède, au point de vue pragmatique, une réelle valeur émotionnelle ; et, sans doute encore, le mot « Un » contribue à cette valeur tout autant que les autres mots. Mais, si l'on veut établir *intellectuellement* ce que peut bien signifier une telle débauche d'unité, nous sommes ramenés aux distinctions du pragmatisme.

Ou bien il ne s'agit pas d'autre chose, en effet, que du mot *Un* désignant l'univers en tant que simple objet du discours ; ou bien il s'agit du total formé par toutes les liaisons particulières, tous les enchaînements particuliers, qui peuvent se vérifier ; ou bien encore il s'agit d'un certain moyen d'assurer ces liaisons, moyen qui s'étendrait à tout et qui serait, par exemple, une origine unique, une fin unique, un sujet ou une pensée unique. En fait, c'est toujours d'une *pensée* unique, d'un unique sujet de la connaissance, qu'il s'agit pour quiconque prend aujourd'hui la question dans le sens intellectuel. Cette pensée unique enveloppe, nous dit-on, toutes les autres formes de liaison : son univers, le monde qu'elle conçoit, ne saurait manquer d'avoir toutes ses parties mutuellement impliquées l'une dans l'autre, en un tableau logique, esthétique et téléologique, qui est son rêve éternel, et qui est, lui aussi, un et unique !

L'aspect qu'offrirait ce tableau, il nous est, quant à nous, absolument impossible de nous le représenter. Aussi nous sera-t-il permis de supposer que l'autorité dont le monisme absolu est incontestablement revêtu, et dont probablement il sera toujours revêtu aux yeux de certaines personnes, doit toute sa force à certaines causes mystiques, et non pas à des raisons intellectuelles. Voulez-vous interpréter dignement le monisme absolu? Soyez un mystique! Tous les états mystiques de l'esprit, quelque degré qu'ils atteignent, favorisent non pas toujours, mais d'ordinaire, — l'histoire nous le montre, — la conception moniste.

Il ne conviendrait pas d'aborder ici la question générale du mysticisme. Je vais seulement citer, pour me faire comprendre, la profession de foi d'un mystique. Le parfait modèle de tous les systèmes monistes se rencontre parmi les Hindous, dans le Védânta, — doctrine fondée sur leurs Vedas; et le parfait modèle des missionnaires vedântistes fut Swami Vivekananda, qui visita l'Amérique du Nord il y a quelques années, et qui est mort depuis. Or, la méthode védântiste, c'est la méthode mystique. A l'employer, vous ne raisonnez pas; non; mais, après avoir pratiqué jusqu'au bout une certaine discipline, vous *voyez* la vérité: l'ayant vue, vous pouvez alors la faire connaître. Et voici comment Vivekananda nous la révèle dans une des conférences qu'il a faites aux Etats-Unis.

« Où désormais y a-t-il de la souffrance pour qui voit cette Unité de l'univers, cette Unité de la vie, cette Unité de tout ?... La séparation entre l'homme et l'homme, entre l'homme et la femme, entre l'homme et l'enfant, entre les nations et les nations, entre la terre et la lune, entre la lune et le soleil, entre l'atome et l'atome : telle est la cause réelle de toute la misère du monde. Or, cette séparation, le Védânta dit qu'elle n'existe pas, qu'elle n'a rien de réel. Elle n'est qu'apparente; elle n'est qu'à la surface. Au cœur même des choses, c'est l'unité qu'il y a toujours. Descendez en vous, et vous trouvez cette unité entre l'homme et l'homme, entre les femmes et les enfants, les races et les races, les grands et les petits, les riches et les pauvres, les dieux et les hommes : tous ne font qu'Un ; et de même les animaux, si vous descendez à une profondeur suffisante. Et celui qui va jusque-là, rien ne peut plus lui faire illusion... Où peut-il exister une illusion pour lui ? Quelle chose peut l'abuser ? Il connaît la réalité de tout, le secret de tout. Où peut-il exister de la misère pour lui ? Que peut-il désirer ? Il a découvert la réalité de tout dans le Seigneur, qui est le Centre, l'Unité de tout, et qui est l'Eternelle Félicité, l'Eternelle Science, l'Eternelle Existence. Or, Là, il n'y a ni mort, ni maladie, ni chagrin, ni misère, ni mécontentement... Au Centre des choses, dans la Réalité, il n'y a personne sur qui l'on puisse pleurer, personne pour qui l'on doive s'affliger... Il a tout pénétré, — l'Unité Pure, Sans Forme, Sans Corps, Sans Tache, — Lui, le Penseur, — Lui, le grand Poète, — Lui, l'Etre Existant par Lui-même, — Lui qui donne à tous ce que chacun mérite ! »

Remarquez à quel point ce monisme est radical. La séparation n'est pas seulement abolie par l'Unité : on nie que la séparation existe. Il n'y a plus de multiplicité. Nous ne sommes pas des parties de l'Un : il n'y a point de parties en Lui ; et puisqu'en un certain sens, nous *sommes* incontestablement, il faut que chacun de nous *soit* l'Un, indivisiblement et totalement. *L'Un qui est Absolu, et moi qui suis cet Un* : certes, nous avons là une religion qui, considérée au point de vue émotionnel, possède une haute valeur pragmatique, car elle donne une sécurité parfaite, — une fastueuse sécurité, pourrait-on dire ! Ecoutez encore notre Swami :

« Quand l'homme s'est vu ne faisant qu'Un avec l'Etre infini de l'univers; quand toute séparation a cessé, que tous les hommes, toutes les femmes, tous les anges, tous les dieux, tous les animaux, toutes les plantes, l'univers entier, se sont fondus dans cette Unité, alors toute crainte disparaît. Qui craindrais-je? Est-ce que je puis me faire du mal? Est-ce que je puis me tuer? Est-ce que je puis me faire tort? Est-ce que vous vous inspirez de la peur à vous-même? Alors tout chagrin disparaîtra. Qu'est-ce qui peut me causer un chagrin? Je suis l'Unique Existence de l'univers. Alors toutes les jalousies disparaîtront. De qui être jaloux? De moi-même? Alors tous les mauvais sentiments disparaîtront. Contre qui aurais-je un mauvais sentiment? Contre moi? Il n'y a que moi dans l'univers. Donnez le coup de grâce à cette distinction, à cette superstition qui vous fait dire qu'il y a une multiplicité. Celui qui, dans le monde de la pluralité, voit cet Etre Un et Unique; celui qui, dans cette masse d'insensibilité, voit cet Etre, Unique Etre Sentant; celui qui, dans ce monde des ombres, saisit cette Réalité: la paix éternelle lui appartient, — à lui seul, — à nul autre! à nul autre! »

Nos oreilles à tous sont capables de goûter quelque peu cette musique : elle élève et rassure. Tous, nous portons en nous au moins le germe du mysticisme. Et lorsque nos idéalistes nous débitent leurs arguments en faveur de l'Absolu; lorsqu'ils déclarent que la plus faible séparation, admise n'importe où, entraîne logiquement un manque d'unité irrémédiable et total, je ne puis m'empêcher de soupçonner que les points manifestement faibles de leurs raisonnements sont défendus contre leur propre critique comme leur étant dissimulés par un certain sentiment mystique ; par le sentiment qu'ils ont que, logique ou illogique, l'Unité absolue doit être vraie, n'importe comment, à n'importe quel prix. En tout cas l'idée d'unité abolit toute séparation *morale*. Dans la passion de l'amour, se voit le germe mystique de ce qui pourrait exprimer la complète unité de tous les êtres sentants. Ce germe mystique s'éveille en nous lorsque nous entendons les propos des monistes : il accepte leur autorité, et n'assigne plus qu'une place secondaire aux considérations intellectuelles.

Je n'insiste pas davantage, en ce moment, sur les aspects religieux et moraux du problème, mais j'y reviendrai dans ma dernière Leçon.

Écartons, par suite, l'autorité susceptible d'être éventuellement reconnue, à titre d'hypothèse, aux intuitions mystiques. Ne traitons qu'au point de vue intellectuel le problème de l'Un et du Multiple ; et nous voyons aussitôt quelle position prend ici le pragmatisme. En appliquant son critérium, tiré des différences pratiques de chaque théorie, il est également tenu de répudier le monisme absolu et de répudier le pluralisme absolu. Le monde est un, là où par une connexion quelconque, mais définie, ses parties « s'entre-tiennent. » Et le monde est multiple, là où fait défaut toute connexion définie. Enfin, le monde s'unifie de plus en plus, grâce tout au moins à ces systèmes de connexion que l'activité humaine ne cesse de construire à travers les âges.

Il n'est pas impossible d'imaginer des mondes qui, par leurs connexions différentes, s'opposeraient à celui-là et s'opposeraient entre eux ; des mondes où prendraient pour ainsi dire corps les types et les degrés d'unité les plus variés. Le plus bas degré, alors, serait un monde où les choses seraient simplement données les unes *avec* les autres : la conjonction « et » suffirait à exprimer ce fait que les parties seraient enfilées toutes ensemble. Tel est le monde qu'actuellement forme la collection de nos existences intérieures respectives. Non seulement les étendues et les temps que conçoit l'imagination en chacun de nous, les objets et les événements de ses propres rêveries, sont incohérents, plus ou moins, les uns par rapport aux autres ; mais il n'existe absolument aucune relation définie entre ce qu'ils sont dans l'esprit de tel homme, et ce qu'ils sont dans l'esprit de chacun des autres hommes. C'est d'une façon qui n'a rien de systématique, c'est sans aucunement s'influencer ou agir l'une sur l'autre, que se pénètrent mutuellement les vagues pensées qu'il y a, au même moment, chez vous et chez moi qui vous parle. Ces pensées coexistent, mais sans ordre, et sans trouver chez aucun de nous, en quelque sorte, un réceptacle où s'unifier. Ainsi éparses, elles nous offrent le cas le plus approchant qui nous soit concevable pour une « multiplicité » absolue. Une raison nous forçant d'admettre qu'elles *doivent* être connues toutes ensemble, nous ne pouvons pas même l'imaginer. Encore moins pouvons-nous imaginer, fussent-elles connues simultanément, comment on les pourrait connaître comme formant un tout organisé.

Ajoutez, au contraire, nos sensations et les mouvements de notre corps : l'unité atteint aussitôt un grade beaucoup plus élevé. Nos *audita et visa*, tout ce que nous entendons et tout ce que nous voyons, tout ce que nous faisons, vient tomber dans ces réceptacles que ne rencontraient pas nos pensées de tout à l'heure, — dans ces réceptacles du temps et de l'espace où chaque événement trouve sa date et sa place. Nos perceptions auditives, nos perceptions visuelles, nos actes, forment des « choses », — et des choses d'un certain « genre », en outre : tout cela peut se classer.

Néanmoins il n'est pas impossible d'imaginer un monde composé de choses et de genres où n'existerait aucune des actions et réactions causales qui nous sont si familières. Chaque chose pourrait rester inerte, n'exercer ou ne subir aucune action, par rapport à toutes les autres, et se refuser à propager aucune influence ; ou bien encore de rudimentaires influences mécaniques pourraient entrer en jeu, mais nulle action chimique. Un monde comme ceux-là serait beaucoup moins unifié que le nôtre. On pourrait aussi en concevoir un troisième où il y aurait des actions et réactions chimiques, mais où n'existerait aucun être pensant ; un autre où il y aurait des êtres pensants, des individus, mais seulement des individus n'ayant que des pensées tout individuelles, de sorte qu'aucune vie sociale n'existerait ; puis un autre où la vie sociale se réduirait à ce fait que les individus seraient entre eux de simples « connaissances » et resteraient étrangers à toute affection ; enfin un autre où les affections existeraient, mais sans aucune coutume ou institution pour les systématiser.

Quel que fût son grade dans cette série, le monde ne serait jamais absolument irrationnel : la désintégration n'y serait jamais absolue, si inférieur que parût tel grade à l'égard des grades plus élevés. C'est ainsi que, si nos esprits arrivent jamais à se trouver unis télépathiquement ; s'il nous arrive jamais de connaître immédiatement, sous certaines conditions, ce qu'un autre pense, le monde où maintenant nous vivons passerait, auprès des esprits de ce monde-là, pour avoir occupé un grade inférieur !

Nos conjectures pouvant parcourir tout le vaste champ que leur ouvre le passé de l'éternité, il peut nous être permis de nous demander si les diverses sortes d'unité maintenant réalisées dans le monde par nous habité, n'auraient pas, par hasard, évolué progressivement de la manière dont nous voyons actuellement évoluer dans l'humanité les systèmes créés pour répondre à nos besoins. Qu'une telle hypothèse soit légitime, et l'unité totale apparaîtra, non pas comme l'origine des choses, mais plutôt comme leur dernier terme : « l'Absolu » devra être remplacé par « l'Ultime ». Le contenu serait le même pour chacune de ces deux notions, car ce serait toujours le contenu de l'expérience parvenue à son plus haut degré d'unification ; mais leurs relations dans le temps se trouveraient changées du tout au tout.

Cette discussion du problème de l'unité montre pourquoi, empruntant un mot de Papini, je disais que le pragmatisme tend à « assouplir » toutes nos théories. On n'a généralement affirmé l'unité du monde que d'une manière toute abstraite, et sur le même ton que s'il avait fallu être un insensé pour la nier. Les monistes se sont abandonnés à une violence qui avait parfois quelque chose de convulsif, ce dont ne s'accommode guère une discussion raisonnable exigeant que l'on sache faire certaines distinctions. On a cru, en particulier, qu'il fallait que la doctrine de l'Absolu fût un article de foi affirmé d'une manière dogmatique et intransigeante. Premier dans l'ordre de l'existence et de la connaissance, logiquement nécessaire lui-même, et assurant, par les liens d'une nécessité mutuelle, l'unité des choses inférieures à lui, comment l'Un, le Tout, aurait-il pu admettre la moindre atténuation à son essentielle rigidité? Le plus léger soupçon de pluralisme, le moindre frétillement d'indépendance dans l'une quelconque de ses parties, ce serait son écroulement! Pas de degrés dans l'unité absolue : autant vaudrait affirmer que l'eau contenue dans un verre reste absolument pure, dès lors qu'elle ne contient qu'un unique petit germe de choléra! Oui, l'indépendance, fût-elle d'un degré inappréciable, de l'une des parties, si insignifiante que fût celle-ci, serait aussi fatale qu'un germe de choléra pour l'Absolu !

Le besoin de ce dogmatisme si rigoriste ne se fait nullement sentir pour le pluralisme. Accordez-vous, si peu que ce soit, une certaine séparation entre les choses, un certain frémissement d'indépendance, une certaine liberté de jeu pour les parties agissant l'une sur l'autre, une certaine nouveauté véritable, une certaine irrégularité réelle, — accordez-vous cela, — tout juste l'ombre de cela? Eh bien! cela suffit amplement au pragmatisme : il ne lui en faut pas plus pour vous accorder, en retour, n'importe quel degré, si élevé soit-il, de réelle unité! Quel peut être exactement ce degré, — c'est une question qui, d'après le pragmatisme, ne pourra être tranchée que par l'expérience. Il peut être énorme, colossal; mais le monisme absolu n'en sera pas moins réduit à néant, s'il faut, en même temps que toute unité, admettre, sous la forme d'un germe naissant, aussi rudimentaire que l'on voudra, ou d'un vestige qui ne serait que celui du résidu le plus minuscule, une séparation non encore abolie !

En attendant que l'expérience permette de vérifier,

d'une manière définitive, comment se balance le compte de l'union et de la désunion dans les choses, le pragmatisme doit évidemment se mettre du côté des pluralistes. Il se peut qu'un jour ou l'autre, admet-il, la plus plausible des hypothèses soit l'unité, même totale, assurée par une pensée unique, par une origine unique, et par un univers consolidé, systématisé, de toutes les manières qu'il nous est possible de concevoir. D'ici là, c'est l'hypothèse opposée qu'il faut loyalement adopter, — celle d'un monde imparfaitement réduit à l'unité jusqu'à présent, et pour lequel cette réduction sera peut-être toujours imparfaite. Telle est l'hypothèse pluraliste. Puisque le monisme absolu nous interdit de jamais la considérer comme sérieuse; puisqu'il la déclare foncièrement irrationnelle, la nécessité s'ensuit clairement pour le pragmatisme de s'éloigner du monisme absolu et de suivre la voie plus empirique où le pluralisme s'est engagé.

Nous restons ainsi dans cet univers du sens commun où l'on voit les choses en partie unies, en partie séparées. Alors, quel sens ces deux termes, « choses » et « connexions », vont-ils prendre avec le pragmatisme? Pour le savoir, il faudra, dans la prochaine Leçon, appliquer la méthode pragmatique à cette sorte de philosophie qu'on nomme le *sens commun*.

# CINQUIÈME LEÇON

## LE PRAGMATISME ET LE SENS COMMUN

Ce qu'est la connaissance pour le pluralisme. — Comment s'accroissent nos connaissances. — Persistance des conceptions antérieures. — Ce sont nos ancêtres préhistoriques qui ont *découvert* les concepts du sens commun. — Énumération de ces concepts. — Ils n'ont été adoptés que progressivement. — L'espace et le temps. — Les « choses ». — Les genres. — La « cause » et la « loi ». — Le sens commun est l'un des stades de l'évolution mentale, et celle-ci est due à des hommes de génie. — Les stades « critiques » : d'une part, la science; et de l'autre, la philosophie, comparées toutes deux au sens commun. — De quel côté y a-t-il le plus de vérité? Impossible de le dire.

Dans notre dernière Leçon, nous avons renoncé à parler de l'unité du monde comme on le fait d'ordinaire, c'est-à-dire comme d'un principe dont le vide même ferait la sublimité; et nous avons étudié les diverses sortes particulières d'unité qu'enveloppe l'univers. Plus d'une nous a paru coexister avec certaines sortes de multiplicité supposant une séparation qui ne serait pas moins réelle. « Jusqu'à quel point suis-je vérifiée? » Telle est maintenant la question que nous posent chaque sorte d'unité ou d'union, et chaque sorte de séparation. Il nous faut donc, en notre qualité de bons pragmatistes, diriger notre regard vers l'expérience, vers les « faits ».

Nous avons maintenu l'unité absolue, mais à titre d'hypothèse seulement ; et cette hypothèse se réduit, de nos jours, à l'idée d'un sujet omniscient qui voit toutes choses, sans exception, comme formant un seul et unique fait systématisé. Mais ce sujet, lui-même, on peut toujours, ou bien le qualifier d'Absolu, ou bien le qualifier d'Ultime. En face de cette hypothèse comportant une double forme, subsiste d'ailleurs l'hypothèse opposée d'après laquelle, dans le plus vaste champ de connaissance qu'il y ait jamais eu ou qu'il puisse jamais y avoir, l'ignorance ne cesse et ne cessera pas de tenir quelque place : quelque chose peut toujours passer inaperçu.

Telle est l'hypothèse du *pluralisme* « *noétique* », ou, en d'autres termes, la théorie pluraliste de la connaissance. Les monistes la tiennent pour absurde. Nous, en attendant que des constatations positives aient fait pencher la balance dans un sens ou dans l'autre, il nous incombe de l'étudier avec le respect que nous avons montré pour le monisme « noétique ». Notre pragmatisme, tout en n'étant, à son point de départ, qu'une méthode, nous a, du reste, déjà forcés à envisager favorablement la doctrine pluraliste. Il se peut qu'entre certaines parties de l'univers et certaines autres la liaison soit si lâche que, seule, la copule « et » les enfile ou les mette bout à bout dans le discours. Il se pourrait même que l'apparition et la disparition des unes ne fissent subir aux autres aucune modification interne.

Cette conception pluraliste d'un monde se constituant par *addition* est de celles qu'aucun principe ne permet au pragmatisme de ne pas prendre en sérieuse considération. Mais, par elle, nous sommes conduits à une autre : nous sommes amenés à supposer que le monde effectivement donné, au lieu d'être chose achevée « de toute éternité », comme l'assurent les monistes, pourra rester éternellement inachevé, toujours comporter des additions et toujours comporter des pertes.

Incomplet, il l'est positivement sur un point, en tout cas, et d'une manière flagrante. Le fait même d'agiter cette question montre que *notre connaissance* est incomplète, quant à présent, et admet des additions. Du chef de la connaissance qui en fait partie, le monde change bel et bien, s'accroît bel et bien. Quelques remarques générales sur la manière dont il se complète, — lorsqu'il se complète, — nous serviront de transition commode pour passer à notre sujet, « le sens commun ».

Notre savoir, constatons-le d'abord, s'accroît, pour ainsi dire, *par places*. Elles peuvent être grandes ou petites ; mais jamais le savoir ne s'accroît dans toute son étendue : il y a toujours quelque connaissance antérieure qui reste ce qu'elle était. Votre connaissance du pragmatisme, supposons-le, s'accroît en ce moment. Plus tard, l'accroissement de cette connaissance pourra entraîner des modifications considérables dans les opinions qu'auparavant vous teniez pour vraies. Mais ces modifications sont susceptibles de se faire graduellement. Sans aller chercher plus loin, prenons cette série de Leçons. Ce que vous y acquérez en premier lieu, c'est probablement un petit nombre de renseignements nouveaux, de définitions, de distinctions, de points de vue que vous ignoriez. Mais votre savoir, pendant que s'y ajoutent ces idées spéciales, continue, quant au reste, de ne pas bouger : ce n'est qu'insensiblement qu'avec les opinions précédemment formées en vous « s'aligneront », pour en modifier légèrement la masse, les choses nouvelles que je m'efforce de vous inculquer.

En ce moment, vous m'écoutez, je le suppose, avec certaines idées préconçues relativement à ma compétence ; et ces idées influent sur votre manière d'accueillir ce que je vous dis. Mais que je me mette brusquement à interrompre cette leçon pour chanter d'une forte voix de baryton :

Nous ne rentrerons pas chez nous avant le jour !

et il n'y aurait pas là simplement un fait nouveau ajouté à votre fonds de connaissances : ce serait là un fait qui vous obligerait de me définir différemment, qui pourrait en outre modifier votre opinion sur la philosophie pragmatique, et, d'une manière générale, provoquer le remaniement d'un certain nombre de vos idées. En pareille circonstance, votre esprit se trouve à la gêne, péniblement parfois, entre ses anciennes croyances et les choses nouvelles que l'expérience lui apporte.

C'est donc bien par places que notre pensée s'enrichit ; et les acquisitions nouvelles font en quelque sorte tache d'huile[1]. Mais nous ne leur permettons que le moins possible de gagner du terrain : autant que nous le pouvons, nous gardons intacte la masse des connaissances, des préjugés, des croyances que nous avions déjà. Nous rapetassons, nous rétamons, plus que nous ne renouvelons ! Les choses nouvelles s'in-

1. L'auteur joue ici sur le double sens du mot anglais « spot », signifiant à la fois *tache* et *place* ou *endroit*. [Trad.]

filtrent dans cette masse et lui donnent leur teinte; mais celle-ci, à son tour, leur impose sa propre coloration en les absorbant. Notre passé se les approprie[1] en coopérant à leur travail; et, lorsque s'établit le nouvel équilibre auquel aboutit chaque pas fait en avant dans la formation du savoir, il est relativement rare que la donnée nouvelle s'y introduise « toute crue ».

Les vérités nouvelles sont ainsi la résultante d'expériences nouvelles et de vérités antérieures qui se combinent et mutuellement se modifient. Tel étant le cas actuellement pour les changements d'opinion, rien ne permet de supposer que les choses ne se passèrent pas toujours de même[2].

Il s'ensuit que de très anciennes façons de penser peuvent fort bien avoir survécu, malgré tous les changements postérieurs survenus dans les opinions des hommes. Il se peut que l'éponge n'ait point encore passé sur les conceptions les plus primitives. De même que nos cinq doigts, que les os de nos oreilles, que notre rudimentaire appendice caudal, ou que les autres particularités qui ne sont plus que des vestiges chez nous, peut-être ces conceptions subsistent-elles, à titre d'indélébiles témoignages d'événements survenus dans l'histoire de notre race. Peut-être nos ancêtres, à certains moments, se sont-ils tout à coup, et bien par hasard, engagés dans des voies intellectuelles qu'ils n'auraient pu créer. Mais, après coup, la chose une fois accomplie, l'héritage s'est maintenu. Quand vous avez commencé un

---

1. L'auteur emploie ici le verbe *apperceives* (aperçoit), mais dans le sens où Herbart employait le terme « aperception ».
2. Voir pp. 170-171. Voir également la septième Leçon. [Trad.]

morceau de musique sur un certain ton, vous gardez ce ton jusqu'au bout, fatalement. Votre maison, vous la pouvez modifier à votre guise; mais le plan fondamental de votre architecte persiste toujours; et, d'une église gothique, quelques modifications que vous y introduisiez, jamais vous ne ferez un temple dorique. De même une bouteille qui contenait une certaine drogue ou du whiskey : rincez-là tant que vous voudrez, — jamais vous n'en ferez complètement disparaître le goût de ce liquide !

J'adopte donc cette thèse que *nos conceptions fondamentales sur les choses sont des découvertes faites par certains de nos ancêtres, à des époques extrêmement éloignées de la nôtre, et qui ont réussi à se maintenir à travers l'expérience de tous les siècles postérieurs*. Elles forment un grand stade de l'équilibre réalisé dans le développement de l'esprit humain, — le stade du *sens commun*. D'autres stades sont venus se greffer sur celui-là, mais sans jamais réussir à le déloger.

Considérons d'abord ce stade du sens commun, comme si nous le supposions définitif.

Dans le langage courant, parler d'un homme à qui ne manque pas le sens commun, c'est dire qu'il a du jugement, qu'il est exempt de toute extravagance, et, suivant une locution familière, qu'il « a du nez »[1]. En philosophie, on entend tout autre chose en pareil cas : on veut dire de cet homme qu'il fait usage de certaines formes intellectuelles, qu'il emploie certaines catégories de la pensée. Si nous avions été des homards ou des abeilles, il n'est pas impossible que

---

[1]. L'auteur emploie ici un mot (*gumption*) qu'il qualifie de « bien anglais » (*vernacular*) et que les dictionnaires qualifient de familier (*colloquial*). [Trad.]

notre organisation nous eût conduits à employer des modes très différents de ceux-là pour saisir les données de notre expérience. *Peut-être* aussi, — car on ne saurait le nier dogmatiquement, — ces catégories si différentes, et qu'aujourd'hui nous sommes incapables d'imaginer, se seraient-elles trouvées, en somme, nous rendre, pour ce travail, tout autant de services que nos catégories actuelles !

Ceux qui verraient là un paradoxe, qu'ils songent à la géométrie analytique. Les mêmes figures qu'Euclide définissait par leurs relations intrinsèques, Descartes les a définies par les rapports de leurs points à des coordonnées accidentelles; et de cette innovation est résulté un moyen absolument différent, incomparablement plus puissant, d'opérer sur les courbes. Dans toutes nos conceptions il faut voir ce que les Allemands appellent *Denkmittel*, — un instrument au service de la pensée, un moyen permettant d'opérer intellectuellement sur les faits. L'expérience pure ne se présente pas tout étiquetée, tout estampillée : il nous faut d'abord découvrir son identité. Son premier aspect, c'est, d'après Kant, un « fouillis de phénomènes » (*gewühl der erschneinungen*), une « rhapsodie de perceptions » (*rhapsodie der wahrnehnungen*); et la raison a pour office d'introduire de l'unité dans toute cette diversité.

Par quoi commencer ? Généralement nous commençons par construire un système de concepts que nous classons, que nous disposons par séries, ou entre lesquels nous établissons n'importe quelles liaisons intellectuelles. Ce système, nous en faisons usage, ensuite, comme d'une taille de boulanger, pour tenir à jour le compte des impressions qui se présentent. Assigner à une impression une place qu'elle puisse occuper dans le système des concepts, c'est la rendre « intelligible ». Cette notion de « répertoires » parallèles, — où la relation réciproque des éléments y figurant n'est qu'un « rapport de *un à un* », — on la juge maintenant si commode en mathématiques, en logique, qu'elle se substitue de plus en plus aux anciens systèmes de classification.

Nombreux sont les systèmes conceptuels ayant ce caractère, et le « répertoire des sens [1] » en est un échantillon. Découvrez pour vos impressions sensibles, par ce « rapport de *un à un* », *une place quelconque* parmi vos concepts; et ces impressions se trouvent rationalisées d'autant. Mais, bien entendu, divers systèmes de concepts peuvent vous servir à les rationaliser. Voici la liste des plus importants :

Chose.
Le même ou le différent.
Genres.
Esprits.
Corps.
Le Temps.
L'Espace.
Sujets et attributs.
Influences causales.
L'imaginaire.
Le réel.

L'ordre, dont la trame nous a été tissée par ces notions, à même l'intarissable torrent de nos perceptions, nous est tellement familier, qu'il nous est difficile d'imaginer combien les perceptions, prises

---

1. KANT. [Trad.]

en elles-mêmes, sont loin de suivre une routine invariable. Rien d'invariable ici, pas plus que pour la température. A Boston, par exemple, le temps ne connaît à peu près aucune routine. Pas d'autres lois que celle-ci : le temps que vous avez eu pendant deux jours, vous ne l'aurez probablement pas le troisième jour; mais vous ne pouvez en être certains. Pour les gens de Boston, l'expérience, à l'égard du temps qu'il fait, est donc discontinue, chaotique. Dans une même journée, à l'égard de la température, du vent, de la pluie ou du soleil, elle peut changer jusqu'à trois fois. Mais ce désordre, le bureau météorologique de Washington l'intellectualise, en attribuant un caractère « épisodique » à chacune des fractions du temps que vous avez à Boston : il lui attribue, en effet, sa place et son moment dans un cyclone continental, ce dernier ayant son histoire au fil de laquelle les variations locales viennent se rattacher, de n'importe quel point, à la manière des grains d'un chapelet ou des perles d'un collier.

Eh bien! n'est-il pas à peu près certain que l'expérience, chez les jeunes enfants et les animaux inférieurs, n'est pas autre chose que ce qu'est, en matière de météorologie, l'expérience des Bostoniens peu cultivés? Le petit enfant, l'animal des espèces inférieures, n'en sait pas plus long sur le temps, sur l'espace, en tant que cadres où faire tenir l'univers, sur les « sujets » permanents et les « attributs » variables, ou sur les « causes », les « genres », les « pensées », les « choses », que les gens du peuple, chez vous, n'en savent sur les cyclones continentaux. Un tout petit enfant laisse tomber son hochet : il ne le cherche pas! Pour lui, pas de différence entre son hochet qui est « parti » et la flamme d'une bougie qui s'est éteinte ou qui est « partie », comme nous disons en anglais ; pour lui, pas de différence entre le hochet qui « revient », lorsqu'on le lui remet dans les mains, et la flamme qui « revient » lorsqu'on rallume la bougie. L'idée que le hochet soit une « chose » dont il pourrait intercaler l'existence permanente, conçue isolément, au milieu de ses apparitions successives, — cette idée ne lui est pas encore venue. De même chez les chiens. On peut dire d'eux : « loin des yeux, loin de la pensée ». Il est assez évident qu'aucune tendance *générale* à intercaler des « choses » parmi les sensations n'existe chez un chien.

Qu'on me permette de citer ici mon collègue G. Santayana.

« Qu'un chien, en train de renifler joyeusement dans toutes les directions, voie son maître arriver après une longue absence, — la pauvre bête ne demande pas pourquoi son maître était parti, pourquoi il est revenu, pourquoi on doit l'aimer, ou bien pourquoi, pendant que vous l'avez là, couché à vos pieds, vous ne pensez déjà plus à lui et vous mettez à grogner, à rêver de chasse : tout cela, c'est un mystère absolu, — un mystère qui n'éveille pas une pensée.

« Dans une expérience de ce genre, il y a de la variété, de la mise en scène, et un certain rythme vital : son histoire pourrait se dire en vers dithyrambiques ! Ici, l'inspiration est tout ; chaque événement est un fait providentiel ; pas d'acte qui ne soit tout spontané.

« Ici, la liberté absolue et l'impuissance absolue se sont rencontrées : tout dépend, pour vous, de la grâce divine ; et pourtant cette intervention, dont les voies sont insondables, vous ne sauriez la distinguer de ce qui est votre vie propre... [D'autre part] les personnages de ce drame sans ordre effectuent pourtant leur entrée et leur sortie à tour de rôle; et la raison de ces entrées, de ces sorties, se découvre peu à peu pour un être capable de fixer son attention, de retenir l'ordre des événements...

« A mesure que se développe cette aptitude à comprendre, chacun des moments de l'expérience apparaît comme une conséquence des autres, et devient susceptible de les annoncer. Les heures calmes de la vie ont la plénitude de la force; et ses heures convulsives ont leurs ressources à elles. Nulle émotion ne saurait accabler la pensée, parce qu'il n'y a point d'émotion dont l'origine ou l'issue soit entièrement cachée; nul événement ne saurait déconcerter la pensée, parce qu'elle voit au delà. Elle sait chercher des moyens grâce auxquels s'évader des pires impasses; et, tandis qu'auparavant il n'y avait, dans chaque moment, pour le remplir, que ses propres aventures, avec les émotions qu'elles faisaient naître par surprise, il y a maintenant place, dans chaque moment, pour une leçon à tirer de ceux qui l'ont précédé, comme aussi pour des conjectures sur le plan général du drame » [1].

Même de nos jours, la science et la philosophie continuent de travailler à faire dans notre expérience le départ voulu entre l'imaginaire et le réel. Sur ce point, elles n'ont établi, aux époques primitives, que les distinctions les plus élémentaires. Ce qu'ils se représentaient avec quelque vivacité, les hommes d'alors y croyaient: leurs rêves formaient, avec ce qui était pour eux la réalité, un mélange

1. *The Life of Reason : Reason in Common Sense.* (La vie de la raison; ou la raison dans le sens commun.) 1905, p. 59.

inextricable. Nous, cette catégorie, « la pensée », et cette autre, « les choses », nous sont indispensables ici : ce qu'ils appelaient, eux, des « réalités », c'est ce que, dans certains cas, nous appelons, nous, de simples « pensées ». Parmi toutes les catégories énumérées précédemment, il n'en est pas une dont nous ne puissions imaginer qu'elle a eu son origine historique et ne s'est propagée qu'insensiblement.

Le temps, — le Temps qui est « un », auquel nous croyons tous, dans lequel chaque fait a sa date précise ; — l'espace, — cet Espace, où chaque chose occupe une situation déterminée ; — toutes ces notions abstraites unifient admirablement le monde. Mais, en tant que concepts, et sous leur forme achevée, combien elles diffèrent de ces données sans ordre, mêlant le temps et l'espace, et qui composent l'expérience de l'homme vivant de sa vie naturelle ! Chaque chose se présente à nous en apportant sa propre durée et sa propre étendue ; cette étendue, cette durée sont vaguement entourées d'une marge, d'un « quelque chose de plus » empiétant sur la durée et l'étendue de la chose qui vient immédiatement après. Mais, bientôt, nous ne savons plus où nous en sommes ! Ce n'est pas seulement l'enfant qui ne fait aucune distinction entre hier et avant-hier, tout le passé pour lui ne formant plus qu'une sorte de bouillie : cela nous arrive, à nous aussi, les adultes, quand il s'agit de vastes périodes. Il en est de même pour les portions de l'espace. Sur la carte, je puis voir nettement la situation de Londres, de Constantinople, de Pékin, par rapport à l'endroit où je me trouve ; mais, dans la réalité, je suis absolument incapable d'avoir la *sensation* des faits que la carte représente symboliquement : les directions et les distances sont alors vagues, confuses, impossibles à discerner. Loin d'être les intuitions que prétendait Kant, le temps et l'espace, conçus comme des attributs du « cosmos », sont des constructions aussi manifestement artificielles que celles qu'on peut rencontrer dans la science : ces notions-là, jamais la plupart des hommes n'en font usage, car le temps, l'espace où ils vivent, est une pluralité d'éléments qui se pénètrent mutuellement (*durcheinander*).

Même constatation pour le concept de « choses « permanentes » ; pour le concept d'une chose « identique » et de ses différentes « manifestations », de ses « modifications » diverses ; — pour le concept des différents « genres » de choses ; concept que l'on finit par employer comme « attribut », avec la chose comme « sujet ». Combien tous ces termes vous donnent l'idée d'une symétrie introduite dans le pêle-mêle que présente le flux de l'expérience immédiate et dans la variété des impressions sensibles! Encore n'est-ce que la plus faible partie de ce flux, qu'un homme effectivement redresse et nivelle ainsi au moyen de ces instruments conceptuels. Dans le nombre, la notion de la chose « qui reste ou se retrouve la même », est probablement la seule dont se soient servis nos ancêtres, — et cela d'une manière on ne peut plus vague, on ne peut moins exacte! Mais, même alors, vous les auriez sans doute bien embarrassés en leur demandant si par « identique » ils voulaient parler d'une « chose » qui aurait subsisté pendant qu'elle cessait d'être vue : sans doute ils vous auraient répondu qu'ils ne s'étaient jamais posé cette question, ou que jamais aucun fait ne leur était apparu sous ce jour!

Les genres, et l'identité d'un genre donné : encore un outil intellectuel (*denkmittel*) extraordinairement précieux pour nous reconnaître dans la multiplicité ! Celle-ci pourrait se concevoir comme ayant été absolue : chaque expérience aurait pu porter sur un cas singulier, unique, et ne jamais se répéter. Ici, la logique n'eût jamais trouvé à s'appliquer, — cette logique qui n'a pas d'autres instruments que les genres et l'identité du genre. Sachant que tout ce qui fait partie d'un genre sera aussi partie d'une espèce de ce genre, on peut ensuite parcourir d'un bout à l'autre l'univers comme si l'on avait des bottes de sept lieues. Les bêtes brutes ne connaissent certainement pas ces abstractions, et les hommes civilisés en usent, au contraire, à des degrés très variables.

Voici maintenant l'influence causale ! S'il est un concept qui semble remonter plus haut que le déluge, c'est bien celui-là ! Nous voyons, en effet, les hommes primitifs croire qu'il n'y a presque rien qui n'ait son importance et qui ne puisse exercer une influence quelconque. — La recherche des influences les plus précises paraît avoir pris d'abord pour forme cette question : « *Qui* ou *que* devons-nous blâmer ? » Et cette question se sera posée, par exemple, pour une maladie, un désastre, n'importe quelle chose fâcheuse. Ce fut le centre autour duquel s'est élargi le cercle de la recherche des influences causales. Hume et la « Science » ont uni leurs efforts pour éliminer cette notion d'influence et n'en rien laisser : ils lui ont substitué cet « outil intellectuel », si différent, qu'on nomme « la loi ». Mais c'est là une invention relativement trop récente pour détrôner, dans le très ancien domaine du sens commun, l'idée d'influence qui continue d'y régner sans partage.

Le « possible », — quelque chose de moins que le réel, et quelque chose de plus que l'irréel pur et simple : — voilà encore une de ces souveraines notions du sens commun. On a beau les attaquer : elles ne cèdent pas; et nous y revenons dès que l'assaut de la critique nous laisse un répit. — « Le Moi », « le corps », dans le sens métaphysique de ces deux termes : autres formes de pensée à la tyrannie desquelles personne n'échappe.

Oui, partout, dans la pratique, les « outils intellectuels » du sens commun ont et conservent la victoire. Tout homme, si cultivé qu'il soit, continue de penser une « chose » à la manière du sens commun, c'est-à-dire comme un sujet un et permanent et comme « support » d'attributs qui ne sont interchangeables avec ceux d'aucune autre « chose ». L'idée, plus satisfaisante pour un esprit critique, d'un groupe de qualités sensibles unies par une loi, — personne ne l'applique couramment ou avec une pleine conviction. C'est avec ces catégories en main que nous faisons nos plans, que nous nous concertons entre nous, et ce sont elles qui nous servent à rattacher ce que nous avons sous les yeux aux plus lointaines données de notre expérience.

Dans notre travail en vue de comprendre les choses, le sens commun apparaît donc comme un stade parfaitement défini et qui répond avec infiniment de bonheur aux fins poursuivies par notre pensée. — Oui, « les choses » existent, même quand nous ne les voyons pas. Et les « genres » existent également. Quant à leurs « qualités », elles sont ce par quoi les choses agissent, comme aussi ce sur quoi nous agissons; et elles existent également. Les lampes que voici répandent cette *qualité*, qui est leur lumière, sur tous les objets de cette salle ; et cette qualité est bien quelque chose qui se trouve arrêté sur son chemin quand nous lui opposons un écran opaque. Le son émis par mes lèvres est bien ce qui pénètre dans vos oreilles. La chaleur est bien une qualité sensible du feu : elle est bien ce qui passe de lui dans l'eau où l'on fait bouillir un œuf; et l'on peut remplacer la chaleur par le froid, en laissant tomber dans le feu un morceau de glace.

Voilà, en fait de philosophie, les points où en sont restés tous les hommes, sans exception, qui ne sont pas d'origine européenne. Aucune des fins nécessaires, des fins pratiques de la vie, n'en exige davantage ; et, même dans notre race, il n'y a eu, pour jamais soupçonner, seulement soupçonner, le sens commun de n'être pas absolument vrai, que des hommes devenus de parfaits échantillons de l'esprit faux, des intelligences dépravées par leur savoir, selon le mot de Berkeley !

Mais maintenant remontons dans le passé, et cherchons comment les catégories du sens commun ont pu établir leur étonnante suprématie. Alors nous ne voyons aucune raison pour ne pas croire qu'elles ont dû suivre exactement la marche qui a fait plus récemment obtenir un triomphe du même genre aux conceptions dues à Démocrite, à Berkeley, à Darwin. En d'autres termes, elles furent probablement d'heureuses *découvertes* faites, pendant la période préhistorique, par des hommes de génie dont les ténèbres de l'antiquité ont submergé les noms : il est probable qu'elles furent vérifiées par les faits de l'expérience immédiate auxquelles ces catégories s'adaptèrent tout de suite; qu'elles se sont *propagées* en s'étendant d'un fait à un autre, en passant d'un homme à un autre, si bien qu'elles sont devenues la base de tout le langage et qu'il nous est impossible aujourd'hui de penser, sans effort, autrement que par elles. Cette hypothèse serait rigoureusement conforme à une règle qui a donné tant de résultats sur d'autres points, — à cette règle qui veut qu'une loi soit supposée régir les choses les plus vastes et les plus lointaines, lorsqu'on peut la voir à l'œuvre dans des choses du même genre, observées de près et en petit.

Certes, ces conceptions suffisent partout et amplement pour les fins utilitaires de la pratique. Il n'en est pas moins vrai qu'elles ont dû se limiter d'abord aux points spéciaux qui avaient provoqué leur découverte, et ne s'étendre qu'insensiblement d'une chose à une autre. C'est ce que semblent prouver les limites extrêmement incertaines de leur champ actuel d'application. Certaines exigences de la vie pratique nous font affirmer « le Temps » un, *objectif*, qui « s'écoule, et dont le cours reste toujours égal »[1]; mais, dans notre vie même, nous ne croyons pas à cette vitesse toujours égale du temps, et nous ne pouvons même l'imaginer. « L'Espace » est une notion moins vague; mais « les choses », en quoi consistent-elles? Une constellation est-elle à proprement parler une chose? Et une armée? Et une entité rationnelle, comme l'espace ou la justice? Un couteau reste-t-il « identique » après qu'on en a changé le manche et la lame? Cet enfant, « substitué à un autre par une fée », — cas que Locke dis-

---

1. « ... *æquabiliter fluit* ».

cute avec tant de sérieux, — appartient-il au « genre » humain? La télépathie est-elle une « fiction » ou un « fait » ? Dès que vous franchissez les bornes de la pratique dans l'usage à faire de ces catégories, — usage qui d'ordinaire est suffisamment indiqué par les circonstances de chaque cas spécial ; — dès que vous passez à des pensées qui n'ont qu'un intérêt de curiosité ou qu'un intérêt spéculatif, il vous est impossible de dire exactement la limite jusqu'où devra pouvoir aller l'application de telle catégorie, dans le domaine des faits.

La philosophie péripatéticienne, sous l'empire des tendances rationalistes, a voulu rendre éternelles les catégories du sens commun, en leur donnant une très grande précision technique. Une « chose », par exemple, est un être (*ens*). A son tour, un « être » est un « sujet d'inhérence » pour certaines qualités. Un « sujet » est lui-même une « substance ». Les substances appartiennent à certains « genres »; les genres sont discontinus ou distincts, et en nombre déterminé. Toutes ces distinctions sont fondamentales ; elles sont éternelles. — Mais, si admirablement utiles qu'elles soient dans le *discours*, on ne voit pas ce qu'elles peuvent signifier, en dehors du rôle joué par elles pour faire aboutir notre discours à de profitables applications. Demandez à un philosophe scolastique ce qu'une substance peut bien être en elle-même, indépendamment des attributs dont elle est le support : il vous répond simplement que votre intelligence connaît fort bien la signification de ce terme !

Ce que notre intelligence connaît fort bien, c'est uniquement le terme lui-même, et la fonction qu'il remplit : fonction de gouvernail en quelque sorte.

Aussi, certains esprits, *sibi permissi*, libres de leurs loisirs, et simplement curieux, ont-ils abandonné le niveau du sens commun pour ce qu'on peut appeler, d'une manière générale, le niveau « critique » de la pensée. Mais d'ailleurs ce ne sont pas seulement ces esprits-là, — les Hume, les Berkeley, les Hegel; — ce sont aussi des esprits pratiques, ayant le goût de l'observation, — tels que Galilée, Dalton, Faraday, — qui ont cru impossible de reconnaître comme réels, en dernière analyse, les termes, trop *naïfs*[1], du sens commun. Lui, c'est au milieu de nos sensations intermittentes qu'il *intercale* ses « choses » permanentes : la science, elle, prend le contre-pied de cette *interpolation*, et c'est par delà l'univers du sens commun qu'elle *relègue*, qu'elle « *extrapole* », si l'on peut dire, ses qualités « premières », ses atomes, son éther, ses champs magnétiques, etc. Les « choses », qui étaient des « substances », sont maintenant des choses comme les autres, mais invariables et impalpables, du mélange desquelles les bons vieux objets visibles du sens commun sont supposés résulter. En d'autres termes, le naïf concept du sens commun disparaît tout entier: le nom d'une chose ne s'interprète plus que comme exprimant la *loi d'association* en vertu de laquelle se succèdent et coexistent habituellement certaines de nos sensations.

La science et la philosophie critique font ainsi sauter les bornes du sens commun. La science met fin au réalisme naïf : les qualités « secondes » perdent toute réalité; seules subsistent les qualités « premières ». Avec la philosophie critique, c'est un bouleversement général : toutes les catégories du

---

1. En français dans le texte. [Trad.]

sens commun, depuis la première jusqu'à la dernière, cessent de représenter quoi que ce soit qu'on puisse appeler un *être*, et ne sont plus que de sublimes expédients de la pensée humaine, des artifices nécessaires pour échapper à la confusion où la jette l'irrémédiable écoulement des sensations.

Inspirée avant tout par des motifs purement intellectuels, la tendance scientifique de l'esprit critique n'en a pas moins ouvert à nos yeux étonnés une perspective, absolument imprévue, d'avantages pratiques. Galilée nous a donné une horlogerie de précision, et nous lui devons la justesse de nos pièces d'artillerie; les chimistes nous inondent de médicaments nouveaux et de nouvelles matières tinctoriales; Ampère et Faraday nous ont dotés du chemin de fer souterrain de New-York et du télégraphe sans fil de Marconi. Les choses hypothétiques que les hommes ont inventées, une fois définies avec rigueur comme ils sont parvenus à les définir, se montrent, de nos jours, prodigieusement fertiles en résultats vérifiables par les sens. De ces choses, notre logique peut déduire telle conséquence certaine sous telles conditions : celles-ci, étant bien connues, nous les pouvons réaliser; et voilà qu'aussitôt surgit devant nos yeux la conséquence prévue !

Le pouvoir d'action que nous possédons maintenant sur la nature, grâce aux récentes conceptions scientifiques, dépasse infiniment celui que le sens commun avait mis autrefois dans nos mains. L'accroissement de ce pouvoir nouvellement conquis s'accélère dans de telles proportions qu'il est impossible de lui assigner une limite. On peut même se demander s'il n'est pas à craindre que l'*être* même de l'homme ne soit écrasé par sa propre puissance;

— que sa nature, son organisme, devenu fixe, ne finisse par ne plus pouvoir soutenir l'extrême tension, l'essor toujours plus vertigineux, des fonctions créatrices, presque divines, dont son intelligence ne cessera de favoriser l'exercice et le développement ! Oui, l'homme pourra se noyer au milieu de ses richesses, — pareil à l'enfant qui se noie dans son bain, lorsqu'après avoir ouvert le robinet, il est incapable de le fermer pour arrêter l'écoulement de l'eau !

En philosophie, ce stade qu'on appelle l'esprit critique, va beaucoup plus loin que le stade scientifique dans ses négations : aussi n'ajoute-t-il rien à notre pouvoir dans le domaine de l'action pratique. Dans la mesure où Locke, Hume, Berkeley, Kant, Hegel, ne jettent aucune lumière sur les détails de la nature, ils ont tous été complètement stériles. Je ne vois aucune invention, aucune découverte, que l'on puisse rattacher directement à aucune de leurs conceptions particulières, car les principes philosophiques de Berkeley n'ont rien à voir avec son eau de goudron, et ceux de Kant n'ont rien à voir avec son hypothèse de la nébuleuse. Les satisfactions que tous ces philosophes donnent à leurs disciples sont de l'ordre intellectuel, et non de l'ordre pratique : encore faut-il ajouter que ces satisfactions purement intellectuelles laissent beaucoup à désirer !

Voilà donc, en somme, trois niveaux, trois stades ou trois types dans la manière de concevoir le monde où nous vivons ; et les notions appartenant à chacun d'eux ont un mérite d'une certaine sorte, que celles des deux autres ne possèdent pas.

Impossible, quant à présent, de dire que l'un de ces trois stades, pris en lui-même, présente plus de *vérité* que les deux autres. A considérer la *consolidation*, c'est le stade du sens commun qui l'emporte, parce qu'il a ouvert le jeu et que son alliance s'est imposée sans réserve au langage tout entier. Quant à savoir s'il est le plus *auguste* des trois stades, ou si cette supériorité appartient à la science, c'est là une question d'appréciation personnelle.

La consolidation et la dignité d'un stade ne sont d'ailleurs pas des marques décisives de sa vérité. Si elle appartenait au sens commun, pourquoi la science aurait-elle été obligée de dénoncer la fausseté des qualités secondes, auxquelles notre monde doit tout son vivant intérêt, et de leur substituer les points, les courbes, les équations composant le monde invisible du mathématicien ? Pourquoi aurait-elle eu à transformer toutes les « causes », toutes les « activités », en de simples « variations fonctionnelles » ? C'est en vain que la scolastique, — cette sœur cadette, mais pédante, du sens commun, — a voulu stéréotyper les formes du langage dont s'était toujours servie la famille humaine, en faire quelque chose de définitif, les fixer à perpétuité ! Les « formes substantielles », — qui n'étaient pas autre chose que nos qualités secondes, — n'ont guère dépassé l'an 1600. Déjà, on en avait assez à cette époque-là ; et Galilée, puis Descartes avec sa « philosophie nouvelle », n'ont fait, un peu plus tard, que leur donner « le coup de grâce »[1].

D'autre part, s'il y avait un plus grand fonds de vérité dans les nouvelles notions sur les « choses » scientifiquement conçues, — dans le monde des atomes et de l'éther, — comment auraient-elles pu

---

1. En français dans le texte. [Trad.]

soulever tant d'objections parmi les savants eux-mêmes ? Les théoriciens de la logique scientifique ne cessent de nous répéter qu'on ne saurait prendre au pied de la lettre la réalité de ces entités et de leurs attributs, quelque exacte qu'en soit la notion. Tout se passe, disent-ils, *comme si* elles existaient ; mais, à la vérité, elles ne sont, comme les coordonnées et les logarithmes, que des chemins de traverse nous permettant de parcourir de bout en bout, et au plus court, le flux de l'expérience. Grâce à eux, nous savons en déchiffrer le contenu avec profit ; ils nous rendent de prodigieux services ; mais il ne faut pas être leur dupe !

Encore une fois, il n'est pas possible de se prononcer entre ces trois types de conceptions, et de proclamer d'une voix retentissante lequel est, en lui-même, plus vrai que l'autre. Ce qu'ils ont, tous les trois, de très naturel, d'intellectuellement économique, de pratiquement fécond, se dresse comme preuve à l'appui de leur vérité, en sorte que nous restons dans l'embarras. Pour une certaine sphère de la vie, c'est le sens commun qui sera *préférable* ; pour une autre, la science ; pour une troisième, la philosophie : mais lequel est *le plus vrai*, dans le sens absolu du mot ? Dieu seul le sait.

En ce moment même, si je ne me trompe, la philosophie des sciences, avec des hommes tels que Mach, Ostwald et Duhem, nous offrent le spectacle d'un curieux retour aux tendances du sens commun quant à la manière d'envisager le monde physique. D'après eux, aucune hypothèse n'est plus vraie que n'importe quelle autre, si par là on entend une copie plus littérale de la réalité. Les hypothèses ne sont jamais que des façons de parler ; et, lorsqu'on les compare entre elles, il faut se placer uniquement au point de vue de *l'usage* qu'elles comportent. En dehors de la *réalité* elle-même, il n'y a rien qui soit vrai littéralement; et la seule réalité que nous connaissions, toujours d'après ces logiciens, c'est la réalité sensible, le flux de nos sensations et de nos émotions, à mesure qu'elles se succèdent. « L'Energie », pour Ostwald, est le nom collectif désignant les sensations telles, tout simplement, qu'elles se présentent, quand elles sont soumises à certaines mesures, — sensations de mouvement, de chaleur, de vibrations magnétiques, de lumière, etc. En les mesurant, nous parvenons, pour en décrire les modifications corrélatives, à trouver des formules d'une simplicité sans égale, d'une incomparable fécondité dans le domaine des applications humainement utiles : à ce double titre, de telles formules sont le triomphe le plus éclatant de l'économie réalisable dans la pensée !

Personne, assurément, ne saurait refuser son admiration à l' « énergétique ». Elle ne réussit pourtant pas à soustraire la plupart des physiciens et des chimistes à leurs réalités suprasensibles, à leurs molécules et à leurs vibrations. Cette philosophie semble pousser trop loin l'économie pour suffire à tout : il se pourrait, tout compte fait, que la note dominante dans la réalité fût, non pas l'économie, mais la profusion !

Je me tiens en ce moment sur un terrain extrêmement technique où ma compétence personnelle est fort restreinte. Eh bien ! cela n'en vaut que mieux pour ma conclusion ! La voici maintenant. Toute notre conception de la vérité se constate comme malaisée à bien comprendre, quand nous supposons,

— ainsi que tout le monde le fait d'instinct, sans réflexion, — qu'elle consiste pour l'esprit dans une sorte de duplicata, de transcription pure et simple d'une réalité toute faite et donnée telle quelle. Ma conclusion est, en outre, qu'il n'existe aucun critérium exclusif permettant de se prononcer, sans hésitation, entre les divers types de pensée qui prétendent posséder la vérité. Sens commun, science ordinaire ou philosophie des atomes, science ultra-critique, ou énergétique, philosophie critique ou idéaliste : tout cela semble insuffisamment vrai sur un point ou sur un autre ; rien de tout cela ne satisfait entièrement. Je conclus enfin que le conflit de ces systèmes, séparés par d'énormes différences, nous rend évidente la nécessité de soumettre à une revision l'idée même de la vérité, puisque nous ne savons toujours pas quel sens précis il y a lieu de donner à ce terme. Cette tâche fera l'objet de notre prochaine Leçon.

En ce moment, deux points, et seulement deux, sont à retenir de ce qui précède.

Le premier concerne le sens commun. La raison, nous l'avons vu, le tient pour suspect. Ses catégories ont beau être bien vénérables ; elles ont beau s'employer universellement et se trouver insérées dans la structure même du langage : la raison soupçonne qu'elles pourraient, après tout, n'être qu'une collection d'hypothèses qui se trouvent avoir obtenu un succès exceptionnel. Elles peuvent avoir eu leur histoire, en tant qu'invention ou découverte personnelle de certains hommes. Elles se seraient, d'ailleurs, peu à peu propagées, de manière que tout le monde aurait fini par les employer. Grâce à elles, de temps immémorial, nos ancêtres ont corrigé, unifié, la discontinuité de leurs perceptions immédiates, et se sont mis d'accord avec le monde des apparences. L'accord ainsi établi se trouvait si bien satisfaire les fins ordinaires de la pratique, qu'il n'aurait certainement jamais pris fin, sans l'excessive vivacité intellectuelle de Démocrite, d'Archimède, de Galilée, de Berkeley, et de certains autres hommes dont le génie excentrique s'est enflammé à leur exemple !

Voici l'autre point à retenir, en plus de cette suspicion à l'égard du sens commun. Nous avons étudié trois types de pensée. Nous avons reconnu ce que chacun d'eux renferme d'admirable pour répondre à certaines fins. Mais nous avons aussi constaté qu'ils ne cessent pas d'être aux prises l'un avec l'autre, et qu'aucun n'est en état de justifier la prétention qu'il a d'être en possession de la vérité absolue. N'y a-t-il pas là une présomption en faveur du pragmatisme, ou de cette idée que toutes nos théories ont un caractère « instrumental » ; qu'elles sont pour notre pensée des procédés par lesquels *s'adapter* à la réalité, plutôt que des révélations ou bien des conceptions mystiques qui, en expliquant l'univers, résoudraient une énigme proposée par Dieu lui-même ? J'ai déjà exposé cette idée, le plus clairement possible, dans ma seconde Leçon. J'espère, dans la prochaine, vous la présenter d'une manière tout à fait convaincante.

# SIXIÈME LEÇON

## THÉORIE PRAGMATISTE DE LA VÉRITÉ

Où en est la polémique contre le pragmatisme. — Ce qu'il faut entendre par l'accord de nos idées avec la réalité. — Théorie intellectualiste. — Théorie du pragmatisme : une idée *vraie* est une idée *vérifiable*. — Elle se vérifie en nous servant de guide, avec succès, dans l'expérience. — Partiellement vérifiée, on lui fait d'ordinaire crédit sans exiger sa complète vérification. — Les vérités « éternelles » en mathématiques et en logique. — Accord des idées vraies : 1° avec la réalité (faits ou principes); 2° avec le langage; 3° avec les vérités antérieures. — Objections du rationalisme. — La vérité est *bonne*, de même que la santé, la richesse, etc. — Elle n'est donc pas autre chose que *l'utile*, dans le domaine de la pensée. — La part du passé. — La part de l'avenir. — La vérité n'est donc jamais faite, mais toujours en voie de se faire. — Objections des rationalistes sur ce point. — Réponse du pragmatisme : la notion de vérité *abstraite* est légitime; mais nos vérités n'en sont pas moins *concrètes* par leurs origines comme par leur rôle et par leur rendement.

Tout enfant, Clerk-Maxwell avait, nous dit son biographe, la manie de vouloir se faire tout expliquer; et, si les gens croyaient se débarrasser de lui avec de vagues formules qui n'avaient que l'air d'expliquer la chose, il ne manquait pas de les interrompre brusquement : « Oui; mais je veux qu'on me dise *le truc¹ particulier de la chose!* »

S'il s'était agi de la vérité, il n'y aurait eu qu'un pragmatiste pour dire à Clerk-Maxwell « *le truc particulier de la chose* ». Je crois que nos pragmatistes contemporains, MM. Schiller et Dewey, tout spécialement, ont seuls apporté sur cette question une théorie soutenable. Question très délicate, qui envoie d'imperceptibles radicelles dans toutes sortes de trous et de recoins, et qui se prête malaisément à une discussion sommaire. Mais la thèse de Schiller et Dewey s'est vue attaquer avec tant de fureur par les philosophes rationalistes, et elle a donné lieu à de si fâcheux malentendus, qu'il s'impose ici d'en présenter un exposé aussi simple et aussi clair que possible.

Je ne doute pas de voir la théorie pragmatiste de la vérité passer par les trois étapes traditionnelles que comprend la carrière d'une doctrine. Toute doctrine nouvelle commence par être attaquée comme absurde; puis on admet qu'elle est vraie, mais d'une vérité trop évidente et sans aucun intérêt; et l'on finit par la reconnaître si importante, que ses adversaires prétendent l'avoir découverte eux-mêmes. Notre doctrine de la vérité en est à sa première étape; mais il y a des symptômes annonçant que sa seconde étape a commencé dans certains parages[2]. Puissé-je lui faire dépasser à vos yeux la première étape !

La vérité, vous dira n'importe quel dictionnaire, est une propriété que possèdent certaines de nos

---

1. On s'excuse d'employer ici un terme par trop loin du style académique. Mais il se rapproche tellement du terme employé par le jeune Maxwell! [Trad.]

2. Voir l'Appendice, page 274.

idées : elle consiste dans ce fait qu'elles sont « d'accord », de même que l'erreur consiste dans ce fait qu'elles sont « en désaccord », avec la réalité. Les pragmatistes et les intellectualistes s'entendent pour admettre cette définition comme chose qui va de soi. Ils ne cessent de s'entendre qu'au moment où l'on soulève la question de savoir exactement ce que signifie le terme « accord », et ce que signifie le terme « réalité », — lorsque l'on voit dans la réalité quelque chose avec quoi nos idées doivent « s'accorder ».

Dans leur manière de répondre à ces questions, les pragmatistes se montrent plus soucieux de tout analyser, plus scrupuleux, tandis que les intellectualistes se montrent plus décisionnaires et moins circonspects.

L'opinion courante, là-dessus, c'est qu'une idée vraie doit être la copie de la réalité correspondante. De même que d'autres conceptions courantes, celle-ci est fondée sur une analogie que fournit l'expérience la plus familière. Lorsqu'elles sont vraies, nos idées des choses sensibles reproduisent ces dernières, en effet. Fermez les yeux, et pensez à cette horloge, là-bas, sur le mur : vous avez bien une copie ou reproduction vraie du cadran. Mais l'idée que vous avez du « mouvement d'horlogerie », à moins que vous ne soyez un horloger, n'est plus, à beaucoup près au même degré, une copie, bien que vous l'acceptiez comme telle, parce qu'elle ne reçoit de la réalité aucun démenti. Se réduisit-elle à ces simples mots, « mouvement d'horlogerie », ces mots font pour vous l'office de mots vrais. Enfin, quand vous parlez de l'horloge comme ayant pour « fonction » de « marquer l'heure », ou quand vous parlez de « l'élasticité » du ressort, il est difficile de voir au

juste de quoi vos idées peuvent bien être la copie !
— Vous voyez qu'il y a ici un problème. Quand nos idées ne peuvent pas positivement copier leur objet, qu'est-ce qu'on entend par leur « accord » avec cet objet ? Quelques idéalistes semblent dire qu'elles sont vraies toutes les fois qu'elles sont ce qui, dans les intentions de Dieu, doit être pensé par nous sur l'objet. D'autres s'en tiennent résolument à la théorie de l' « idée-image » et s'expriment, à cet égard, comme si nos idées étaient plus ou moins vraies, suivant qu'elles se rapprochent plus ou moins du point où elles reproduiraient exactement la pensée éternelle de l'Absolu.

Ces conceptions exigent d'être discutées au point de vue pragmatique. — Or, le grand principe des intellectualistes est que la vérité consiste dans une relation toute statique, inerte. Une fois que l'idée vraie d'une chose est en vous, tout est dit. Vous l'avez en votre possession ; vous *détenez une connaissance :* vous avez rempli votre destinée de sujet pensant. Vous êtes intellectuellement là où vous avez le devoir d'être ; vous avez obéi à votre « impératif catégorique » : il n'y a plus rien qui doive venir après ce point culminant de votre destinée d'être raisonnable. Sur le terrain épistémologique ou dans l'ordre du savoir, vous avez atteint un état d'équilibre stable.

Le pragmatisme, lui, pose ici sa question habituelle : « étant admis qu'une idée, qu'une croyance est vraie, quelle différence concrète va-t-il en résulter dans la vie que nous vivons? De quelle manière cette vérité va-t-elle se réaliser? Quelles expériences vont se produire, au lieu de celles qui se produiraient si notre croyance était fausse? Bref, quelle valeur la vérité a-t-elle, en monnaie courante, en termes ayant cours dans l'expérience ? »

En posant cette question, le pragmatisme voit aussitôt la réponse qu'elle comporte : *les idées vraies sont celles que nous pouvons nous assimiler, que nous pouvons valider, que nous pouvons corroborer de notre adhésion et que nous pouvons vérifier. Sont fausses les idées pour lesquelles nous ne pouvons pas faire cela.* Voilà quelle différence pratique il y a pour nous dans le fait de posséder des idées vraies ; et voilà donc ce qu'il faut entendre par la vérité, car c'est là tout ce que nous connaissons sous ce nom !

Telle est la thèse que j'ai à défendre. La vérité d'une idée n'est pas une propriété qui se trouverait lui être inhérente et qui resterait inactive. La vérité est un *événement* qui se produit pour une idée. Celle-ci *devient* vraie ; elle est *rendue* vraie par certains faits. Elle acquiert sa *vérité* par un travail qu'elle effectue, par le travail qui consiste à se vérifier elle-même, qui a pour but et pour résultat sa *vérification*. Et, de même, elle acquiert sa *validité* en effectuant le travail ayant pour but et pour résultat sa *validation*.

Ces mots mêmes de « vérification » et de « validation », quelle en est la signification pragmatique ? Ils désignent certaines conséquences pratiques de l'idée qui se vérifie et qui devient valable. On trouverait difficilement un seul terme qui les caractérisât mieux que ne le fait le terme usuel « accord », car ces conséquences sont précisément ce qu'il y a dans notre esprit quand nous disons que nos idées « s'accordent » avec la réalité. Alors, en effet, par les actes qu'elles provoquent de notre part comme par les autres idées qu'elles suscitent en nous, ces idées, ou bien nous font pénétrer dans certaines autres parties de l'expérience, ou bien nous y font aboutir, ou bien nous orientent au moins dans leur direction, et cela de manière à nous donner, pendant tout ce temps-là, le sentiment de leur accord persistant avec ces autres parties de l'expérience. Alors, les liaisons et les transitions se présentent à nous comme s'établissant, d'une façon régulière, harmonieuse, satisfaisante. Alors, enfin, « s'accorder » avec la réalité signifie : lui *agréer* ou obtenir son *agrément*. Cette fonction, qui consiste pour une idée à nous servir de guide, et de guide *agréable*, est ce que j'entends par sa vérification.

Pour préciser cet exposé, qui serait trop vague, et pour le compléter par l'étude des résultats qui vous le rendront plus intéressant, je dois d'abord vous rappeler ce fait que, posséder des pensées vraies, c'est, à proprement parler, posséder de précieux instruments pour l'action. Je dois aussi vous rappeler que l'obligation d'acquérir ces vérités, bien loin d'être une creuse formule impérative tombée du ciel, ou d'être, pour notre esprit, un arrêt de développement qu'il s'imposerait à lui-même, se justifie, au contraire, par d'excellentes raisons pratiques.

Il n'est que trop évident qu'il nous importe, dans la vie, d'avoir des croyances vraies en matière de faits. Nous vivons au milieu de réalités qui peuvent nous être infiniment utiles ou infiniment nuisibles. Doivent être tenues pour vraies, dans ce premier domaine de la vérification, les idées nous disant quelles sortes de réalités, tantôt avantageuses pour nous, tantôt funestes, sont à prévoir; et le premier des devoirs de l'homme est de chercher à les acquérir. Ici, la possession de la vérité, au lieu, tant s'en faut! d'être à elle-même sa propre fin, n'est qu'un moyen préalable à employer pour obtenir d'autres satisfactions vitales. Si je m'égare dans les bois, que je me sente pris par la faim, et que je tombe sur ce qui me semble être un chemin fréquenté par les vaches, il m'importe extrêmement de songer à une habitation humaine qui doit se trouver au bord de ce chemin, car le fait d'y penser, puis d'agir en conséquence, me tire d'affaire. La pensée vraie, dans ce cas, est utile, parce qu'elle porte sur un objet utile.

La valeur pratique des idées vraies tient donc, tout d'abord, à l'importance pratique que leur objet a pour nous. L'objet d'une idée vraie n'a d'ailleurs pas toujours cette importance. La maison de tout à l'heure peut, dans une autre circonstance, n'avoir pour moi aucune utilité : alors, quoique vérifiable, l'idée que j'en ai manquera de tout à-propos et ferait mieux de rester à l'état latent.

Toutefois, il n'y a guère d'objet qui ne puisse, un jour ou l'autre, avoir une importance momentanée. Il existe donc un avantage manifeste à posséder une réserve de vérités « surnuméraires », d'idées pouvant être vraies pour des circonstances simplement possibles. Nous en avons tous une provision dans un coin de notre mémoire, et le trop-plein s'en vient remplir notre carnet de renseignements. Que l'une de ces vérités surnuméraires devienne pratiquement applicable à l'un de nos besoins actuels : elle quitte son magasin de dépôt, sa glacière, pour opérer dans le monde réel ; et la foi qu'elle nous inspire devient une foi agissante. Vous pouvez alors dire d'elle, ou bien : « elle est utile, parce qu'elle est vraie » ; ou bien : « elle est vraie, parce qu'elle est utile ». Ces deux phrases veulent exactement dire la même chose : l'une et l'autre constatent qu'il y a là une idée qui se réalise et qui peut se vérifier. « Vrai » vous sert pour l'idée qui met en mouvement le travail de vérification ; « utile » vous sert pour la fonction remplie par l'idée, lorsque cette fonction s'est complétée dans le monde de l'expérience. Jamais une idée vraie n'aurait été distinguée comme telle au milieu des autres idées ; jamais elle n'aurait pris un nom générique, et encore bien moins un nom lui attribuant une valeur, si elle n'avait été utile, de cette manière, dès son apparition.

Par cette constatation toute simple, le pragmatisme rattache essentiellement sa notion générale de la vérité à la manière dont un certain moment de notre expérience peut nous conduire vers d'autres moments, auxquels nous reconnaîtrons qu'il valait la peine d'être conduits. Primitivement, et tant qu'on en reste au niveau du sens commun, la vérité d'un mode de la pensée consiste pour lui dans cette fonction qu'il remplit de *nous engager dans une direction valant d'être prise*. Quand un moment de notre expérience, n'importe lequel, nous inspire une idée vraie, cela veut dire que, tôt ou tard, cette idée est le guide grâce auquel nous nous replongeons dans les phénomènes particuliers de l'expérience, et que nos relations avec eux nous sont profitables. Ce n'est là encore qu'une indication un peu vague, mais qu'il importe de retenir, car elle est essentielle.

Des successions régulières de phénomènes, pendant tout ce temps-là, pénètrent en foule dans notre expérience. Une parcelle de son contenu peut nous avertir de nous tenir prêts pour une autre, pour un objet plus éloigné; nous le signaler en dirigeant sur lui notre attention. Que cet objet se présente : son apparition vérifie l'idée qui d'avance le « signifiait ». La vérité, dans les cas de ce genre, n'est pas autre chose qu'une vérification éventuelle. Aussi sera-t-elle manifestement impossible pour un esprit déréglé. Malheur à l'homme dont les croyances se jouent de l'ordre suivant lequel les faits réels se suivent dans son expérience ! Tantôt elles ne le mèneront à rien, tantôt elles le conduiront à des erreurs.

En parlant ici de « réalités », de « faits réels », ou d'objets, j'entends parler soit des choses, telles que les conçoit le sens commun, auxquelles se rapportent nos impressions sensibles, soit des relations, — dates, lieux, distances, genres, etc., — telles également que le sens commun les conçoit. En nous laissant guider par notre image mentale d'une maison sise au bord du chemin des vaches, nous en arrivons effectivement à voir cette maison, et l'image est alors pleinement vérifiée. *Le fonctionnement de ces idées directrices, toutes simples, et qui se trouvent pleinement vérifiées, offre*, à n'en pas douter, *le modèle et le prototype du processus ou du travail aboutissant à la vérité*. Assurément, l'expérience présente d'autres formes de ce processus; mais elles peuvent toutes se concevoir comme des vérifications devenues définitives, qui se multiplient, ou qui se substituent l'une à l'autre.

Prenons, par exemple, cet objet, là-bas, sur le mur. Pour vous et pour moi, c'est une horloge : et pourtant aucun de nous n'a vu le mécanisme caché qui fait que c'est bien une horloge. Nous acceptons cette idée comme vraie, sans rien faire pour la vérifier. Si la vérité est essentiellement un processus de vérification, ne devrions-nous pas regarder comme nées avant terme des vérités non vérifiées, comme celle-ci? Non: car elles forment l'écrasante majorité des vérités qui nous font vivre. Tout « passe », tout compte également, en fait de vérification, qu'elle soit directe ou qu'elle ne soit qu'indirecte. Que le témoignage des circonstances soit suffisant, et nous marchons sans avoir besoin du témoignage de nos yeux. Quoique n'ayant jamais vu le Japon, nous admettons tous qu'il existe, parce que cela nous *réussit* d'y croire, tout ce que nous savons se mettant d'accord avec cette croyance, sans que rien se jette à la traverse : de même, nous admettons que l'objet en question est une horloge. *Nous nous en servons* comme d'une horloge, puisque nous réglons sur lui la durée de cette Leçon. Dire que notre croyance est vérifiée, c'est dire, ici, qu'elle ne nous conduit à aucune déception, à rien qui nous donne un démenti. Que l'existence des rouages, des poids et du pendule soit *vérifiable*, c'est comme si elle était *vérifiée*. Pour un cas où le processus de la vérité va jusqu'au bout, il y en a un million dans notre vie où ce processus ne fonctionne qu'ainsi, à l'état naissant. Il nous oriente *vers* ce qui serait une vérification ; nous mène dans ce qui est l'*entourage* de l'objet : alors, si tout concorde parfaitement, nous sommes tellement certains de pouvoir vérifier, que nous nous en dispensons ; et les événements, d'ordinaire, nous donnent complètement raison.

En fait, la vérité vit à crédit, la plupart du temps. Nos pensées et nos croyances « passent » comme monnaie ayant cours, tant que rien ne les fait refuser, exactement comme les billets de banque tant que personne ne les refuse. Mais tout ceci sous-entend des vérifications, expressément faites quelque part, des confrontations directes avec les faits, — sans quoi tout notre édifice de vérités s'écroule, comme s'écroulerait un système financier à la base duquel manquerait toute réserve métallique. Vous acceptez ma vérification pour une chose, et moi j'accepte pour une autre votre vérification. Il se fait entre nous un trafic de vérités. Mais il y a des croyances qui, vérifiées par quelqu'un, servent d'assises à toute la superstructure.

Il y a une autre grande raison, — sans compter l'économie de temps, — pour s'abstenir d'une complète vérification dans la vie courante : c'est que les choses existent toujours par genres, et non pas en échantillon unique. Notre univers se présente, une fois pour toutes, sous cet aspect. Dès lors, donc, que nous avons vérifié nos idées sur un spécimen d'un certain genre, nous jugeons que nous avons le droit de les appliquer, sans recommencer cette vérification, à d'autres spécimens. Une pensée habituellement capable de discerner le genre auquel appartient une chose qu'elle a devant elle, et qui inspire aussitôt des actes conformes à la loi de ce genre, sans s'arrêter pour le vérifier, sera une pensée « vraie » dans quatre-vingt-dix-neuf cas sur cent qui pourraient embarrasser : ce sera une pensée « vraie » parce qu'elle fait que la conduite s'adapte à toutes les circonstances et ne reçoit aucun démenti.

*Un processus indirect ou simplement virtuel de vérification peut* donc, je le répète, *être aussi vrai qu'un processus direct et complet.* Le premier fonctionne absolument de la même manière que le second quant à ses effets, nous donne les mêmes avantages, et réclame notre adhésion pour les mêmes raisons.

Tout ce que je viens de dire se rapportait à ce qui est, en matière de faits, le niveau du sens commun. Mais notre capital ne se réduit pas aux questions de fait. *Les relations réciproques des idées de l'ordre purement intellectuel* forment une autre sphère où règnent des croyances vraies et des croyances fausses. Ici, nous avons affaire à des croyances absolues, inconditionnelles. Vraies, on les appelle des définitions ou des principes. C'est un principe ou une définition que 1 et 1 font 2, que 2 et 1 font 3; que le blanc diffère du gris moins qu'il ne diffère du noir; que, si la cause entre en jeu, l'effet commence à se produire. Ces propositions sont valables pour n'importe quelles « unités », pour tous les « blancs », tous les « gris », toutes les « causes », qui se peuvent concevoir. L'objet, ici, est un objet mental. Les relations des objets de ce genre se perçoivent immédiatement comme évidentes, et ne réclament aucune vérification par les sens.

Pour ces objets, en outre, ce qui est vrai une fois, est toujours vrai. Nous avons ici des vérités « éternelles ». A toute chose concrète, rencontrée n'importe où, et qui est une « unité », ou qui est « blanche », ou qui est « grise », ou qui est un « effet », votre principe s'appliquera éternellement. Il ne s'agit que de vérifier le genre, et d'appliquer ensuite à chacun des objets particuliers la loi du genre dont il fait partie. Vous êtes certains d'avoir une idée vraie, pourvu que vous sachiez simplement donner au genre le nom qui est le sien, puisque vos relations mentales sont valables pour tous les cas de ce genre sans exception. Si, malgré cela, la vérité concrète vous échappe, vous direz que vous aviez mal classé vos objets réels !

Ici encore, dans le domaine des relations mentales, la vérité se ramène à une *direction* indiquée, à une direction prise. Mettant chacune de nos idées abstraites en relation avec les autres, nous finissons par construire de vastes systèmes de vérités logiques et de vérités mathématiques ; et, sous les noms respectifs de ces systèmes, viennent se ranger éventuellement les faits de l'expérience sensible, si bien que nos vérités éternelles sont également valables pour les choses réelles.

Cette alliance des faits et de la théorie est d'une inépuisable fécondité. Ici, ce que nous disons est déjà vrai, au moment où nous le disons, dès avant toute vérification spéciale, *si nous avons exactement subsumé les objets*, si nous les avons *bien fait rentrer dans les cadres qui leur conviennent*. Notre système idéal de cadres disposés d'avance pour recevoir tous les objets possibles, de n'importe quel genre, est déterminé par la structure même de notre esprit. Nous ne pouvons pas plus nous livrer à des tours de passe-passe avec les relations abstraites qu'avec les données de nos sens : elles nous contraignent ; force nous est d'en respecter la symétrie, que les résultats obtenus nous satisfassent ou non. Les règles de l'addition ne s'appliquent pas avec moins de rigueur à nos dettes qu'à nos créances. La centième décimale de $\pi$, le rapport de la circonférence à son diamètre, est chose idéalement et d'avance déterminée pour chacun de nous en ce moment, alors même qu'il ne l'aurait jamais calculée. Quand nous avons affaire à un cercle réel, s'il nous arrivait jamais d'avoir besoin de la figure géométrique correspondante, il nous la faudrait exacte, calculée d'après les règles requises, car la vérité de l'idée du cercle réel est la même que la vérité établie par ces règles, dans notre pensée, pour le cercle idéal.

Entre les contraintes de l'ordre sensible et les contraintes de l'ordre purement intellectuel, notre esprit se trouve serré comme dans un étau. Il faut de toute nécessité que nos idées s'accordent avec les réalités, — qu'il s'agisse de réalités concrètes ou de réalités abstraites, de faits ou de principes, — sous peine de tomber dans l'incohérence irrémédiable et de subir sans fin des démentis !

Jusqu'à présent, les intellectualistes ne peuvent élever aucune protestation. Tout ce qu'ils peuvent dire, c'est que nous avons à peine effleuré la question.

D'après ce que nous avons vu, les réalités comprennent, en premier lieu, des faits concrets; puis des genres abstraits, composés de choses ; ainsi que des relations intuitivement perçues entre eux. De plus et en troisième lieu, elles comprennent le corps tout entier des vérités antérieures qui étaient en notre possession, car ce sont là des choses dont il doit être tenu compte, non moins que des autres, par nos idées nouvelles. Mais, maintenant, que faut-il entendre par « l'accord » que la définition courante exige à l'égard de cette triple réalité ?

C'est ici que le pragmatisme et l'intellectualisme commencent à se fausser compagnie.

Tout d'abord, « être d'accord » avec la réalité, signifie sans doute la « copier », la « reproduire ». Mais nous avons vu que le simple mot « horloge » nous tient lieu d'un tableau mental de son mécanisme et que, très souvent, nos idées ne peuvent qu'être des symboles, et non des copies de la réalité. « Le passé », « la puissance », « la spontanéité » :

comment notre esprit pourrait-il copier de telles réalités ?

Le fait d'être « d'accord », au sens le plus large du mot, avec une réalité, ne peut donc être que *le fait, ou bien d'être conduit tantôt tout droit à elle, tantôt dans son entourage, ou bien d'être mis en contact effectif et agissant avec elle, de façon à mieux opérer soit sur elle-même, soit sur un intermédiaire, que s'il y avait désaccord;* — et j'ajoute qu'il s'agit d'opérer *dans le domaine intellectuel*[1] aussi bien que *dans le domaine de la pratique.* Souvent aussi, cet accord sera simplement le fait négatif que, de cette réalité, rien qui contredise nos idées ne vient se jeter en travers du chemin par où celles-ci nous mènent à un autre point.

Non ! il s'en faut que l'essentiel soit de copier la réalité, bien que ce soit l'une des manières les plus importantes de s'accorder avec elle. L'essentiel, c'est de trouver dans une idée *un guide* pour se mouvoir au milieu de la réalité. Qu'une idée nous aide, à nous mettre en rapports, intellectuellement ou pratiquement, soit avec le réel, soit avec ses tenants et aboutissants ; qu'au lieu d'entraver notre marche par toute sorte de contre-temps, elle adapte et ajuste effectivement notre vie à tout l'engrenage de la réalité : alors il y aura un accord où seront remplies suffisamment les conditions que l'on exige du vrai ; et cette idée sera vraie à l'égard de la réalité en question.

C'est ainsi qu'un nom se trouve être exactement aussi « vrai » ou aussi « faux » que telle représentation mentale. Les noms, en effet, suscitent des processus

---

1. Voir l'Appendice, p. 276, sqq. [Trad.]

de vérification identiques à ceux des idées directrices, et conduisent à des résultats pratiques équivalents.

Toute pensée humaine se propage : nous échangeons ensemble nos idées; nous prêtons et empruntons des vérifications; les relations sociales font qu'elles circulent de l'un à l'autre parmi les hommes. Par le langage, c'est pour chacun d'eux que toutes les vérités se construisent, s'emmagasinent et deviennent utilisables. Nos propos doivent donc être cohérents, tout autant que nos pensées doivent être cohérentes, car c'est toujours de genres, d'idées générales, qu'il s'agit pour notre parole, comme pour notre intelligence. Les noms se choisissent arbitrairement; mais une fois qu'ils ont pris tel sens, ils doivent le garder. Il nous est maintenant interdit d'appeler Caïn du nom d'Abel, ou de donner à celui-ci le nom de Caïn : autrement, nos idées cessent de s'ajuster à aucune des parties de la Genèse, à aucune de ses relations avec le monde qui fait l'objet du langage, comme avec les faits qui se sont déroulés jusqu'au moment actuel.

Elles forment une écrasante majorité, celles de nos idées vraies qui ne comportent aucune vérification directe, aucune confrontation avec les faits eux-mêmes. Telles sont les idées se rapportant à l'histoire du passé, à Caïn et Abel, par exemple. Le cours du temps, ce n'est que par le discours qu'on peut le remonter; et l'on ne saurait le vérifier qu'indirectement, au moyen des prolongements ou des effets actuels provenant de faits qui sont comme restés à l'ancre dans le passé. Toutefois, en s'accordant avec ces effets ainsi qu'avec ces formules verbales, les idées que nous avons du passé se font reconnaître comme vraies. « Aussi vrai que le passé lui-même », Jules César a vraiment existé, et de même les monstres antédiluviens, — chacun à sa date, chacun dans son milieu. Ce « passé lui-même », son existence nous est garantie par le fait qu'il s'accorde avec toutes les choses qui existent présentement. Si le présent est vrai, le passé fut vrai aussi.

Une fois de plus, nous voyons que l'accord dont il s'agit est essentiellement une question de direction indiquée, de direction prise, — et de direction qu'il importe de prendre, parce qu'elle nous conduit là où se rencontrent des objets que nous avons intérêt à rencontrer. Les idées vraies nous font en outre pénétrer dans les régions du discours et des concepts, où il n'est pas moins utile d'aller. Elles nous conduisent à ce qui rend possible l'harmonie et la stabilité, à ce qui facilite le cours des relations sociales. Elles nous détournent de ce qui nous jetterait hors de l'ordre commun et nous isolerait, de tout ce qui rendrait la pensée stérile et impuissante. L'absence de tout obstacle au déploiement des idées directrices; l'absence, en général, des heurts, des contradictions qui l'entraveraient, — voilà ce qu'on accepte comme les vérifiant d'une manière indirecte. Mais tout chemin mène à Rome ; et, finalement, lorsque l'occasion le permet, toute idée vraie doit aboutir à la volonté de vérifier *quelque part* les expériences sensibles dont les idées d'un autre homme, et non les nôtres, sont la copie.

Telle est la manière très large, très libre, dont les pragmatistes interprètent le mot « accord ». Ils l'envisagent au point de vue pratique, au point de vue des résultats, exclusivement. Ils l'appliquent pour n'importe quel processus conduisant d'une idée présentement donnée à quelque terme futur, pourvu que ce processus ne subisse pas d'échec. C'est en ce sens, et non dans un autre, qu'on peut dire de nos idées « scientifiques », de ces idées dont l'essor franchit les limites du sens commun, qu'elles s'accordent avec leur objet. Tout se passe, vous redirai-je, *comme si* la réalité se composait d'éther, d'atomes, d'électrons ; mais rien de tout cela ne doit se prendre au pied de la lettre. Le mot « énergie », lui-même, ne prétend pas désigner quoi que ce soit d' « objectif ». Dans tous ces termes, il ne faut voir qu'une certaine façon de mesurer la surface des phénomènes, de manière à enfermer dans une simple formule toutes leurs variations.

Toutefois, dans le choix de ces formules, d'invention tout humaine, nos caprices ne seraient pas plus assurés de l'impunité qu'ils ne le sont dans le domaine pratique du sens commun. C'est une nécessité pour nous de trouver une théorie pouvant *fonctionner*. Rien n'est plus difficile à trouver, car il faut que notre théorie soit un trait d'union entre toutes les vérités antérieures et certaines données nouvelles de l'expérience. Il faut, d'un côté, qu'elle dérange le moins possible le bon sens et les croyances déjà installées. Il faut, d'un autre côté, qu'elle conduise à un terme qui soit un fait ou un objet sensible, et susceptible de se vérifier avec précision. « Fonctionner », c'est, pour une théorie, faire l'une et l'autre de ces deux choses. Prise dans l'étau, une hypothèse ne peut guère jouer librement. Nulle part la gêne, la sévérité du contrôle, n'est poussée aussi loin.

Il n'en arrive pas moins que, parfois, deux formules théoriques, quoique incompatibles entre elles, se concilient l'une et l'autre, au même degré, avec toutes les vérités que nous possédons. En pareil cas, ce sont des raisons toutes subjectives qui décident notre choix. Nous choisissons la théorie qui, d'avance, avait nos préférences : on la choisit comme plus « élégante », ou comme plus « économique ». Clerk-Maxwell dit quelque part qu'on ferait preuve d'un « pauvre goût en matière scientifique », si, entre deux théories également évidentes, l'on s'en allait choisir la plus compliquée ; — et nous pensons comme lui. La vérité scientifique est celle qui nous donne la plus forte somme de satisfactions, y compris celles du goût ; mais son accord avec les vérités acquises, comme avec un fait nouveau, reste ici la plus impérieuse des exigences.

Je viens de vous faire traverser un désert de sables. Voici maintenant, si j'ose parler ainsi, qu'il va nous être permis de goûter du lait de coco. Au point que nous avons atteint, nos adversaires, les rationalistes, font feu sur nous, de toutes leurs batteries. Il nous faut donc quitter notre aride exposé pour répondre à leur attaque, et nous allons voir se présenter à nous, en pleine vue, un problème philosophique du plus haut intérêt.

De quoi nous sommes-nous occupés ? Non pas de *la* vérité, mais de *vérités*, au pluriel, de certaines idées directrices, de certains processus se réalisant au milieu des choses elles-mêmes, et n'ayant pour caractère commun que d'être, toutes, des idées qui *paient*. Elles paient, en nous conduisant, si elles ne nous y font pas pénétrer, vers quelque partie d'un système intellectuel qui plonge en de nombreux points, dans les perceptions sensibles. Ces dernières, il nous arrive de les copier ou reproduire mentalement; mais, alors même qu'il n'en est pas ainsi, on se trouve avoir avec elles cette sorte de commerce que l'on désigne du nom vague de vérification. Bref, le mot « vérité » n'est pour nous qu'un nom collectif résumant des processus de vérification, absolument comme « santé, richesse, force », sont des noms désignant d'autres processus relatifs à la vie, d'autres processus qui paient, eux aussi. La vérité est une chose qui *se fait*, de même que la santé, la richesse et la force, au cours de notre expérience.

C'est là-dessus que le rationalisme se lève en armes et marche contre nous.

« La vérité ne se fait pas, nous déclare-t-il : elle règne et s'impose d'une manière absolue, — étant une relation unique qui ne présuppose aucun acheminement, mais jaillit tout droit par-dessus la tête de l'expérience, et qui, à chaque bond, atteint la réalité visée. Au moment même où naît en nous la croyance que cette chose, là-bas, est une horloge, cette croyance est déjà vraie, dût-elle n'être jamais vérifiée par personne au monde ! Toute pensée, vérifiée ou non, est vraie par le seul fait d'avoir pour caractère cette relation transcendante avec la réalité. Vous mettez la charrue avant les bœufs, vous autres pragmatistes, quand vous prenez des processus de vérification pour l'essence même de la vérité : ce ne sont là que des manifestations de son essence ; ce ne sont que des procédés boiteux employés pour chercher, après coup, laquelle de nos idées a déjà possédé ce merveilleux privilège ! Celui-ci, de même que toutes les essences et que toutes les natures, est en dehors du temps ; et c'est d'une façon toute directe que nos pensées y participent, aussi bien qu'à la fausseté, à l'absurdité. Ce privilège, enfin, on ne saurait le dissoudre par l'analyse et le réduire à des conséquences pratiques ! »

Tout ce qu'il y a de plausible dans cette tirade, est dû à un fait sur lequel nous avons particulièrement insisté. Dans notre univers, vous ai-je dit, dans ce monde où se rencontrent, en si grand nombre, des choses appartenant à des genres semblables, et qui sont associées en vertu de lois semblables, toute vérification faite pour telle chose sert pour toutes les autres du même genre : aussi l'un des grands avantages du savoir est-il de nous conduire, non pas tant vers les choses elles-mêmes, que vers d'autres réalités qui leur sont associées, notamment aux termes du langage humain qui désignent les choses. Dire que cette qualité qu'on appelle le vrai, règne et s'impose dès avant toute réalité, c'est donc dire, au point de vue pragmatique, que, dans cet univers, il existe d'innombrables idées qui donnent de meilleurs résultats par leur vérification indirecte, simplement possible, que par leur vérification directe et positive. La vérité *antérieure au réel* n'est plus alors que la *vérificabilité*.

Mais peut-être ne faut-il voir dans cette conception du vrai, antérieur au réel, qu'un de ces artifices dont les rationalistes possèdent un assortiment : peut-être n'y a-t-il là que cet artifice consistant à parler du *nom* d'une réalité concrète, d'un phénomène, comme si ce nom était lui-même une entité primitive, indépendante, et comme s'il suffisait de mettre cette entité derrière le réel pour expliquer celui-ci. Le professeur Mach cite quelque part cette épigramme de Lessing :

> Jeannot le Malin, — Jeannot pas godiche —
> Dit au cousin Fritz : « Pourquoi, justement,
> Faut-il que toujours ce soit le plus riche
> Qui possède le plus d'argent ? »

Ici, Jeannot le Malin prend le principe « richesse » pour quelque chose de distinct des faits qui se résument dans la richesse d'un homme. Il antidate ce principe, et les faits ne sont plus pour lui qu'une sorte d'accessoire se trouvant coïncider avec « la nature » ou « l'essence » du riche !

Dans le cas présent, nous reconnaissons tous un sophisme du langage. Nous n'ignorons pas que la richesse est un nom donné à certains phénomènes concrets où la vie des hommes joue un rôle, et non pas une supériorité naturelle qui se trouverait chez MM. Rockefeller et Carnegie, mais non chez les autres hommes !

De même que la richesse, la santé aussi réside dans les choses concrètes. C'est un nom donné à certaines fonctions, telles que la digestion, la circulation, le sommeil, etc., lorsqu'elles se poursuivent dans d'heureuses conditions. Mais cela, nous sommes portés à l'oublier, pour voir dans la santé un « principe » et dire qu'un homme digère et dort très bien, *parce qu*'il a une excellente santé !

A l'égard de la « force », nous poussons encore plus loin le rationalisme, nettement portés que nous sommes à la regarder comme une supériorité préexistant à tout chez un homme et expliquant ses prouesses d'Hercule !

Mais pour la « vérité », nous ne connaissons décidément plus de bornes, et nous prenons comme allant de soi la théorie rationaliste. Or, en fait, il en est de la vérité ce qu'il en est de la force, de la santé, de la richesse ; et elle ne préexiste à toute réalité qu'autant, ou aussi peu, que n'importe quelle autre chose !

A l'exemple d'Aristote, les scolastiques faisaient

grand cas de la différence entre l' « habitude », ou la « puissance », et « l'acte ». La santé « en acte » consiste, entre autres choses, dans le fait de bien dormir et de bien digérer. Mais un homme en bonne santé n'a pas toujours besoin de dormir ou de digérer, pas plus qu'un homme riche n'a besoin de toujours manier son argent, ou un homme fort de toujours soulever des poids. Dans l'intervalle de leurs périodes d'exercice, toutes ces propriétés, toutes ces fonctions tombent à l'état d'habitudes ou n'existent plus qu'en puissance. Pareillement, la vérité devient une « habitude », pour certaines de nos idées et de nos croyances, dans leurs intervalles de repos, après qu'elles ont exercé leur activité dans un travail de vérification. Mais cette activité est à la racine de tout le reste : elle est la condition nécessaire pour qu'il y ait une habitude capable de subsister dans les intervalles.

J'en viens donc à dire, pour résumer tout cela : « *le vrai* » *consiste simplement dans ce qui est avantageux pour notre pensée, de même que* « *le juste* » *consiste simplement dans ce qui est avantageux pour notre conduite*. Je veux dire : avantageux à peu près de n'importe quelle manière; avantageux à longue échéance et dans l'ensemble ; car ce qui est avantageux à l'égard de l'expérience actuellement en vue, ne le sera pas nécessairement au même degré à l'égard des expériences ultérieures. L'expérience a, nous le savons, ses façons à elle de « dépasser les bornes » et de nous faire corriger nos formules!

La vérité « absolue », la vérité que nulle expérience ne viendra jamais altérer, est ce point idéal, toujours à perte de vue, vers lequel nous imaginons que toutes nos vérités temporaires effectueront, un jour ou l'autre, leur convergence. Soit ; cela peut se concevoir pour l'homme parfaitement éclairé, et se concevoir pour l'expérience absolument complète : si ce double idéal se réalise jamais, les deux choses se réaliseront ensemble et du même coup. Mais, en attendant, il nous faut vivre, aujourd'hui, sur ce que nous pouvons posséder, en fait de vérité, aujourd'hui même, — sauf à ne pas refuser de reconnaître fausse demain la vérité d'aujourd'hui ! — L'astronomie de Ptolémée, l'espace d'Euclide, la logique d'Aristote, la métaphysique de la scolastique, ont été commodes pendant des siècles ; mais l'expérience de l'humanité a « dépassé les bornes » ; et tout cela pour nous n'est plus vrai que d'une vérité relative, ou n'est vrai que dans des limites dépassées depuis par l'expérience. Prises « absolument », elles sont fausses, puisque nous savons, non seulement que ces limites étaient accidentelles, mais qu'elles auraient pu être franchies par les théoriciens d'autrefois, comme elles le sont par ceux d'aujourd'hui.

Quand de nouvelles expériences conduisent à des jugements rétrospectifs, s'exprimant au passé, ce qu'ils expriment *a été* vrai, alors même qu'aucun homme n'aurait jamais été conduit à le formuler autrefois. « Pour vivre, nous regardons devant nous, dit un philosophe danois ; mais, quand il s'agit de comprendre, c'est derrière nous que nous regardons ». Le passé, par derrière, projette sa clarté sur les phénomènes antérieurs de l'univers ; et ces phénomènes peuvent avoir été, pour les hommes y jouant alors leur rôle, l'objet d'un travail de vérification, tandis qu'ils ne sont actuellement rien de tel pour l'homme au courant des révélations ultérieurement apportées par l'histoire.

Cette notion, — qui est une règle en même temps, — cette notion d'une vérité supérieure et virtuellement possible, à établir plus tard, et, peut-être, d'une vérité absolue à établir finalement quelque jour; cette notion, en tout cas, d'une vérité possédant le pouvoir de légiférer rétroactivement, pour le passé, a, pour ainsi dire, la face tournée, comme toutes les notions du pragmatisme, vers l'aspect concret des faits et vers l'avenir. Une telle notion présente la vérité absolue, aussi bien que les demi-vérités, comme ayant à *se faire*, et comme devant se faire sous la forme d'une relation qui n'apparaîtra que grâce à l'accroissement d'une masse d'expériences de vérification auxquelles les demi-vérités ne cessent en ce moment d'apporter chacune sa quote-part.

J'ai déjà insisté sur ce qu'en très grande partie la vérité se compose de vérités précédemment acquises. Les croyances des hommes, à n'importe quelle époque, représentent une somme correspondante d'expérience *bien fondée*. Mais les croyances font elles-mêmes partie de l'expérience totale qui existe dans le monde; et elles deviennent, par conséquent, pour les vérifications qui seront la tâche de demain, une partie des matériaux à élaborer. Aussi bien que la réalité connaissable par l'expérience, — la seule réalité dont nous ayons à nous occuper ici, — les vérités acquises par l'homme à l'égard de cette réalité sont à l'état de perpétuel devenir; et ce devenir peut correspondre à un but immuable, mais n'en est pas moins un devenir.

Avec deux variables, un mathématicien résout des problèmes. D'après la théorie de Newton, par exemple, l'accélération varie avec la distance, mais la distance, à son tour, varie avec l'accélération. Dans le domaine où se fait la vérité, les faits se présentent d'une manière indépendante et déterminent en nous des croyances provisoires. Celles-ci nous font néanmoins agir ; et, dans la mesure où elles jouent ce rôle, elles font apparaître à nos yeux, ou même elles amènent à l'existence, de nouveaux faits qui, d'après ce qu'ils sont, déterminent à nouveau plus ou moins différemment ces croyances. Ainsi la vérité, dans le mouvement par lequel, à la manière d'un rouleau de cordes ou d'une pelote, elle s'enroule sur elle-même tout en se déroulant, est le produit d'une double influence. Les vérités émergent des faits; mais, un peu plus loin, elles se replongent dans les faits et viennent s'y ajouter; puis ceux-ci, à leur tour, créent ou révèlent (peu importe le mot) de nouvelles vérités ; et toujours de même indéfiniment. Les faits, bien entendu, ne sont pas *vrais* en tant que simples faits : à ce titre, ils *sont*, et rien de plus. La vérité est la fonction remplie par les croyances qui prennent naissance, et qui s'achèvent, au milieu même des faits.

Les choses se passent ici comme pour une boule de neige qui se forme et qui grossit pour deux raisons : il y a, d'une part, la manière dont la neige se trouve répartie, et, d'autre part, les poussées successives que lui donnent les enfants; et ce sont là deux facteurs dont l'un détermine l'autre à chaque instant.

Nous avons maintenant devant nous, bien en vue, le point où s'accuse d'une manière tout à fait décisive la différence qui sépare le pragmatiste et le rationaliste. L'expérience est toujours en voie de changement, et de même nos opérations psychologiques effectuées en vue de chercher la vérité : cela, le rationaliste l'admettra; mais il n'admettra pas que la réalité elle-même, ou la vérité elle-même, ne soit point immuable. — La réalité est là, toute faite et achevée, de toute éternité, affirme-t-il énergiquement ; et l'accord de nos idées avec cette réalité est cette vertu unique, ou ce privilège inanalysable, que nos idées possèdent, comme nous l'avons déjà déclaré[1]. Leur vérité n'a rien à faire, pas plus que cette propriété intrinsèque, avec notre expérience, et ne lui ajoute rien. Sur la réalité elle-même, elle n'a aucune influence non plus : elle est surérogatoire, inerte, immobile ; elle n'est qu'un reflet. Elle n'*existe* pas à proprement parler. Elle *règne*, elle s'*impose;* elle est incommensurable avec les faits ou les relations qui se constatent entre les faits ; et sa seule mesure, en un mot, est la mesure épistémologique. — Là-dessus, ce grand mot étant lâché, le rationaliste met fin à la discussion !

Ainsi, tandis que le pragmatiste regarde droit devant lui, dans l'avenir, le rationaliste, ici encore, regarde derrière lui, dans une lointaine éternité. Fidèle à son habitude invétérée, il remonte à ses « principes », et croit qu'une abstraction, aussitôt énoncée, est un oracle nous révélant la solution attendue !

C'est dans nos dernières Leçons que deviendra manifeste la portée considérable de cette différence radicale entre les deux points de vue, quant à leurs conséquences pratiques. Il me faut vous montrer auparavant que toute la sublimité du rationalisme ne le met pas à l'abri de l'absurdité.

Les rationalistes accusent sans cesse les pragmatistes de blasphémer contre la vérité. Mais demandez

---

1. Voir plus haut, p. 200. [Trad.]

à ces rationalistes de suspendre leurs attaques pour la définir eux-mêmes, pour dire nettement ce qu'elle est à leurs propres yeux ; et, en fait de définition, voici les deux seules tentatives sérieuses que je connaisse comme faites par eux.

1° « La vérité est le système des propositions qui exigent inconditionnellement d'être admises comme valables [1] ».

2° « La vérité est un nom donné à tous les jugements que nous sentons obligatoires pour nous par une sorte de devoir impératif [2] ».

La première chose qui frappe dans ces définitions, c'est leur ineffable banalité. Elles sont absolument vraies, bien entendu, mais absolument insignifiantes, tant qu'on ne les interprète pas dans le sens du pragmatisme. Quelle est cette « exigence » et quel est ce « devoir » dont vous parlez? Si l'on veut des noms sommaires par lesquels désigner les raisons concrètes faisant que la pensée vraie est puissamment utile et bonne pour les mortels, il est tout à fait légitime de parler, pour la réalité, des « exigences » qu'elle nous impose, et de parler, pour nous, du « devoir » que nous avons de nous conformer à ces exigences. Nous en avons bien le sentiment, des exigences et du devoir en question ; et cela, pour les raisons qui viennent d'être dites.

Mais, en parlant d'*exigences* et d'un *devoir*, ces rationalistes déclarent expressément que cela n'a rien à voir avec nos intérêts pratiques ni avec nos raisons personnelles. — Nos raisons pour nous soumettre à ces exigences, disent-ils, sont des faits psycholo-

---

1. A. E. Taylor, *Philosophical Review*, vol. XIV, p. 288.
2. H. Rickert, *Der Gegenstand der Erkeuntniss*.

giques, relatifs à chaque sujet pensant et aux événements de sa vie. De telles raisons ne sont qu'un témoignage individuel et ne rentrent aucunement dans la vie de la vérité elle-même. La vérité ne vit que suivant une mesure toute logique ou épistémologique, distincte de la mesure psychologique; et ses exigences préexistent à n'importe quels motifs personnels, de même qu'elles dépassent infiniment de tels motifs. Alors même que ni l'homme ni Dieu ne chercheraient jamais la vérité, il n'en faudrait pas moins la définir : ce qui *doit* être cherché et admis.

Jamais l'on ne vit de plus remarquable exemple d'une idée extraite des données concrètes de l'expérience pour leur être ensuite opposée et pour nier ces données mêmes qui ont servi à la former!

La philosophie et la vie commune abondent, d'ailleurs, en exemples de ce genre. Chez le « sentimental », le sophisme consiste à verser des larmes sur la justice abstraite, et sur la générosité abstraite, et sur la beauté abstraite, sans jamais reconnaître la beauté, la justice, la générosité, lorsqu'il les croise dans la rue, parce qu'alors les circonstances leur donnent un aspect vulgaire! C'est ainsi que je lis dans la biographie, non mise dans le commerce, d'un éminent rationaliste : « Chose étrange! mon frère, bien qu'éprouvant une telle admiration pour la beauté abstraite, ne montrait aucun enthousiasme ni pour un joli monument, ni pour une belle peinture, ni pour les fleurs. » Et, dans l'un des ouvrages philosophiques que je viens de lire tout dernièrement, je trouve des passages dans ce goût: « La justice est un idéal, rien qu'un idéal. La raison la conçoit comme devant exister; mais l'expérience montre qu'elle est irréalisable... La vérité, qui devrait être, ne peut pas être... L'expérience déforme la raison : dès que la raison pénètre dans l'expérience, elle devient le contraire de la raison ».

Eh bien! le sophisme du rationaliste, ici, ressemble exactement à celui du « sentimental ». Dans la fange des données particulières de l'expérience, tous deux rencontrent une qualité qu'ils en extraient; et ensuite, cette qualité ainsi rendue abstraite, ils lui trouvent une telle pureté, elle offre à leurs yeux un tel contraste avec tous les fangeux échantillons rencontrés dans l'expérience, qu'elle semble être d'une nature bien supérieure et n'avoir rien de commun avec eux, bien au contraire! Et pourtant, quoi qu'ils fassent, cette qualité n'est pas d'une autre nature que les échantillons. C'est en eux que la vérité a son origine, et c'est par eux qu'elle a une valeur. C'est parce que nos vérités proviennent de l'expérience, qu'il est dans leur nature d'être rendues valables, d'être vérifiées. Le travail qui les rend valables, est un travail qui paie. Si nous avons, d'une manière générale, l'obligation de faire ce qui paie, le devoir de chercher la vérité rentre dans cette obligation. Pareillement, le devoir d'obéir à des idées vraies n'a pas son principe ailleurs que dans leur rendement même; et ce principe est applicable pour la richesse et pour la santé.

Il est donc entendu que les exigences de la vérité ne sont pas d'une autre sorte que celles de la santé ou de la richesse. Rien d'absolu dans les unes ou dans les autres : ce sont toujours des exigences subordonnées à certaines conditions. Toujours, en effet, il s'agit d'un gain concret, positif, que nous devons nous proposer : voilà de quoi nous parlons en parlant d'obligations à l'égard de la vérité, de la richesse et de la santé. S'agit-il de la vérité : autant nous voyons les croyances fausses produire, tôt ou tard, des conséquences qui nous sont préjudiciables, autant nous voyons les croyances vraies opérer pour notre plus grand bien. Si l'on veut des termes abstraits, on pourra dire que « le vrai » est une propriété qui, en se développant, acquiert un prix « infini », une valeur absolue, et que « le faux » est une propriété qui tend à devenir absolument condamnable ; que l'une est « inconditionnellement » bonne et l'autre « inconditionnellement » mauvaise. On dira enfin que c'est un devoir, un impératif catégorique, de chercher la vérité, de fuir l'erreur.

Mais il faut bien se garder de prendre tout cela au pied de la lettre, et d'opposer toutes ces abstractions à l'expérience, qui est comme leur mère ou leur pays d'origine. Autrement, voyez dans quelle situation absurde on se jette! On rend sa pensée incapable de jamais avancer, de jamais prendre des décisions effectives. Quand donner mon adhésion à telle vérité, et quand la donner à telle autre? Mon adhésion devra-t-elle être expresse, ou rester tacite? En supposant qu'elle doive être tantôt expresse, tantôt tacite, dans lequel de ces deux cas suis-je *en ce moment même*? Quand y a-t-il lieu de reléguer une idée dans ma glacière, dans mon répertoire encyclopédique? Et quand faut-il la faire sortir pour livrer bataille? Dois-je sans cesse répéter cette vérité, « deux fois deux font quatre », parce qu'elle exige éternellement d'être admise? Ou bien arrive-t-il qu'elle soit intempestive? Faut-il que, nuit et jour, mes pensées s'arrêtent à considérer mes propres fautes, mes propres imperfections, puisque, en effet, je les porte toujours en moi? Ou bien m'est-il permis d'en refouler le souvenir, de ne vouloir plus les connaître, afin d'être une unité sociale qui fait honneur à son milieu, et non point un amas de mélancolie malsaine et de remords maladifs?

Bien évidemment, notre obligation d'accueillir la vérité est une obligation on ne peut moins absolue, et subordonnée, au contraire, à des conditions tellement nombreuses qu'il y a de quoi en être confondu. La Vérité, avec un V majuscule, et au singulier, la Vérité abstraite, exige absolument d'être reconnue, soit; mais les vérités concrètes, au pluriel, on n'a besoin de les accueillir que lorsqu'il devient profitable de le faire. Entre un mensonge et une vérité se rapportant à une situation donnée, c'est la vérité qu'il faut préférer; mais, lorsque cette vérité n'a pas plus de rapport que ce mensonge avec les circonstances, la première n'a rien de plus obligatoire que le second. Vous me demandez quelle heure il est, et je vous réponds que je demeure rue Irving, numéro 95 : ma réponse a beau pouvoir être vraie, vous ne voyez pas comment elle peut être un devoir pour moi. Autant vaudrait donner une fausse adresse!

Une fois admis que l'application de l'impératif abstrait concernant le vrai, est limitée par certaines conditions, *la notion pragmatiste de la vérité revient s'imposer à nous dans toute la plénitude de son contenu.* Alors, en effet, il se constate que l'obligation de nous mettre d'accord avec la réalité prend naissance au milieu d'une véritable jungle, où pullulent les occasions faisant l'opportunité concrète de cette obligation.

Quand Berkeley eut expliqué aux gens ce qu'ils entendaient par la matière, ils crurent que Berkeley niait l'existence de la matière! Aujourd'hui, quand MM. Schiller et Dewey nous expliquent ce que nous entendons communément par la vérité, on les accuse de nier son existence! — Ces pragmatistes détruisent tous les principes objectifs, disent leurs adversaires; ces pragmatistes mettent sur la même ligne la folie et la sagesse! — Une formule courante pour caractériser les théories de M. Schiller et les miennes, consiste à déclarer que nous sommes des gens qui considèrent que l'on observe toutes les règles du pragmatisme, en disant tout ce qu'on trouve agréable à dire, et en le qualifiant de vrai pour cette raison!

N'est-ce pas là une impudente calomnie? Il n'y a pas un homme au monde pour se sentir, au même point que le pragmatiste, pris et serré entre le bloc que forment toutes les vérités bien fondées, toutes les vérités extraites du passé, et la contrainte qu'exerce sur lui, de toutes parts, le monde sensible : alors, comment le pragmatiste ne sentirait-il pas, plus que personne au monde, le poids du contrôle objectif sous lequel s'accomplissent toutes les opérations de notre pensée? « L'homme qui ne croit pas que c'est là une loi rigoureuse, dit Emerson, qu'il obéisse donc une fois à ses ordres! »

Dans ces derniers temps, on nous a beaucoup parlé des services que rend l'imagination dans les sciences. Il est grand temps de parler avec insistance de l'utilité d'avoir un peu d'imagination en philosophie! La mauvaise volonté que mettent certains de nos critiques à interpréter nos déclarations autrement qu'en leur donnant le sens le plus stupide, ne fait nullement honneur à leur imagination. — Est vrai, déclare Schiller, ce qui « opère efficacement ». Et, là-dessus, on fait de lui un homme restreignant la vérification aux avantages matériels de l'ordre le moins élevé[1]! — La vérité, déclare Dewey, est ce qui nous donne satisfaction. Et, là-dessus, on fait de lui un homme croyant qu'il faut qualifier de vrai ce qui, reconnu vrai, serait agréable !

En vérité, nos critiques, dans leur propre doctrine, auraient besoin, quand ils se mettent à imaginer, d'avoir davantage le sens du réel. Pour ma part, je me suis loyalement appliqué à élargir mon imagination, pour interpréter le rationalisme dans le meilleur sens possible; mais j'avoue qu'il continue de me déconcerter absolument. La notion d'une réalité nous demandant de nous mettre d'accord avec elle, et cela sans invoquer aucune raison, tout simplement parce que ses exigences sont « inconditionnelles », ou « transcendantes » : voilà une de ces notions qui, pour moi, n'ont ni queue ni tête!

J'essaie d'imaginer que je suis la seule réalité qu'il y ait au monde, et j'essaie ensuite d'imaginer ce que je pourrais bien exiger de plus, s'il m'était permis d'exiger quelque chose. Va-t-on me suggérer la possibilité pour moi d'exiger qu'il naisse une pensée qui, sortant du vide absolu, se dresserait devant moi et qui serait ma « copie » ? Je puis bien imaginer en quoi consisterait le travail de me copier; mais je ne ne puis évoquer aucune raison pour exiger ce travail. Quel bien cela me ferait-il, à moi, d'être copié? Quel bien cela lui ferait-il, à cette pensée, de me copier? J'ai beau chercher : je n'en puis apercevoir aucun, ni pour elle, ni pour moi, dès lors que nos rationalistes excluent tout motif tiré des conséquences ultérieures.

---

1. Voir l'Appendice, pp. 276, sqq. [Trad.]

Dans une anecdote bien connue, un Irlandais se vit emmener à un banquet, par ses admirateurs, au pas de course, dans une chaise à porteurs, qui n'avait pas de fond : « Ma foi! leur dit-il; si ce n'est que la chose me fait bien de l'honneur, autant valait m'en venir à pied! » De même ici : sauf que cela me fait bien de l'honneur, autant valait pour moi ne pas avoir ma copie! Copier quelque chose, c'est assurément l'un des modes réels de la connaissance; — et encore, nos philosophes de la doctrine transcendantale semblent-ils aujourd'hui, pour quelque étrange raison, se bousculer entre eux, comme s'ils jouaient à qui l'aura rejetée le plus vite! Mais, dans tous les cas, lorsque, dépassant ce travail de simple copie, nous revenons, pour nous mettre d'accord avec la réalité, à certaines formes qui n'ont encore reçu aucun nom, et dans lesquelles on ne veut voir ni un nouveau travail de copie, ni un travail d'orientation et d'adaptation, ni aucun autre travail pragmatiquement définissable, — alors, la *nature* de cet accord devient parfaitement incompréhensible, aussi bien que la *raison* qui le réclame. Impossible d'imaginer ni un contenu, ni un motif, pour cette abstraction qui n'a plus aucun sens!

N'est-il pas vrai que, dans ce débat sur la vérité, le caractère rationnel de l'univers trouve ses meilleurs champions, non pas parmi les partisans du rationalisme, mais parmi les pragmatistes[1]?

1. On rappelle ici, d'une manière générale, l'extrême importance de l'Appendice, — car il se rapporte expressément à l'objet de cette sixième Leçon. [Trad.]

# SEPTIÈME LEÇON

## LE PRAGMATISME ET L'HUMANISME

Encore un mot sur *la* Vérité. — Toute vérité, de même qu'une loi, de même qu'une langue, est un résultat, un *produit humain*. — Théorie de Schiller : l'Humanisme. — Caractère plastique des choses : elles sont ce que l'homme les fait. — Les *trois sortes de réalités* dont une vérité nouvelle doit tenir compte. — Nécessité de dire *comment* il doit en être « tenu compte ». — Difficulté de trouver une réalité absolument indépendante : à quoi elle se réduit. — L'élément humain est partout dans la connaissance, et sans cesse il en façonne les données. — Le plus essentiel des points sur lesquels le pragmatisme s'oppose au rationalisme : comment l'un et l'autre respectivement conçoivent la réalité. — Le rationalisme affirme un monde suprasensible. — Raisons qu'il invoque. — Pourquoi l'empirisme les rejette. — Comment le pragmatisme pose le problème, et comment il concilie les deux solutions extrêmes.

Ceux dont je m'approche pour leur présenter, sur le vrai, la théorie esquissée dans ma dernière Leçon, je vois le chemin du cœur fermé chez eux par cette « idole de la tribu »,[1] typique entre toutes, qui est la notion de *la* Vérité, conçue comme la réponse unique, définitive et complète, à l'unique et invariable

[1]. BACON. [Trad.]

énigme que le monde est censé nous proposer. Cette réponse prend-elle la forme d'un oracle : elle n'en a que plus de valeur, pour la tradition populaire. Alors en effet, elle provoque à son tour l'étonnement, comme si elle était une énigme du second degré, voilant, plutôt qu'elle ne les révèle, les choses profondes qu'elle est supposée contenir!

Aussi bien, toutes les grandes réponses, formulées en un seul mot, qu'a provoquées l'énigme du monde, — Dieu, l'Un, la Raison, la Loi, l'Esprit, la Matière, la Nature, la Polarité, le Processus Dialectique, l'Idée, le Moi, la Surâme,[1] — doivent à ce rôle oraculaire l'admiration que les hommes leur ont prodiguée. En philosophie, les amateurs, et de même les professionnels, ont représenté l'univers comme une sorte d'étrange sphinx de pierre qui ne s'adresse aux hommes que pour lancer un monotone défi à leur faculté divinatrice!

*La* Vérité : que voilà bien une parfaite idole de l'esprit rationaliste! « Partout, m'écrivait, il y a très longtemps, un de mes amis, qui était remarquablement doué; partout, dans la science, dans l'art, dans la morale et la religion, il *faut* nécessairement qu'*un seul* système soit vrai, que *tous* les autres soient faux ». On reconnaît bien là l'enthousiasme d'une certaine période de la jeunesse. A vingt et un ans,

---

1. Mot créé — à l'imitation d'un mot sanscrit, — par EMERSON. « La nature est l'unique prophète de ce qui doit être : — cette grande nature dans laquelle nous reposons, de même que la terre repose dans les tendres bras de l'atmosphère; cette Unité, cette Ame des âmes, cette *Surâme*, où l'être particulier de chacun des hommes se trouve contenu et se trouve ne faire qu'un avec tous les autres; ce cœur qui est leur cœur à tous. » (*Essais*, 1re série). [Trad.]

on se lève pour relever le défi, et l'on ne doute pas de trouver *le* système qui seul est vrai. Même plus tard, la plupart d'entre nous ne soupçonnent pas que cette question : « Qu'est-ce que *la* Vérité? » n'a d'une question que l'apparence : ils ne se doutent pas qu'elle n'a aucun rapport avec aucune des conditions nécessaires pour résoudre un problème; que, d'ailleurs, il n'y a rien dans la notion de *la* Vérité qui ne provienne d'une abstraction opérée sur ce fait qu'il existe des vérités, au pluriel; et qu'ainsi cette notion n'est qu'une simple formule abrégée, une formule commode, tout comme celle-ci : « *la* Langue Latine », ou cette autre : « *la* Loi ».

Parfois, les magistrats parlent de la loi, et les professeurs parlent du latin, de manière à faire croire que ce sont là des entités préexistant soit aux décisions judiciaires, soit au vocabulaire et à la syntaxe, les déterminant de la manière la plus rigoureuse et les requérant de se soumettre! Or, la moindre réflexion nous montre qu'au lieu d'être de tels principes, la loi et le latin sont des résultats. Des distinctions entre ce qui était légitime et ce qui ne l'était pas dans la conduite, entre ce qui était correct et ce qui était incorrect dans le discours, ont pris naissance, puis sont devenues invétérées, par l'effet des circonstances, dans l'expérience des hommes, dans l'action réciproque des éléments particuliers qui la composent. Jamais non plus l'on ne voit se former et devenir invétérées, d'une autre manière que celle-là, les distinctions faites entre la vérité et l'erreur dans les croyances. Sur une vérité antérieure vient se greffer une autre vérité qui la modifie dans son évolution, de même qu'une locution se greffe sur une autre et qu'une loi se greffe sur une loi précédente. Mettez le juge en présence d'une loi existante et d'une nouvelle « espèce » : il tirera de l'une et de l'autre une loi nouvelle. Une locution existe : survient un nouveau terme d'argot, une métaphore nouvelle, une drôlerie inédite, qui se rencontre avec le goût actuel du public; et voilà aussitôt une locution nouvelle qui se crée. Une vérité existe déjà : des faits ignorés se présentent; et notre pensée trouve une loi nouvelle.

Nous autres, là-dessus, de prétendre, malgré tout, que c'est l'éternel qui se déploie; qu'il n'y a jamais qu'une justice, une grammaire, une vérité unique, qui, au lieu d'être en train de se former, comme on pourrait le croire, ne font que se révéler par « fulguration »! Mais imaginez donc un jeune homme qui, au tribunal, n'aurait pas autre chose, pour juger un procès, que son abstraite notion de « la » loi; imaginez un puriste lâché à travers les théâtres avec son idée de « la » langue maternelle; imaginez un professeur se mettant à faire une conférence sur le monde réel, avec sa notion rationaliste de « la » Vérité (V majuscule) : et dites-moi où cela les conduirait? La vérité, la loi, la langue, tout cela leur glisse entre les doigts, tout cela s'évapore au moindre contact d'un fait nouveau. Ce sont là des choses qui *se font*, dont le devenir se réalise, à mesure que notre vie se fait. Nos droits, nos torts, nos prohibitions, nos pénalités, nos vocables, nos formules, nos locutions, nos croyances : autant de créations nouvelles qui viennent s'ajouter à l'histoire poursuivant son cours. Loin d'être des principes antérieurs à tout et qui mettraient tout en mouvement, la loi, le langage et la vérité ne sont que des noms abstraits donnés aux résultats obtenus.

Pour les lois et les langues, personne, en tout cas, ne doute qu'elles ne soient des produits humains. Par analogie, M. Schiller n'en doute pas davantage pour les croyances, et propose de donner le nom d'*Humanisme* à cette doctrine que, dans une mesure impossible à vérifier, *nos vérités sont des produits humains*, elles aussi. Dans tous les problèmes, il y a des motifs humains en jeu pour les rendre passionnants ; au fond de toutes les solutions adoptées, il y a, se dissimulant, des sentiments tout humains qu'elles satisfont ; et, dans toutes nos formules, l'homme a mis son tour de main. L'élément humain fait tellement corps, d'une manière inextricable, avec ces produits, que M. Schiller semble presque laisser ouverte la question de savoir s'ils contiennent bien quelque chose de plus. « Le monde, dit-il, est essentiellement ὕλη (une matière à façonner) : il est donc ce que nous le faisons. En vain voudrait-on le définir par ce qu'il était à son origine ou par ce qu'il est en dehors de nous : il *est* ce qui en est fait, ce que nous avons fait avec. Par suite, le monde a pour caractère d'être *plastique* »[1]. M. Schiller ajoute que nous ne pouvons connaître les limites de cette plasticité qu'en la mettant à l'épreuve ; que nous devons nous y attaquer comme si elle n'avait pas de limites, mais méthodiquement, et ne nous arrêter qu'après échec décisif.

Telle est la position adoptée par l'humanisme avec M. Schiller, lorsque l'on prend celle de ses déclarations qui est la plus saillante et qui présente sa doctrine, pour ainsi dire, par le gros bout, par la crosse, comme un fusil. C'est cette position que je

---

1. *Personal Idealism*, p. 60.

me propose de défendre ici. Il me faut donc glisser d'abord quelques remarques sur la déclaration que j'ai rapportée, car elle a valu à son auteur les plus vives attaques.

Aussi catégoriquement que personne, M. Schiller admet, dans toute expérience effectuée pour créer une vérité, la présence d'éléments réfractaires, dont cette vérité nouvelle et spéciale doit tenir compte, avec lesquels il faut de toute nécessité qu'elle s'accorde. Toutes nos vérités sont des croyances sur « la Réalité ». Or, dans n'importe quelle croyance particulière, cette réalité agit comme quelque chose d'indépendant, comme une chose que l'on *trouve*, que l'on ne fabrique pas.

Qu'on me permette ici de me reporter à un point traité dans notre dernière Leçon[1].

« La réalité, dit M. Taylor dans les *Éléments de métaphysique*, est, en général, ce dont les vérités ont à tenir compte ». Or, la *première* partie de la réalité, à ce point de vue, consiste dans le flux de nos *sensations*. Elles s'imposent à nous, sans que nous sachions d'où elles viennent. Sur leur nature, sur l'ordre où elles se succèdent et sur leur nombre, nous n'avons à peu près aucune action. Elles ne sont ni vraies ni fausses : elles *sont*, tout simplement. Ce qu'il peut y avoir de vrai ou de faux, c'est seulement ce que nous disons d'elles, les noms que nous leur donnons, et nos théories sur leur nature, sur leur origine, sur leurs rapports éloignés.

La *seconde* partie à considérer dans la réalité, en tant que chose dont nos croyances doivent aussi tenir docilement compte, ce dont les *relations* qui

1. Voir notamment p. 194. [Trad.]

se constatent, soit entre nos sensations, soit entre les copies que nous en avons dans notre esprit. Cette partie se divise en deux groupes. Il y a d'abord les relations variables et accidentelles, — par exemple dans le temps et dans l'espace. Il y a ensuite les relations constantes et essentielles, fondées sur la nature intrinsèque des termes qu'elles unissent. Les unes et les autres sont l'objet d'une perception immédiate. Les unes et les autres sont des « faits ». Mais celles du second groupe sont les plus importantes pour nos théories de la connaissance. Les relations intrinsèques, en effet, sont « éternelles », en ce sens qu'elles se perçoivent toutes les fois que l'on compare entre eux leurs deux termes sensibles ; et de celles-là il doit toujours être tenu compte, par notre pensée, — par notre pensée logique, par notre pensée mathématique, comme on l'appelle.

La *troisième* partie de la réalité est surajoutée à nos perceptions, bien qu'elle repose sur celles-ci dans une grande mesure : elle comprend les *vérités antérieurement acquises* dont chaque nouvelle recherche tient compte. Cette partie est un facteur beaucoup moins obstinément réfractaire que les deux autres : il finit souvent par céder.

Voilà ce que nous avons vu dans notre Leçon précédente et ce qu'il suffit de vous rappeler ici.

Quelque fixité que puissent avoir ces éléments de la réalité, nous jouissons cependant d'une certaine latitude dans notre façon de nous comporter avec eux.

Prenez d'abord nos sensations. Leur *existence*, au moment où elles sont données, ne dépend assurément pas de nous. Mais *laquelle* sera l'objet de notre attention ? laquelle sera remarquée ? laquelle sera mise en relief dans nos conclusions? Voilà qui dépend de nous, de nos intérêts; et, selon qu'ils s'attachent ici ou là, nous formulerons tout différemment la vérité. Diverses personnes interprètent diversement les mêmes faits. « Waterloo », avec les mêmes détails bien établis, signifie pour les Anglais une « victoire », et pour les Français une « défaite ». De même, l'univers signifie une victoire pour un philosophe optimiste, et une défaite pour un pessimiste.

Ce que nous disons de la réalité dépend donc de la perspective où elle est projetée par nous. Son *existence* lui appartient à elle-même; mais *ce qu'elle est* dépend de *nous*, parce qu'il s'agit de savoir *quel* intérêt nous avons à la concevoir de telle manière ou autrement.

Les deux premières parties que nous avons distinguées dans la réalité, — les sensations et leurs relations entre elles, — sont muettes l'une et l'autre: elles ne nous disent absolument rien sur elles-mêmes. C'est à nous de parler pour elles. Leur mutisme a conduit des intellectualistes, tels que T.-H. Green et Edward Caird, à les reléguer au delà des palissades fermant le domaine des connaissances qu'un philosophe veut bien accueillir! Les pragmatistes refusent d'aller jusque-là. La sensation ressemble plutôt à un client qui, ayant remis sa cause entre les mains d'un avocat, n'a plus qu'à écouter passivement, devant le tribunal, l'exposé de son affaire, telle que son avocat juge à propos de la présenter, sans s'occuper de savoir s'il satisfait ou non l'intéressé.

Même dans la sphère des sensations, notre pensée met un certain arbitraire dans son choix. D'après ce que nous rejetons et par ce que nous retenons, nous traçons l'étendue de cette sphère ; d'après ce que nous mettons en relief, nous en établissons le premier plan et l'arrière-plan ; d'après l'ordre que nous adoptons, nous l'interprétons dans telle direction ou dans telle autre. Bref, nous recevons le bloc de marbre, mais nous sculptons nous-mêmes la statue.

Ces constatations s'appliquent tout aussi bien aux éléments « éternels » de la réalité. Sur nos perceptions des relations intrinsèques, nous opérons comme sur des cartes que nous battons. Nous les prenons, par séries, dans tel ordre ou dans tel autre ; nous les classons de telle manière ou de telle autre ; nous considérons celle-ci, ou au contraire celle-là, comme fondamentale ; et, finalement, nos croyances à leur sujet forment ces systèmes de vérités connus sous le nom de logique, de géométrie, d'arithmétique. Dans chacun de ces systèmes comme dans l'ensemble, pour la forme donnée aux éléments mis en œuvre comme pour l'ordre où ils sont rangés, il y a manifestement un produit humain.

Ainsi, — pour ne rien dire des nouveaux *faits* que l'homme ajoute à la matière même de la réalité, par ses actes, par sa propre vie, — l'homme a déjà mis l'empreinte de ses propres formes mentales sur toute cette troisième partie de la réalité que j'ai appelée « les vérités antérieures ». Chaque heure apporte bien ses nouvelles perceptions, ses nouveaux faits, — sensations et relations, — pour qu'il en soit fidèlement tenu compte ; mais, en outre, tous nos rapports *passés* avec les faits ont déjà leur fondement dans les vérités précédemment acquises. Ce n'est donc que la plus faible et la plus récente fraction des deux premières parties du réel qui se présente à nous sans porter la marque d'un contact avec l'homme; et cette fraction elle-même, voici qu'elle va nécessairement, et tout de suite, devenir chose humaine en quelque sorte, puisqu'elle va être façonnée, assimilée, ou, d'une manière quelconque, ajustée à la masse d'éléments dont l'homme est en possession, et dont il a déjà fait une chose humaine : — en fait, il ne nous est guère possible de nous emparer d'une impression nouvelle, en l'absence de toute idée préconçue à l'égard des impressions qui peuvent surgir.

Une réalité « indépendante » de la pensée humaine est donc une chose qui ne semble pas facile à découvrir. Elle se réduit à la notion de ce qui commence tout juste à se faire sentir et n'a pas encore reçu un nom ; ou bien elle se réduit à quelque « présence » que l'on suppose donnée dès l'origine et toujours sentie, mais sans qu'aucune croyance relative à cette présence soit encore apparue, sans qu'aucune conception ayant quelque chose d'humain lui ait encore été appliquée. Cette réalité « indépendante » se réduit donc à ce qui reste absolument muet, à ce qui n'apparaît que pour disparaître, à ce qui forme la limite idéale de notre pensée. Peut-être nous arrive-t-il de l'entrevoir, pareille à une lueur qui s'évanouit, mais sans jamais la saisir : ce que nous saisissons, ce n'est jamais qu'un substitut de cette réalité, — un substitut dont notre humaine pensée possède déjà une peptone apprêtée pour notre consommation. On pourrait dire qu'on ne la rencontre jamais que « maquillée », si j'ose m'exprimer ainsi. Voilà de quoi veut parler M. Schiller, lorsqu'il qualifie de réalité indépendante une simple matière première (ὕλη) incapable d'offrir aucune résistance et qui *n'existe* que pour être pétrie par nous.

Telle est l'idée de M. Schiller sur le fond sensible de la réalité. Nous le « rencontrons », comme dit M. Bradley, mais n'en prenons pas possession. En apparence, cela ressemble à la théorie de Kant ; mais, entre des catégories créées par fulguration dès avant que la nature eût commencé, et des catégories se formant peu à peu, en face de la nature, s'ouvre l'énorme gouffre qui sépare le rationalisme de l'empirisme. Aux yeux d'un kantien authentique, Schiller sera toujours, par rapport à Kant, ce qu'un satyre est par rapport à Hypérion !

Il se peut que d'autres pragmatistes aboutissent à des croyances plus positives sur le fond sensible de la réalité. Ils pourront croire possible de l'atteindre dans sa nature indépendante, en le pelant, comme un fruit, pour enlever une à une toutes les enveloppes dont l'homme l'a recouvert. Ils pourront construire des théories nous disant d'où il vient, — que sais-je encore? Si ces théories *opèrent de façon à faire obtenir des résultats satisfaisants*, elles seront vraies.

Les partisans de l'idéalisme transcendantal nient qu'il y ait aucun fond de ce genre : pour eux, toutes ces enveloppes dont j'ai parlé ne sont, une fois complètes définitivement, que la vérité elle-même ne faisant qu'un avec la réalité. La philosophie scolastique continue d'enseigner que le fond en question, c'est « la Matière ». Bergson, Heymans, Strong, d'autres encore, admettent ce fond, et entreprennent vaillamment de le définir. M. Dewey, de même que M. Schiller, y voit une « limite ».

Laquelle est la plus vraie de ces théories ou des théories analogues, sinon celle qui, finalement, donnera, en pratique, les plus grandes satisfactions? D'une part, il y aura la réalité ; de l'autre, une théorie l'expliquant d'une manière qu'on ne puisse améliorer ou modifier. Que cette impossibilité soit définitive, et la théorie sera d'une vérité absolue. Trouver ailleurs un autre contenu que celui-là pour la vérité, j'en suis incapable. Si les adversaires du pragmatisme la comprennent autrement, qu'ils nous fassent connaître leur conception, au nom du ciel! et qu'ils veuillent bien nous la rendre accessible!

Puisque la vérité n'est pas la réalité elle-même, mais seulement notre *croyance* à l'égard de la réalité, elle contiendra des éléments humains. Toutefois, ceux-ci *connaîtront* l'élément non humain, — et le connaîtront de la seule manière dont soit possible la connaissance de n'importe quoi. Est-ce la rivière qui fait ses rives, ou les rives qui font la rivière? Est-ce plutôt avec sa jambe droite, ou plutôt avec sa jambe gauche, que marche un homme? Si l'on ne peut résoudre ces questions, on ne peut davantage faire le départ entre le réel et les facteurs humains dans le développement de notre expérience cognitive.

Cette première indication sommaire peut suffire sur la position que prend l'humanisme. Je voudrais qu'elle ne parût point paradoxale. Aussi vais-je m'efforcer de la rendre plausible par quelques exemples, qui la feront mieux connaître.

Il y a de nombreux objets, familiers à tous, dans lesquels il est aisé de reconnaître l'élément humain. Concevons-nous de telle manière ou de telle autre, selon les besoins de la cause à ce moment-là, une réalité donnée : celle-ci, passivement, s'y soumet. Vous pouvez prendre le nombre 27 comme le cube de 3 ; vous pouvez le prendre comme le produit de

3 multiplié par 9, ou comme 26 plus 1, ou comme 100 moins 73 ; vous pouvez enfin le prendre de mille autres façons, et même davantage, dont chacune sera aussi vraie que n'importe quelle autre. De même, vous pouvez voir dans un échiquier des carrés noirs sur un fond blanc, ou des carrés blancs sur un fond noir; et aucune de ces deux conceptions n'est fausse.

Dans la figure ci-contre, vous pouvez voir une étoile ; vous pouvez y voir aussi deux triangles qui se croisent, ou bien un hexagone dont les côtés coupent les angles, ou encore six triangles égaux, etc. Toutes ces conceptions seront vraies : à aucune ne résiste la chose sensible que vous avez sur le papier.

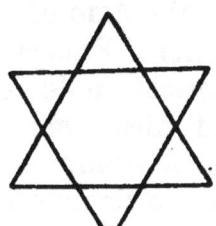

Pareillement, vous pouvez dire d'une ligne qu'elle se dirige à l'Est, ou bien vous pouvez dire qu'elle se dirige à l'Ouest ; et cette ligne se prête à ces deux appréciations, sans se révolter contre leur contradiction.

Nous découpons dans le ciel des groupes d'étoiles, en leur donnant le nom de constellations ; et, patiemment, les étoiles nous laissent faire : — pourtant, si elles savaient ce que nous faisons là, il y en aurait qui pourraient s'étonner de voir quelles compagnes nous leur avons assignées ! Et nous donnons à une même constellation différents noms : nous l'appelons, par exemple, le Chariot de David ou le Chariot de Charles[1], la Grande Ourse, et aussi — nous autres

---

1. Ce dernier nom est celui que les Anglais lui donnent. [Trad.]

Américains, du moins, — la Cuiller à pot. Aucun de ces noms ne sera faux, et l'un ne sera pas plus vrai qu'un autre, puisque tous s'appliquent sans rencontrer aucune résistance.

Dans tous ces cas, il y a quelque chose que nous ajoutons à la réalité sensible; et, cette *addition* qui vient de l'homme, la réalité ne la repousse pas. Quelques additions que nous fassions ici, toutes « s'accordent » avec la réalité : au moment même où elles la façonnent, nos additions s'y ajustent. Encore une fois donc, aucune n'est fausse. La question de savoir laquelle est la *plus* vraie, dépend absolument de l'usage que l'homme en fait. Si, pour le nombre 27, il s'agit de dollars que je trouve dans un tiroir où j'en avais laissé 28, cela fait 28 *moins* un. Si, pour ce même nombre 27, il s'agit du nombre de pouces d'une planche dont je veux faire une tablette pour un buffet ayant 26 pouces de large, cela fait 26 *plus* 1. Si je veux ennoblir le ciel par une certaine idée sur des constellations que j'y vois, « Chariot de Charles » ou « Chariot de David » sera plus vrai que « Cuiller à pot »; et mon ami Frédérick Myers s'indignait plaisamment de voir que ce prodigieux groupe d'étoiles ne nous rappelait, à nous autres Américains, qu'un ustensile culinaire !

Quoi qu'il en soit, quel nom donner à une *chose*? Le choix semble tout à fait arbitraire, car il n'est pas de chose que nous ne découpions d'une certaine manière, suivant nos intentions humaines, exactement comme nous le faisons pour les constellations. Pour moi, un « auditoire » est une certaine chose, tantôt distraite, tantôt attentive ; et, quand je le considère ainsi à un certain moment, je n'ai que faire des individus qui en sont les unités, puisque je n'ai pas à m'occuper d'eux. De même pour une « armée », pour une « nation ». Vous, au contraire, qui composez cet « auditoire », vous jugez que, si je vous désigne de ce nom, c'est une façon tout accidentelle de vous considérer. A vos yeux, les choses réelles d'une manière permanente, ce sont vos personnes individuelles. Pour un anatomiste, d'autre part, ces personnes ne sont que des organismes; et les choses réelles, ce sont les organes. — Non pas tant les organes que leurs cellules constitutives! disent les histologistes. — Non pas les cellules, dit à son tour le chimiste; mais leurs molécules!

Ainsi nous taillons à même la réalité sensible pour en faire des choses à notre gré : c'est nous qui créons le « sujet » de nos propositions vraies, aussi bien que celui de nos propositions fausses.

Et nous créons de même l' « attribut ». Dans bien des cas, le terme attribuant une qualité à une chose, n'exprime qu'une relation de cette chose avec nous, avec nos sentiments. Les attributs, alors, ne sont évidemment que des additions humaines. Nous disons : « César franchit le Rubicon, et fut une menace pour la liberté de Rome ». Oui ; mais il est aussi un cauchemar pour des écoliers américains : voilà ce qu'il devient avec eux; voilà ce qu'ils font de lui, étant donnée la manière dont ils « réagissent » à l'égard de ses écrits. Ce nouvel attribut est tout aussi vrai que les deux autres: ce qu'on « ajoute » maintenant n'est pas moins vrai que les deux additions précédentes.

Vous voyez qu'on arrive d'une façon toute naturelle au principe de l'humanisme : impossible d'extirper la part de l'homme dans la réalité ! Nos noms et nos adjectifs sont tous des bijoux de famille dont nous héritons. Nous les incorporons dans la structure de nos théories. Aussi l'agencement des matériaux d'une théorie, tout l'aménagement intérieur, est-il entièrement dicté par des considérations ayant toujours une origine humaine, et parmi lesquelles figure le besoin, pour la pensée, d'être d'accord avec elle-même. Jusqu'en logique, jusqu'en mathématiques, abondent les remaniements où se sent, pour ainsi dire, un ferment humain; et les grandes lignes que suivent la physique, l'astronomie, la biologie, sont visiblement amorcées par nos préférences. S'élance-t-on dans les parties nouvelles du champ de l'expérience : on y porte avec soi les croyances reçues des ancêtres et celles que l'on s'est données soi-même. Ces croyances font que l'on remarque telle chose, et non pas une autre : de la remarquer, on est amené à faire ce que l'on fait; et, de le faire, on est amené à sentir ce que l'on sent, à connaître ce que l'on connaît. Voilà de quelle manière, ayant son point de départ en nous, nous passons d'une chose à une autre; et le fait brutal a beau subsister, — à savoir, qu'il *existe* un flux de phénomènes sensibles, — *ce qui est vrai* pour nous, à l'égard de ce flux, semble bien être, en grande partie, du commencement à la fin, une matière que nous créons.

Etant reconnu que nous remanions cette réalité, on arrive à ce grave problème : faisons-nous par nos additions que *sa valeur s'élève ou s'abaisse*? Sont-elles un *gain* ou une *perte* pour la réalité? Supposez un monde composé de sept étoiles, — rien de plus, sauf trois êtres humains qui les contemplent, et un quatrième pour critiquer les théories des trois autres. L'un de ceux-ci appelle ces étoiles « La Grande

Ourse » ; le second les appelle « le Chariot de David » ; et le troisième les appelle « la Cuiller à Pot ». Laquelle de ces trois additions a donné le plus de valeur au monde formé des corps stellaires en question? Si l'on prenait pour arbitre Frédérick Myers, il n'hésiterait pas à mettre au dernier rang l'addition provenant de l'Américain !

A plusieurs reprises, Lotze a présenté sur ce point une idée d'une grande portée. Tout naïvement, dit-il, nous admettons entre la réalité et notre pensée une relation qui pourrait bien être tout le contraire de la vérité. Il nous est naturel de croire que la réalité est là, toute faite, sans que rien lui manque ; et notre esprit n'intervient, croyons-nous, qu'avec l'obligation de la décrire telle qu'elle est déjà. Mais ne se pourrait-il pas, — demande Lotze, — que nos descriptions fussent elles-mêmes d'importantes additions à cette réalité ? Ne se pourrait-il pas aussi que la réalité, déjà existante auparavant, fût là, non pas simplement pour reparaître sans aucune altération dans notre connaissance, mais bien plutôt afin, précisément, de susciter dans notre esprit des additions de nature à augmenter la valeur totale de l'univers ? Le professeur Eucken parle quelque part d'un « enrichissement de la réalité existante » (*die erhöhung des vorgefundenen daseins*) ; et ce mot nous rappelle l'idée exprimée par Lotze.

Cette idée est identique à notre conception pragmatiste. Dans notre vie intellectuelle comme dans l'action, nous sommes des créateurs. Aussi bien par le sujet que par l'attribut d'une proposition, nous *ajoutons* à la réalité. Le monde est là, devant nous, réellement malléable, attendant de nos mains les traits définitifs qu'il doit avoir. De même que le royaume des cieux[1], il accepte volontiers que l'homme lui fasse violence. Et de cette « douce violence » résultent les vérités que l'homme lui fait engendrer !

Personne ne contestera qu'un tel rôle ajouterait à notre dignité comme à notre responsabilité d'êtres pensants. L'idée en est pour certains d'entre nous une précieuse inspiration; et M. Papini, le chef du pragmatisme en Italie, parle, avec un enthousiasme qu'il ne dissimule pas, de la perspective qu'elle ouvre sur les divines fonctions créatrices qui appartiennent à l'homme.

Dans toute son étendue, maintenant, apparait à nos yeux la différence essentielle entre le pragmatisme et le rationalisme. *Pour le rationalisme, la réalité est donnée toute faite et achevée de toute éternité, tandis que, pour le pragmatisme, elle est toujours en voie de se faire et attend que l'avenir vienne compléter sa physionomie.* Avec le premier, l'univers est en sûreté dans le port, définitivement; avec le second, il poursuit sans cesse le cours de ses aventures !

Nous voici, n'est-il pas vrai ? en eau profonde, là où l'on perd pied, grâce à cette conception des humanistes. Il n'y a donc pas lieu de s'étonner si l'on voit autour d'elle s'amonceler les malentendus. On l'accuse de faire du caprice un principe. D'après M. Bradley, par exemple, un humaniste, s'il comprenait sa propre doctrine, devrait « tenir pour rationnelle, de quelque perversité qu'elle témoigne, une fin que j'ai personnellement à cœur; et tenir pour vraie, de quelque démence qu'elle témoigne, toute idée dont un homme veut absolument qu'elle soit vraie ».

---

1. Évangile selon saint Matthieu. [Trad.]

Evidemment, un esprit novice admettra difficilement cette conception des humanistes sur la réalité, présentée comme quelque chose de malléable, mais qui n'en offre pas moins une résistance et qui exerce ainsi un contrôle sur nos pensées ; comme une énergie dont il nous faut à chaque instant « tenir compte », sans d'ailleurs être obligés de la « copier » purement et simplement.

Cette situation m'en rappelle une par laquelle j'ai passé moi-même. J'ai autrefois publié un article sur le droit que nous avons de croire. J'avais eu le malheur de lui donner pour titre : « La *volonté* de croire ». Tous les critiques s'abattirent sur le titre, sans s'occuper de l'article. La volonté de croire ! Psychologiquement, c'était impossible ; moralement, c'était monstrueux ! Et, spirituellement, l'on proposa de remplacer mon titre par celui-ci : « La volonté d'en faire accroire », ou par cet autre : « La volonté de s'en faire accroire[1] ! »

Sous la forme qu'il prend maintenant, *le débat entre le pragmatisme et le rationalisme ne porte plus sur la théorie de la connaissance, mais sur la manière de concevoir la structure de l'univers lui-même.*

Du côté des pragmatistes, une seule édition de l'univers, édition inachevée, — qui se réalise en toutes sortes d'endroits, et tout spécialement aux endroits où des êtres pensants sont à l'œuvre.

Du côté des rationalistes, un univers tiré à de nombreuses éditions : d'abord, une édition qui est vraie, l'édition in-folio et plus qu'in-folio, un in-folio qui serait infini ! — cela, c'est *l'édition de*

---

1. Cet article fait maintenant partie du livre publié depuis par William James sous ce même titre (*The Will to believe*, 1897). [Trad.]

*luxe*[1], l'édition complète, tirée de toute éternité ! — et ensuite les éditions de moindre format, d'un format qui n'est plus le format de l'infini; des éditions pleines de « coquilles »; des éditions dans chacune desquelles, d'une manière ou d'une autre, le texte est tout faussé, tout mutilé !

De la sorte, nous voici, de nouveau, en présence de ces deux hypothèses métaphysiques : le pluralisme et le monisme. C'est de leurs différences que je vais maintenant m'occuper.

Tout d'abord, il est impossible de ne pas voir en jeu, dans le choix de l'un ou de l'autre, une différence de tempérament. L'esprit rationaliste, sous sa forme radicale, est doctrinaire, de sa complexion, et autoritaire : il a sans cesse à la bouche cette formule : « il *faut* que cela soit ». Pour lui, il faut que le monde porte une sous-ventrière, et qu'il la porte serrée ! Le pragmatiste, au contraire, est une espèce d'anarchiste bon enfant, un Roger-bon-temps. S'il devait vivre dans un tonneau, comme Diogène, cela lui serait égal de voir les cercles se relâcher et les douves se mettre à bouger au soleil !

Qu'on imagine l'impression produite sur nos parfaits rationalistes par cet univers débraillé ! Elle ressemble fort à celle que produirait « la liberté de la presse » sur un vieux bureaucrate de la censure en Russie, ou « l'orthographe simplifiée » sur une vieille institutrice ! L'effet produit est celui d'un essaim de sectes protestantes sur un catholique ultramontain. L'univers, enfin, aux yeux de nos rationalistes, apparaît comme invertébré, comme dépourvu de tous principes, autant que « l'oppor-

---

[1]. En français dans le texte. [Trad.]

tunisme » en politique aux yeux d'un vieux légitimiste français, quand il a des idées arriérées, ou, au contraire, d'un démocrate, lorsqu'il croit en fanatique au droit divin du peuple !

Pour le pragmatisme pluraliste, la vérité prend naissance, et grandit, à l'intérieur même des données de l'expérience finie. Elles posent toutes les unes sur les autres ; mais le tout qu'elles forment, à supposer qu'elles en forment un, ne pose sur rien. Toutes nos « demeures » se trouvent dans l'expérience finie ; mais cette dernière n'a, comme telle, « ni feu ni lieu ». Rien ne saurait, du dehors, assurer la destinée du flux de ses données : elle ne peut compter, pour son salut, que sur les promesses et les ressources qu'elle trouve en elle-même.

Parler ainsi, c'est, pour les rationalistes, décrire un monde errant, vagabond, s'en allant à la dérive à travers l'espace, et n'ayant pas même un éléphant ou une tortue[1] pour y poser la plante de ses pieds ! Ce n'est qu'une multitude d'astres lancés dans le ciel, sans qu'il y ait seulement un centre de gravité offert à leurs mouvements de répulsion ! Pour d'autres sphères de l'existence, nous avons pris l'habitude, il est vrai, de vivre dans un état d'instabilité relative. On a vu l'autorité de « l'Etat » et l'autorité d'une « loi morale absolue » se résoudre dans l'idée de convenance et d'opportunité. On a également vu notre sainte Eglise se résoudre en « lieux de réunion ». Mais il n'en va pas encore de même dans les classes de philosophie. Un monde dont la

1. Casimir Delavigne, dans son drame *Le Paria*, fait de même allusion à cette croyance des Hindous, pour qui un éléphant ou une tortue jouait le rôle d'Atlas portant le monde sur ses épaules. [Trad.]

vérité ne se créerait pas sans *notre* participation ; un monde livré à *nos* vues opportunistes, à *nos* jugements individuels ! Le « home-rule » accordé à l'Irlande ne serait, en comparaison, qu'un millenium. Nous ne sommes pas plus faits pour remplir un tel rôle que les indigènes des îles Philippines pour se gouverner eux-mêmes. Un monde comme celui-là manquerait, philosophiquement, de décorum. Aux yeux de la plupart des professeurs de philosophie, c'est une malle sans courroie, un chien sans collier !

Que pourrait-il bien y avoir, demandent ces professeurs, pour empêcher un tel manque de tenue dans l'univers?

Il faut, insistent-ils, quelque chose qui soit pour le fini, pour la multiplicité, un support; quelque chose par quoi l'unifier; quelque chose à quoi l'attacher; au moyen de quoi la maintenir à l'ancre; — et quelque chose qui ne soit exposé à rien d'accidentel : quelque chose d'éternel et d'inaltérable. Il faut quelque chose d'immuable pour y asseoir tout ce qu'il y a de variable dans l'expérience. Derrière notre monde réel, notre monde « en acte », existant de fait (*de facto*), il faut un autre original, un double, définitif et antérieur, existant de droit (*de jure*), où se trouve déjà, « en puissance » (*in posse*), tout ce qui peut arriver ici, — chaque goutte de sang, la plus minime fraction de n'importe quoi ; — tout cela dûment fixé, préétabli, estampillé, marqué au fer rouge, sous une forme indélébile, *ne varietur!* Toute négation, mêlée ici-bas à nos conceptions de l'idéal, doit être niée elle-même dans cette Réalité absolue. Voilà ce qui, seul, donne de la consistance à notre monde. Voilà les profondeurs où rien ne bouge plus. Nous autres, nous vivons à la surface, au sein de la tempête ; mais, dans cette Réalité-là, notre ancre trouve où se fixer, car elle mord à même le roc. Voilà cette paix dont parle Wordsworth, cette « paix éternelle qui repose au cœur même d'une agitation sans fin » !

Oui ; et voilà bien cet Etre mystique, « l'Un », de Vivekananda dont je vous ai cité un passage précédemment[1]. Voilà cette Réalité avec un grand R ; cette Réalité aux exigences éternelles et qui ne saurait connaître la défaite ! Voilà ce que les hommes à principes, et en général ceux que j'appelais, dans ma première Leçon, les « délicats », se croient obligés de postuler.

Oui ; et c'est là précisément ce que les « barbares », dont je parlais aussi dans la même Leçon, se sentent naturellement portés à considérer comme un exemple de cette dépravation intellectuelle qu'est le culte des abstractions. Pour mes « barbares », l'alpha et l'oméga, partout, ce sont *les faits*. Derrière les phénomènes qui se présentent comme tels, tout simplement, *il n'y a rien*, — disait mon vieil ami Chauncey Wright, le grand empiriste de Harvard, à l'époque de ma jeunesse. Quand un rationaliste exige que, derrière les faits, il y ait la *possibilité* des faits, *le sol* où les faits puissent croître, les empiristes, moins « délicats », l'accusent de prendre le simple nom, la nature même d'un fait, pour l'appliquer derrière ce fait, ainsi rendu possible par une entité qui n'en est que la doublure !

On n'ignore pas combien ces décevants artifices sont d'un usage courant. Un jour, assistant à une

---

[1]. Voir Quatrième Leçon, p. 95. [Trad.]

opération chirurgicale, j'ai entendu quelqu'un demander au médecin pourquoi le patient respirait si fortement. « C'est, répond le médecin, que l'éther est un stimulant pour la respiration. — Ah! « dit la personne qui avait posé la question, comme si c'était là une bonne explication. Autant dire que le cyanure de potassium fait mourir *parce que* c'est « un poison »; ou que, s'il fait très froid ce soir, c'est *parce que* nous sommes « en hiver »; ou que nous avons cinq doigts *parce que* nous sommes « pentadactyles »! Tout cela, ce ne sont que des noms pour désigner des faits; que des noms *tirés des faits*, et qu'ensuite on emploie comme s'ils étaient antérieurs aux faits et pouvaient les expliquer!

Aux yeux des esprits foncièrement « barbares », c'est exactement sur ce modèle que les esprits « délicats » du rationalisme ont formé leur notion d'une réalité absolue : elle se réduit à un mot, — à ce nom résumant la masse tout entière des phénomènes qui s'étalent et se dévident dans notre expérience. Seulement, ce nom, les rationalistes en font une entité qui serait distincte des phénomènes, qui leur serait antérieure, et qui serait *une*.

Mais voyez à quel point des esprits différents conçoivent les choses différemment. Le monde que nous habitons se présente comme répandu, déployé dans toutes les directions, sous la forme d'une multitude indéfinie de choses ayant chacune son existence particulière, mais rattachées entre elles de mille façons et à des degrés extrêmement divers. Eh bien! nos « barbares », nos pluralistes, les acceptent, toutes ces choses, pour ce qu'elles sont, avec la valeur qu'elles ont ainsi. Ils savent s'accommoder de ce monde-là, car leur tempérament s'adapte fort bien à son instabilité. Les « délicats » du rationalisme, eux, ne s'en accommodent pas. Ils éprouvent le besoin de venir au secours du monde où nous sommes nés, de le métamorphoser en un « autre monde », en un « monde meilleur », où les choses particulières forment un Tout, et ce Tout un élément Un, Unique, lequel présuppose chacune de ces choses, l'implique en lui-même et lui assure la stabilité.

Et nous, les pragmatistes, devons-nous être avec les esprits radicalement « barbares »? Ou bien pouvons-nous voir dans l'édition « absolue » de l'univers une hypothèse légitime? Elle est assurément légitime, car elle se laisse concevoir, sous sa forme abstraite comme sous sa forme concrète.

On la pose abstraitement, lorsqu'on la met derrière notre vie finie, de la même manière que l'on met le mot « hiver » derrière le grand froid qu'il fait ce soir. « L'Hiver » n'est qu'un nom désignant un certain nombre de jours que nous voyons généralement caractérisés par une température froide ; mais il ne garantit rien à cet égard, puisque le thermomètre, demain, peut marquer une température printanière. Ce nom n'en est pas moins utile à emporter, en quelque sorte, pour nous replonger dans le torrent de l'expérience. Il élimine certaines probabilités au profit de certaines autres. Il vous dit que vous pouvez mettre de côté votre chapeau de paille, et sortir vos vêtements d'hiver. Il vous fournit un programme de choses dont il faut vous occuper. Il exprime une partie des habitudes de la nature, et vous prépare à les voir se continuer. Il vous offre un instrument précis, tiré de l'expérience ; une réalité conceptuelle dont il vous faut tenir compte, et qui, reflétant les réalités sensibles, vous y ramène rétrospectivement et d'une manière complète. Le pragmatiste sera bien le dernier des hommes à nier la réalité de ces abstractions : chacune d'elles, selon sa mesure, représente d'autant une partie de l'expérience passée, de l'expérience bien fondée par conséquent.

L'hypothèse d'une édition absolue de l'univers prend une tout autre signification, lorsqu'on l'envisage dans le concret. C'est ainsi que l'envisagent les rationalistes pour l'*opposer* aux éditions toutes « relatives » du monde. A ce type absolu ils attribuent une nature toute particulière : il est parfait ; il ne lui manque rien. Là, chaque chose connue se connaît avec tout le reste ; au lieu qu'il en va tout autrement ici, où règne l'ignorance. Dans ce monde-là, s'il existe quelque besoin, la satisfaction immédiate en est assurée d'avance. Ici, tout est progressif, se déroule dans le temps, peu à peu : là, tout est en dehors du temps. Dans le monde relatif, il y a des possibles : dans le monde absolu, la catégorie du possible est inapplicable, puisque, dans un tel monde, ce qui n'est *pas* est, de toute éternité, impossible. Dans notre monde, bien des crimes, bien des horreurs sont à regretter : dans le monde de la réalité totale, il n'y a point de place pour le regret, puisque « l'existence même du mal dans l'ordre temporel est la condition essentielle de la perfection pour l'ordre éternel des choses[1] ».

Chacune de ces deux hypothèses est légitime, je le répète, aux yeux du pragmatiste, chacune ayant son utilité. Abstraitement, — prise de la même façon que le mot « hiver », pour servir de « memento » et

---

1. Voir ci-dessus, p. 43. [Trad.]

nous orienter vers l'expérience future par le moyen de l'expérience passée, — la notion du monde de l'absolu est *indispensable*. Concrètement, elle est indispensable encore, du moins pour certains esprits : elle détermine leur vie religieuse, car elle est souvent ce qui les fait changer d'existence et les amène, par ce changement, à produire d'autres changements au dehors, dans le milieu soumis à leur influence.

Notre méthode, par conséquent, nous interdit de nous rallier aux pluralistes radicaux, lorsqu'ils rejettent complètement la notion d'un monde dépassant notre expérience finie. L'un des malentendus dont souffre le pragmatisme, consiste à l'identifier avec un certain positivisme brutal[1] ; à supposer qu'il n'a que dédain pour toutes les conceptions du rationalisme, comme s'il n'y voyait que de grands mots et de grands gestes ; qu'il aime l'anarchie pour l'anarchie, et qu'à n'importe lequel des produits de l'enseignement philosophique, il préfère un monde qui serait une sorte de loup absolument sauvage, n'ayant ni maître ni collier, parfaitement libre de se ruer partout. J'en ai tant dit contre le sentimentalisme excessif de certaines formes du rationalisme, que je m'attends à ce qu'on se méprenne là-dessus. Mais j'avoue qu'après avoir défendu les hypothèses rationalistes, lorsqu'elles fournissent de quoi rentrer utilement dans le cours de l'expérience, je ne croyais pas voir complètement méconnaître ma pensée.

Voici, par exemple, une question qui m'est adressée : « Un pragmatiste est-il nécessairement un matérialiste et un agnostique ? » Bien mieux, un de

---

1. Voir l'Appendice, p. 274. [Trad.]

mes plus vieux amis, qui devrait me connaître, accuse le pragmatisme, tel que je le soutiens, de fermer les voies conduisant à d'amples conceptions métaphysiques et de nous condamner tous au naturalisme le plus « terre à terre ».

« Il me semble, m'écrit mon ami, que le pragmatisme provoque une objection de l'ordre pragmatique, car je me demande s'il ne tendrait pas à rendre plus étroits encore les esprits étroits. Il m'est salutaire de m'entendre dire qu'on est responsable des conséquences immédiates de ses paroles et de ses actes ; mais je voudrais qu'on ne me privât point du plaisir et du profit d'entendre également insister sur des conséquences plus lointaines : or, il y a dans le pragmatisme une *tendance* à nous refuser cela.

« Bref, il me semble que les dangers du pragmatisme sont analogues aux périls menaçant ceux qui, sans aucune méfiance, se donnent tout entiers aux sciences naturelles. La chimie et la physique sont éminemment des sciences pragmatiques. Or, parmi leurs fanatiques, plus d'un, satisfait des données que fournissent leurs pesées et leurs mesures, n'ont que pitié, que dédain, pour quiconque s'intéresse à la philosophie, à la métaphysique... Pour ma part, je me refuse à croire que nous ne puissions point dépasser le commode pluralisme du naturaliste et du pragmatiste, pour élever nos regards vers cette unité logique dont ces hommes se désintéressent... »

Contre une telle façon d'interpréter le pragmatisme, protestent tous nos efforts pour réconcilier, grâce à lui, ceux que j'appelle les « délicats » et ceux que j'appelle les « barbares ». Si l'on peut démontrer, ai-je dit, que la notion d'un monde *ante rem*, antérieur aux phénomènes sensibles, — qu'on la prenne abstraitement ou concrètement, — comporte d'avoir des conséquences quelconques pour notre vie, elle a une signification. Et, je le répète, dès lors que cette signification n'est pas stérile, elle aura *quelque* vérité, — une vérité à laquelle le pragmatisme devra s'attacher, tout en remaniant les formules par lesquelles l'exprimer.

Précisément, l'hypothèse de l'absolu, de la perfection en tant que réalité primitive, éternelle, présente une signification parfaitement définie, et son action apparaît dans la vie religieuse. C'est ce que montrera notre prochaine Leçon.

## HUITIÈME LEÇON

### LE PRAGMATISME ET LA RELIGION

Utilité de l'Absolu. — Un poème de Whitman : « A vous ! » — Interprétation moniste de ce poème. — Interprétation pragmatiste. — En quoi la seconde est préférable. — Un pragmatiste « sans le savoir ». — Le *possible* et le *nécessaire*. — Définition du possible. — Le monde peut-il être « sauvé » ? — Importance du problème. — Pessimisme, optimisme et méliorisme. — Le pragmatisme adopte la troisième solution. — Rôle, à cet égard, de l'idéal que l'individu peut concevoir et poursuivre. — En conséquence, comment l'homme peut contribuer au « salut » du monde. — Possibilité pour l'homme de « créer » quelque chose. — Pourquoi, comment, et dans quelle mesure, il le peut. — Hypothèse sur un choix possible pour lui avant la création du monde. — L'homme malingre et l'homme vigoureux. — Au premier semble convenir, comme philosophie religieuse, le monisme ; au second, le pluralisme. — Ces deux doctrines sont-elles inconciliables ? Le pragmatisme s'offre à les concilier.

A la fin de ma dernière Leçon, je vous rappelais la première, où j'ai opposé une certaine délicatesse à une certaine rudesse. Déjà je vous proposais le pragmatisme comme pouvant les concilier. C'est de nouveau ce que je vais vous proposer.

Les hommes d'une certaine rudesse, — que je n'ai appelés les « barbares » qu'afin de marquer plus fortement le contraste, — repoussent l'hypothèse, chère aux délicats, d'une éternelle et irréprochable édition de l'univers, qui coexisterait avec notre expérience limitée.

Or, les principes du pragmatisme ne nous permettent pas de rejeter une hypothèse, lorsqu'il en découle d'utiles conséquences pour la vie. Des conceptions d'un caractère universel, en tant que choses dont il y a lieu de tenir compte, pourront avoir tout autant de réalité, aux yeux d'un pragmatiste, que les sensations particulières. Certes, elles n'auront aucune signification, aucune réalité, si elles ne comportent aucune application. Qu'elles comportent, au contraire, d'être appliquées d'une manière ou d'une autre, dans une mesure quelconque : et, dans cette mesure, elles auront une signification. Enfin, elles seront vraies, si les satisfactions qui en résultent cadrent bien avec les autres satisfactions que réclame la vie.

Eh bien! l'utilité de l'Absolu, l'histoire tout entière de la vie religieuse dans l'humanité en fournit la preuve. C'est là que se trouvent les armes éternelles. Rappelez-vous[1] quel parti Vivekananda tirait de l'Atman[2], sans d'ailleurs y mettre rien de scientifique, puisqu'on n'en peut déduire aucun fait particulier : en pareille matière, il ne s'agit que de sentiment et de vie spirituelle.

Il est toujours préférable de discuter en recourant à des exemples concrets. Voici donc quelques vers d'un poème que Walt Whitman intitule « A vous! »

---

1. Voir ci-dessus, p. 146. [Trad.]
2. Mot sanscrit, signifiant « souffle, esprit, âme ». Se trouve précisément dans le mot *ahdydtman*, à l'imitation duquel Emerson a formé le mot *Oversoul* (surâme). Voir ci-dessus, p. 217. [Trad.]

en s'adressant à son lecteur, ou à sa lectrice

. . . . . . . . . .
Oh! qui que vous soyez, ma main sur vous se pose
En ce moment, pour que vous soyez mon poëme;
Et mes lèvres tout bas vous disent à l'oreille :
Bien des femmes me sont chères, et bien des hommes,
Mais nul ne m'est plus cher que vous.

Ah! j'ai tardé ; ma bouche trop longtemps s'est tue!
Oui, j'aurais dû depuis longtemps me mettre en route,
Et m'en venir tout droit à vous,
Ne plus jaser, ne rien chanter qui ne fût vous!

Me voici, laissant tout; me voici, venant faire
Ces hymnes qui ne chanteront que vous;
Car je vous comprends, moi, vous que nul n'a compris;
Vous à qui nul, pas même vous, ne rend justice;
Vous en qui nul n'a rien trouvé que d'imparfait :
Moi seul ne vois en vous nulle imperfection!

Ah! quelles grandes choses, combien glorieuses,
Mes chants pourraient dire de vous!
Vous ignorez ce que vous êtes : votre vie
Fut toujours un sommeil tout replié sur soi.
Etre raillés, voilà pour vous, dès à présent,
. . . . . . . . . .
Ce qu'obtiennent vos actes!

Mais ce qu'on voit en vous raillant, ce n'est pas vous :
C'est tout au fond, ou par-dessous, que, moi, je sais
Vous découvrir, caché.
Où nul ne vous chercha, moi, je vais vous chercher.
Que le silence, et les séances de bureau,
Les faciles propos frivoles, et la nuit,
Et la routine journalière, vous dérobent
A vos propres regards, comme aux regards des autres :
Rien ne vous dérobe à ma vue.
Votre visage glabre, ou vos yeux inquiets,
Ou votre teint brouillé, que les autres s'y trompent :
Je ne m'y tromperai pas, moi!
Dehors fringants, affaissement des attitudes,
Ivrognerie, et goinfrerie, et mort précoce,
Tout cela, loin de vous je le rejette!

Aucun don chez nul homme, aucun chez nulle femme,
Dont le pareil ne soit en vous;
Ni vertu, ni beauté, chez l'homme ou chez la femme,
Qui n'existe aussi noble en vous;
Nulle audace, nulle endurance chez les autres,
Qui n'existe aussi noble en vous;
Et nul plaisir n'est en réserve pour les autres,
Qui ne vous attende aussi, vous!

Qu'importe donc ce que vous êtes! réclamez
A tout prix votre dû!
Ces spectacles que l'est étale, ou l'ouest,
Ils sont pauvres auprès de vous;
Ces prés immenses, ces fleuves interminables,
Vous êtes, tout comme eux, interminable, immense;
Et vous êtes le souverain, la souveraine
Régnant sur eux, régnant de votre chef
Sur la nature et tous les éléments,
Sur la douleur et sur les passions,
Et sur la dissolution!

Les entraves de vos chevilles se détachent;
Une richesse intarissable se découvre;
Ce que vous êtes, — homme ou femme, jeune ou vieux,
Grossier, vil, repoussé de tous, —
Votre vrai Moi, quel qu'il puisse être, se promulgue!
A travers tout, — votre naissance, et votre vie,
Et votre mort, et votre mise en terre, —
Tous les moyens lui sont fournis, et largement:
A travers tout, — vos colères et vos ruines,
Votre ignorance, et vos ambitions,
Et vos dégoûts, —
Votre vrai Moi trouve sa voie [1]!

Voilà vraiment un beau et pathétique poème, — de toute manière. Mais il y a deux façons de l'inter-

---

1. WALT WHITMAN. *Leaves of Grass* (*Birds of Passage*). Bien qu'on ne l'ait pas utilisée ici, on croit utile de signaler la traduction française des poèmes de W. Whitman, par M. BAZALGETTE, Mercure de France, 2 vol.

prêter, — toutes deux constituant d'ailleurs un utile enseignement.

On peut d'abord l'interpréter dans le sens moniste, — dans le sens mystique de l'émotion cosmique toute pure. Les gloires et les grandeurs, elles sont vôtres absolument, jusqu'au milieu de ce qui vous dégrade. Quoi qu'il vous arrive, quoi que vous sembliez être, rien, au dedans, ne vous atteint. Laissez-vous aller en arrière, regardez derrière vous, et contemplez le vrai principe de l'être ! — Cela, c'est l'interprétation s'inspirant du quiétisme ; et c'est l'indifférentisme. Les adversaires de cette doctrine la comparent à un opium spirituel. Mais le pragmatisme se voit obligé de la respecter, car elle trouve abondamment dans l'histoire de quoi se justifier.

Toutefois, le pragmatisme aperçoit ici une autre interprétation possible, qui mérite également considération, et qui s'inspirerait du pluralisme. Votre Moi ainsi glorifié, en l'honneur de qui est chanté cet hymne, peut représenter tout le meilleur qui est possible pour vous, possible en vous, au milieu du monde des phénomènes ; ou bien les effets tout spéciaux de rédemption que vos faiblesses mêmes produisent sur vous ou sur votre prochain. Ce Moi que célèbre le poète, il peut représenter votre dévouement à la destinée possible pour certains hommes que vous admirez, que vous aimez au point d'accepter de grand cœur la pauvre vie qui est la vôtre, mais qui est aussi la compagne de cette gloire ! Vous pouvez du moins apprécier, applaudir un monde d'une telle beauté totale. Oubliez donc ce qu'il y a de bas en vous, et ne pensez qu'à ce qui est élevé. Identifiez votre vie à cette sublimité : alors, à travers toutes vos colères, et toutes vos ruines, et toute votre ignorance, et tous vos dégoûts, l'être qu'ainsi vous créez en vous, — l'être qui est *vous* le plus profondément, — trouve sa voie !

Quelque interprétation que l'on adopte, le poème de Whitman nous exhorte à nous demeurer fidèles à nous-mêmes. L'une et l'autre ont ceci de satisfaisant que, toutes deux, elles sanctifient le flux de l'expérience humaine. Toutes deux peignent sur un fond d'or le portrait de l'être qui est *vous*. Mais, ce fond, avec la première, c'est l'Un, l'Absolu, chose immobile ; tandis que, dans la seconde, il représente *des* possibles, au pluriel, de simples possibles, et il a toute la mobilité qu'implique cette conception.

Encore une fois, la noblesse ne manque pas dans ces deux interprétations. Cependant, l'interprétation pluraliste est celle qui s'accorde le mieux avec le tempérament[1] du pragmatiste. Elle évoque, en effet, dans notre esprit, en nombre infiniment supérieur, les particularités de l'expérience future. Elle met en jeu des activités nettement définies. Elle a beau paraître prosaïque, terre à terre, auprès de la première interprétation : personne, pourtant, ne saurait lui reprocher rien de « barbare », rien de grossier. Malgré tout, s'il vous arrivait, en qualité de pragmatistes, de vous prononcer catégoriquement contre la première, en faveur de la seconde, on se méprendrait sur votre compte très probablement : on vous

---

1. Ici, l'auteur emploie le mot *caractère*. On a cru devoir préférer le mot *tempérament*, terme ordinairement préféré par William James, qui l'adopte avec une complaisance très marquée, — comme on le voit à mainte reprise, dès la première Leçon, et comme on le voit aussi dans sa *Philosophie de l'Expérience*. [Trad.]

accuserait de rejeter les conceptions qui précisément ont le plus de noblesse, et de faire alliance avec ceux qu'on appellerait alors des « barbares », dans le sens le plus défavorable de ce mot !

Vous n'avez pas oublié la lettre dont j'ai cité quelques extraits dans ma dernière Leçon. En voici un autre passage : il témoigne, dans la manière de se représenter les deux doctrines dont il s'agit, d'un manque de précision que je crois très fréquent chez les adversaires du pragmatisme.

« J'admets le pluralisme, m'écrivait mon ami ; je crois que, dans notre recherche de la vérité, nous sautons de glaçon en glaçon sur un océan sans limites ; je crois que, par chacun de nos actes, nous rendons possibles des croyances nouvelles et rendons impossibles d'anciennes croyances ; je crois enfin qu'à chacun de nous il incombe de rendre le monde meilleur, et que, faute de le faire, on laisse l'univers inachevé d'autant.

« Je veux bien, d'autre part, accepter que mes enfants soient incurablement souffreteux, maladifs, — ce qu'ils ne sont pas ! — et je veux bien accepter, pour mon compte, de manquer d'intelligence, de n'avoir d'esprit que juste assez pour voir ma pauvreté intellectuelle. Toutefois, j'y mets une condition : c'est que je reste capable, par l'imagination et le raisonnement, de construire, dans ma pensée, l'ensemble des choses, en leur donnant une unité rationnelle ; capable de concevoir mes actes, mes idées, comme *complétés, et mes tourments comme compensés, par tous les autres phénomènes de l'univers, de manière à former, ainsi complétés et compensés, un plan que j'approuve et que j'adopte.* En ce qui me concerne, je me refuse à croire que nous ne puissions point dépasser le pluralisme manifeste[1] du naturaliste et du pragmatiste, pour élever nos regards vers cette unité logique dont ces hommes se désintéressent... »

Cela vous réchauffe le cœur d'entendre un homme exprimer si bien sa croyance personnelle. Mais en quoi sa pensée philosophique y gagne-t-elle, pour lui-même, plus de clarté? Mon correspondant se prononce-t-il nettement pour l'interprétation moniste du poème de l'univers, ou bien pour l'interprétation pluraliste? Ses tourments trouvent, dit-il, leur *compensation* dans *tous les autres phénomènes*, ceux-ci étant, à leur égard, autant de remèdes : en disant cela, il se tourne bien évidemment vers l'avenir, en faisant appel aux données particulières de l'expérience, qu'il interprète dans le sens du méliorisme des pluralistes.

Il croit cependant regarder derrière lui, et non pas devant lui. Il parle de ce qu'il appelle l'*unité* des choses, alors qu'il ne cesse pas de penser à la possibilité de leur *unification* empirique. Il suppose, en même temps, que le pragmatiste, en rejetant l'Unité abstraite du rationalisme, se retire la consolation de croire aux possibilités réparatrices que renferme la multiplicité concrète. Il omet enfin de distinguer entre deux façons de concevoir la perfection de l'univers, — l'une faisant de cette perfection un *principe aux conséquences nécessaires*, et l'autre ne faisant d'elle qu'un *terminus ad quem*, qu'un *terme* qui *pourra* être atteint.

Je regarde mon correspondant comme un prag-

---

1. L'auteur, dans cette citation, n'emploie pas ici le même mot que précédemment (p. 243). [Trad.]

matiste, mais un pragmatiste « sans le savoir »[1]. Je vois en lui un de ces hommes dont j'ai parlé dans ma première Leçon, qui sont des amateurs en philosophie, et qui voudraient voir assurées toutes les bonnes choses qu'ils conçoivent, sans trop se soucier de savoir si elles s'accordent entre elles, ou non. « L'unité rationnelle des choses » est une formule si séduisante qu'il s'en fait aussitôt une arme pour accuser le pluralisme, d'une manière tout abstraite, de se mettre en opposition avec elle, — parce qu'en effet il y a ici opposition dans les termes pris au pied de la lettre ; — et cela au moment même où sa formule, interprétée dans le sens concret, représente pour lui le monde devenu *un*, devenu meilleur, comme l'entend le pragmatisme. La plupart d'entre nous restent dans ce vague, qui est comme l'essence même de leur pensée. Il peut n'y avoir aucun mal à ce que nous y restions ; mais il n'est pas mauvais, non plus, que quelques-uns d'entre nous n'y demeurent pas ; et je vais m'efforcer maintenant de concentrer un peu davantage la clarté dans cette question particulière où la religion est intéressée, pour y mettre un peu plus de précision.

Comment donc faut-il concevoir ce « Vous » à qui s'adressait le poète, ce monde d'une absolue réalité, — cette unité d'où vient l'inspiration morale et qui possède, pour la religion, une valeur sacrée ? Faut-il la concevoir à la manière du monisme, ou bien à la manière du pluralisme ? Est-elle *ante rem*, antérieure à la réalité ? ou bien est-elle *in rebus*, dans les choses ? Est-ce un principe ou une fin ; un élément absolu, ou bien un élément ultime ; un premier

---

1. En français dans le texte. [Trad.]

terme, ou bien un dernier terme? Vous fait-elle regarder vers l'avenir, ou bien fait-elle que vous vous reposiez sur le passé? Il importe assurément de ne pas confondre ces deux conceptions en un bloc, car, en les distinguant, on voit qu'elles n'ont absolument pas la même signification pour la vie.

Remarquons que tout le dilemme, à ce point de vue pragmatique, tourne autour de l'idée relative à la destinée du monde, à ce qu'il renferme de possible pour lui-même. Intellectuellement, le rationalisme voit, dans son principe de l'unité absolue, la raison en vertu de laquelle bien des faits seront possibles. Dans le domaine du sentiment, il y voit ce qui tout à la fois enveloppe et limite leur possibilité, ce qui garantit à tous les phénomènes un heureux dénouement. Envisagé de cette manière, l'Absolu nous donne la certitude que toute chose bonne sera, et qu'aucune chose mauvaise ne pourra être, — dans le domaine de l'éternel, s'entend! — On peut donc dire que, grâce à lui, la catégorie du simple possible se transforme en des catégories comportant plus de sécurité.

Ici, l'on voit que la grande distinction à faire, au point de vue religieux, entre le rationalisme et le pluralisme, revient à distinguer, d'une part, les hommes qui veulent absolument que le « salut » du monde soit une *chose qui se fera, de toute nécessité;* — de l'autre, ceux qui se contentent de le croire *possible*. En matière de religion, tout le débat entre ces deux théories roule ainsi sur la valeur de l'idée du possible.

Il faut donc faire avant tout la lumière sur ce mot. Quel sens précis donner au terme « possible »? Pour ceux qui ne réfléchissent guère, il représente une troisième manière d'être, moins réelle que l'être ou l'existence, plus réelle que la non-existence ou le non-être ; une région crépusculaire, un état hybride, des limbes où certaines réalités sont parfois amenées à rentrer, et d'où elles sont parfois amenées à sortir.

Naturellement, une telle conception est trop vague, trop indéfinissable, pour nous satisfaire. Ici comme ailleurs, le seul moyen de dégager la signification d'un terme est d'appliquer à ce terme la méthode pragmatique. Quand vous dites d'une chose qu'elle est possible, au lieu de la qualifier autrement, quelle différence en résulte-t-il pour vous ? Il y a au moins cette différence que, si vous l'entendez qualifier soit d'impossible, soit de réelle, soit de nécessaire, vous pouvez contredire ces trois affirmations.

Voilà un privilège qui ne vous donne pas grand'chose. N'existerait-il pas quelque autre différence, — une différence concernant les faits positifs ? Oui ; sur ce point il y a au moins cette différence négative que, si votre affirmation de la possibilité d'une chose est une affirmation vraie, il s'ensuivra qu'*il n'existe rien qui soit susceptible d'empêcher* cette chose. Donc, peut-on dire, l'absence de tous obstacles réels fait que certaines choses *ne sont pas impossibles*, et qu'elles sont par conséquent possibles, mais dans le sens abstrait de ce mot, rien de plus.

Néanmoins, la plupart des possibles ne sont pas des possibles purs et simples : ce sont des possibles « bien fondés », comme on dit ; des possibles fondés sur des raisons concrètes. Qu'est-ce que cela signifie, au point de vue pragmatique ? Cela veut dire, non seulement que, parmi les conditions actuelles de l'existence du monde, aucune ne fait obstacle à ces possibles ; mais que, parmi les conditions de leur réalisation, certaines sont déjà existantes. Soit, par exemple, l'idée d'un poulet concrètement possible. Cela signifie, d'abord, que cette idée ne renferme aucune contradiction interne. Cela signifie ensuite qu'il n'y a dans les environs ni jeune garçon, ni putois, ni aucun autre ennemi. Cela veut dire enfin qu'un œuf, tout au moins, existe actuellement, — sans parler d'une poule en train de le couver, ou d'une couveuse artificielle, — que sais-je, moi? A mesure que les conditions effectivement réalisées tendent à se compléter, le poulet devient une possibilité de mieux en mieux fondée. Sont-elles remplies entièrement : il cesse d'être une possibilité, pour devenir un fait positif.

Appliquons cette conception au « salut » du monde. L'affirmer possible, qu'est-ce que cela veut dire ? Cela veut dire que certaines des conditions de la « libération » du monde existent bien d'une manière positive. Plus sont nombreuses ces conditions existantes, et moins nombreuses aussi les conditions leur faisant obstacle, mieux se trouve fondée, d'autre part, l'idée de sa possibilité : plus devient *probable* le fait de cette libération.

On sait maintenant quelle signification il faut attacher à l'idée du possible.

Eh bien! on méconnaîtrait le sens même de la vie, si l'on prétendait que notre pensée doit se montrer indifférente, doit rester neutre, dans les problèmes tels que celui du « salut » de l'univers. Se croire et se proclamer neutre, c'est proclamer que l'on n'est qu'un sot, et que l'on n'a qu'un faux semblant de pensée. Tous, nous voulons réduire à son minimum l'insécurité de l'univers : nous nous sentons, et ne pouvons point ne pas nous sentir malheureux, à l'idée qu'il est livré à toutes sortes d'ennemis, ouvert à toutes sortes de mauvais vents qui sont meurtriers pour la vie!

Il n'y en a pas moins certains hommes qui, eux, souffrent de croire impossible le « salut » du monde : ce sont les pessimistes.

L'optimisme le croit, au contraire, infailliblement assuré.

A mi-chemin entre ces deux doctrines, se tient ce qu'on peut appeler le méliorisme, bien qu'il ait jusqu'ici passé pour être moins une doctrine qu'une attitude prise à l'égard des choses de la vie. Dans la philosophie européenne, c'est toujours l'optimisme qui a prévalu. Le pessimisme ne s'y est introduit que récemment, grâce à Schopenhauer, et n'y compte encore qu'un petit nombre de partisans. Le méliorisme, lui, ne considère le « salut » de l'univers ni comme assuré immanquablement, ni comme impossible : il y voit une chose possible qui devient probable de plus en plus, à mesure que se multiplient les conditions remplies pour sa réalisation.

C'est évidemment pour le méliorisme que doit pencher le pragmatisme. Il ne saurait demeurer aveugle à ce fait que certaines voies de salut se trouvent réellement ouvertes dès à présent. Il ne saurait ne pas admettre que, si les autres conditions venaient à se produire, il s'accomplirait, il deviendrait une réalité. Naturellement, je m'en tiens ici à des indications très sommaires. Chacun de vous est libre d'interpréter à sa guise le mot « salut », et d'en faire un phénomène aussi diffus, aussi émietté, ou au contraire aussi culminant et aussi intégral qu'il vous plaira.

Que l'on prenne, par exemple, n'importe laquelle des personnes ici présentes, avec toutes les formes d'idéal qui lui tiennent à cœur, auxquelles elle accepte de consacrer sa vie et son effort. Chacune de ces formes, en se réalisant, sera l'un des moments qui comptent dans le « salut » de l'univers. Mais ce ne sont pas là des possibilités pures et simples, des possibilités abstraites. Elles sont fondées : ce sont des possibilités *vivantes*, car nous vivons, nous qui sommes leurs champions et leurs garants : que les conditions complémentaires viennent s'ajouter à celle-là, et les diverses formes de notre idéal deviendront des réalités. Or, quelles sont ces conditions complémentaires? Ce sont, en premier lieu, un concours de circonstances de nature à nous donner, dans le cours entier du temps, une chance, un joint, que nous puissions saisir d'un bond ; et, en second lieu, *notre action* propre.

Dirons-nous, alors, qu'il y a de notre part un acte *créateur*, un acte opérant le salut du monde, en ce qu'il se fait lui-même la place qu'il prend, lorsque, d'un bond, il s'introduit par le joint rencontré? Sans opérer le salut total du monde, bien entendu, l'opère-t-il en partie, — pour une partie correspondant à la place qu'il occupe lui-même dans l'espace rempli par le monde?

J'oserai prendre ici le taureau par les cornes ; et, n'en déplaise à l'équipe tout entière des rationalistes et des monistes, je répondrai : *pourquoi pas?* Nos actes, les tournants de notre histoire, où il nous semble que nous nous faisons nous-mêmes et augmentons notre être, ce sont là des choses faisant partie de l'univers ; et ce sont, dans l'univers, les parties avec lesquelles nous sommes en contact le plus directement, celles que nous connaissons de la manière la plus intime, la plus complète. Pourquoi ne pas les prendre pour leur valeur « exprimée » ou « annoncée » ? Pourquoi ne pourrait-ce pas être là, comme il nous semble bien que ce soit, les tournants de l'histoire du monde, les points où il s'accroît? Pourquoi enfin ne serait-ce pas là l'atelier même où l'être se crée, où le fait se saisit au moment précis de sa réalisation, si bien qu'il soit inconcevable que l'univers puisse s'accroître d'une autre manière que de cette manière-là ?

Tout cela est irrationnel! nous dit-on. Comment une nouvelle réalité peut-elle surgir, en certains endroits seulement, par pièces et par morceaux qui viennent s'ajouter au reste, ou qui demeurent en dehors, et cela au hasard, sans aucunement dépendre des autres ? Il faut une raison à nos actes : où la chercher, en dernier ressort, sinon dans la pression matérielle, ou dans la contrainte logique, venant de la nature des choses, de leur nature à toutes? Il ne peut y avoir qu'un seul agent réel de l'accroissement, réel ou prétendu, constaté n'importe où ; et cet agent est le monde lui-même, le monde intégral. Peut-être s'accroît-il en effet; mais alors il s'accroît tout entier, dans toutes ses parties : concevoir certaines parties isolées comme s'accroissant par elles-mêmes et toutes seules, c'est irrationnel.

Ainsi, l'on invoque la rationalité; on invoque les raisons des choses; et l'on ne veut pas que les choses se produisent par endroits seulement : eh bien! moi, je demanderai quelle espèce de raison il peut bien y avoir, en dernière analyse, pour qu'il se produise jamais quoi que ce soit? Vous aurez beau me parler de logique, de nécessité et de catégories ; vous aurez beau invoquer l'absolu et mettre en jeu tout le matériel réuni dans votre usine philosophique : la seule raison *réelle* qui me soit concevable, à moi, pour que n'importe quoi puisse, n'importe quand, se produire, c'est qu'il y ait *quelqu'un qui désire que quelque chose soit, et soit présent, non pas n'importe où, mais à tel endroit!* Telle chose est *demandée*, — demandée, par exemple, pour venir en aide à n'importe quelle minime fraction de la masse qui compose l'univers. Voilà une *raison vivante!* Auprès d'elle, les nécessités logiques et les causes matérielles ne sont plus que des fantômes !

En fin de compte, le seul univers *rationnel* serait celui où, de porter une certaine sorte de bonnet, cela suffit pour qu'une personne voie tous ses vœux s'accomplir ; le monde de la télépathie, où chaque désir se réalise à l'instant même, sans que l'individu ait à considérer, ni à se rendre propices, les puissances dont il est entouré ou les puissances intermédiaires ! Voilà l'univers qui convient à l'Absolu. Il dit : que le monde des phénomènes soit ; — et ce monde *est*, aussitôt, tel exactement qu'il le somme d'être, sans qu'aucune autre condition soit requise !

Dans notre univers, à nous, les désirs de l'individu ne sont qu'une condition parmi d'autres. Dans notre univers, d'autres individus sont là, avec d'autres désirs qui doivent être exaucés d'abord. Aussi l'Etre, dans notre univers de la multiplicité, rencontre-t-il, pour s'accroître, toutes sortes de résistances. Elles font qu'après des compromis et des compromis, il ne s'organise que par degrés, ne prend qu'insensiblement une forme où le rationnel, au lieu d'être « primaire », pourrait-on dire, est « secondaire ». Cet univers-là, c'est seulement dans un petit nombre des régions de la vie qu'il se rapproche, peu à peu, pour son organisation, du monde où la réalisation des désirs était assurée par un bonnet! Voulons-nous un cliché de notre kodak : nous tournons un bouton. Voulons-nous des nouvelles : nous téléphonons. Voulons-nous faire un voyage : nous payons un billet. Dans tous ces cas, et dans ceux du même genre, il nous suffit presque de désirer, le monde étant rationnellement organisé pour faire le reste.

Mais tous ces propos sur la rationalité ne sont qu'une parenthèse et une digression. L'objet de notre débat, c'était l'idée d'un monde s'accroissant, non pas d'une façon intégrale, mais par pièces et par morceaux, grâce aux apports de ses diverses parties pour chaque pièce ou chaque morceau. Prenons l'hypothèse au sérieux : voyons-y une conception vivante. Supposons qu'avant la création, l'auteur de l'univers vous ait soumis le cas. « Je m'en vais, vous aurait-il dit, faire un monde dont le salut n'est pas assuré, un monde dont la perfection sera toute conditionnelle. La condition imposée, c'est que chacun des agents y devra rendre le meilleur possible le niveau qu'il occupera. Je vous offre la possibilité de faire partie du monde que je vais créer. Son salut, vous le voyez, n'est pas garanti. C'est une réelle aventure à courir, avec un réel danger, mais aussi avec la possibilité d'effectuer une course victorieuse. Il s'agit d'une entreprise sociale de travail coopératif. Voulez-vous être de la caravane? Voulez-vous avoir assez confiance en vous, assez confiance dans les autres agents, pour affronter ce risque? »

Devant une telle proposition, si elle vous était

faite, vous sentiriez-vous sérieusement tenu de la repousser, comme trop peu rassurante? Diriez-vous que, plutôt que de faire partie d'un monde si foncièrement pluraliste et irrationnel, vous préféreriez retomber dans le sommeil du non-être, d'où la voix du tentateur vous aurait momentanément tirés?

Normalement constitués, vous n'en feriez certainement rien. Il y a, chez la plupart d'entre nous, une intelligence bien portante, accompagnée d'une énergie allègre, à laquelle l'univers en question conviendrait parfaitement. L'offre serait bien vite acceptée : « Tope là ! marché conclu ! » (*Top! und schlag auf schlag!*), dirions-nous. Ce serait d'ailleurs exactement le monde où maintenant nous vivons ; et notre fidèle attachement à notre vieille nourrice, la Nature, ne nous permettrait pas de refuser. Enfin, nous jugerions que le monde ainsi offert est de la plus vivante « rationalité ».

C'est la plupart d'entre nous, je le répète, qui feraient bon accueil à cette proposition et ajouteraient leur *fiat* au *fiat* du Créateur. Mais quelques-uns répondraient par un refus. Dans n'importe quel groupe humain, il y a des esprits morbides : à ceux-là, elle ne dirait rien, la perspective d'un univers où nulle chance de salut ne serait donnée autrement que par la lutte à soutenir!

Nous avons, tous, nos moments de découragement ; tous, il nous arrive d'être dégoûtés de nous-mêmes, las de nos vains efforts. La vie, en nous-mêmes, nous abandonne, et, dans notre défaillance, nous suivons l'exemple de l'enfant prodigue. Nous doutons des chances de succès que possèdent les choses. On veut alors un univers où l'on puisse renoncer à tout, se jeter au cou de son père, et, pareil à la goutte d'eau qui va se perdre dans le fleuve ou dans l'océan, on veut s'abîmer dans la vie de l'Absolu !

La paix et le repos, la sécurité dont le besoin est éprouvé à ces moments-là, c'est la sécurité à l'égard des déceptions rencontrées au cours d'une expérience si chargée, et qui est toujours celle du fini, de l'imparfait ! Le Nirvâna représente un abri sûr contre cet interminable défilé d'aventures qui compose le monde des sens. Cette attitude convient parfaitement au bouddhiste, à l'Hindou, parce qu'il a peur, — peur d'une expérience plus riche, peur de la vie !

Et c'est aux hommes ayant ce tempérament, que le monisme religieux se présente avec ces paroles consolantes : « Il n'est rien qui n'arrive nécessairement, qui ne fasse partie de l'essence des choses ; et vous-mêmes, vous en faites partie, avec votre âme désenchantée et votre cœur malade. Tous les êtres ne font qu'un en Dieu ; et, en Dieu, tout est bien. Les armes éternelles, vous les trouverez, non point à la surface, mais au fond des choses ; et peu importe que la bonne ou la mauvaise fortune semble vous échoir en ce monde des apparences ! » Pour les hommes arrivés aux dernières extrémités du découragement, l'absolutisme est, sans aucun doute, la seule ressource, l'unique salut. Ceux-là, la morale pluraliste ne réussit qu'à les faire claquer des dents, qu'à leur glacer le cœur, jusqu'au tréfonds, dans la poitrine !

Ainsi nous apparaissent dans leur réalité concrète, et dans tout leur contraste, deux types de religion. Pour reprendre les deux termes de comparaison que nous avons adoptés, la conception absolutiste, dirons-nous, s'adresse aux délicats, tandis que la conception pluraliste s'adresse aux robustes. Bien des gens se refuseraient énergiquement à rien voir de religieux dans le pluralisme : ils n'y verraient qu'une doctrine morale, pour réserver le nom de doctrine religieuse au monisme exclusivement. Plus d'une fois, dans l'histoire de la pensée humaine, on a mis la religion, interprétée dans le sens du renoncement, en opposition avec le moralisme, interprété dans le sens de la confiance illimitée en soi-même.

Ici, nous rencontrons ce qui est, en philosophie, la question suprême. Je déclarais, dans ma quatrième Leçon, que je considérais l'opposition du monisme et du pluralisme comme la question la plus profonde, et de la plus vaste portée, que puisse poser notre esprit. Peut-on admettre cette opposition comme définitive ? La vérité peut-elle, ici, ne se trouver que d'un seul côté ? Le pluralisme et le monisme sont-ils réellement deux choses inconciliables ? Faut-il croire que, si le monde était réellement constitué comme le conçoivent les pluralistes ; si réellement il existait à l'état diffus, sous la forme d'une multitude de choses individuelles, son « salut » ne pourrait s'opérer qu'en détail, pièce à pièce, parce que son salut serait le fait et le fruit de leur attitude particulière à chacune, sans que, dans son histoire, dans son épopée toute en épisodes, intervînt jamais, par une sorte de court-circuit, quelque unité fondamentale où déjà la multiplicité se trouverait absorbée d'avance, où déjà sa défaite serait éternellement assurée ? S'il en était ainsi, il faudrait choisir entre ces deux philosophies : impossible de leur dire « *Oui* » à toutes les deux. Alors, en effet, accepter l'une, ce serait rejeter l'autre. Et force nous serait de mettre un terme à nos rapports avec le possible. Nous n'aurions plus qu'à confesser notre désappointement final, car nous ne saurions faire qu'un seul acte indivisible soit, au même moment, l'expression d'un esprit bien portant et l'expression d'un esprit morbide.

Evidemment, il n'y a pas d'être humain qui, étant un esprit robuste aujourd'hui, ne puisse demain se sentir l'âme malade ; et, quand nous ne sommes que des amateurs, des touche-à-tout, en philosophie, il peut nous être permis de nous dire pluralistes en même temps que monistes, ou déterministes en même temps que partisans du libre arbitre, et tout ce qu'on voudra en fait de doctrine accommodante.

Il n'en va pas de même pour des philosophes qui, soucieux de clarté, voulant ne pas tomber dans l'inconséquence, sentent le besoin, qu'éprouve toujours un pragmatiste, de mettre la vérité d'accord avec la vérité : ceux-là sentent aussi l'impérieuse nécessité de faire leur choix entre ces deux sortes d'esprits, — l'esprit délicat, et l'esprit robuste. J'ai toujours vu s'imposer à moi tout spécialement cette question : N'y aurait-il pas lieu de reconnaître que les exigences des délicats vont trop loin ? Ne se pourrait-il pas que l'idée du « salut » déjà réalisé totalement, d'une manière ou d'une autre, dans le monde, ressemblât trop à la saccharine pour avoir toute la cohésion voulue ? Ne se pourrait-il pas que l'optimisme religieux fût trop idyllique ? Faut-il absolument que le salut de *tous* soit assuré ? L'œuvre de notre salut est-elle nécessairement toute *gratuite* ? Le dernier mot de tout est-il forcément une bonne parole, douce à entendre ? Est-ce que l'univers ne fait jamais que répondre « oui, oui », à ce qu'on lui demande ? Le « non » ne serait-il pas, au contraire, un fait se trouvant au cœur même de la vie ? Et « le sérieux », que nous attribuons à la vie précisément, ne consisterait-il pas en ce qu'elle comporte inévitablement des refus et des pertes à subir ; qu'elle impose toujours, quelque part, de réels sacrifices auxquels se résoudre ; et qu'au fond de sa coupe à jamais demeure quelque violent et amer purgatif !

Je ne saurais ici parler officiellement au nom du pragmatisme. Tout ce que je puis dire, c'est que mon propre pragmatisme ne m'empêche nullement d'adopter cette conception où le moralisme domine, et de renoncer à cette rédemption universelle qu'exige le monisme. La possibilité, pour moi, de prendre ce parti, découle de la tendance pragmatiste à considérer le pluralisme comme une hypothèse sérieuse. C'est toujours notre croyance, et non notre logique, qui finit par trancher les questions de ce genre ; et, personnellement, je ne reconnais à aucune prétendue logique le droit d'opposer son veto à ma croyance.

Je me sens tout disposé, pour ma part, à croire que le monde est une aventure et un danger. Je ne songe pas à déserter pour cela ; je ne songe pas à crier que j'abandonne la partie. J'admets volontiers que l'attitude de l'enfant prodigue, souvent susceptible de nous tenter au milieu de nos vicissitudes, n'est pas celle qu'il faut prendre, celle qu'il faut finalement conserver, à l'égard de la vie dans son ensemble. J'admets volontiers qu'il y ait des pertes réelles, et des êtres qui soient des perdants pour de bon, dans la partie qui se joue. J'accepte enfin que le salut ne soit pas partout assuré à tout ce qui existe. Je puis croire à l'idéal comme à une fin dernière, mais non comme à un élément originel ; et je puis bien y voir un « extrait » du réel, mais non le réel tout entier. Une fois versé le liquide, la lie reste à jamais dans la coupe ; mais la possibilité de goûter au liquide versé est déjà un délice qui vaut qu'on ne le repousse pas !

Combien d'hommes, en fait, vivent par l'imagination dans cet univers-là, — dans cet univers du moralisme, dans cet univers de l'épopée ! Combien, pour leurs besoins de l'ordre rationnel, trouvent suffisants les succès qu'on rencontre dans cet univers, de place en place, défilant l'un derrière l'autre sans se rejoindre ! Une épigramme de l'anthologie grecque exprime admirablement cet état d'esprit, cette acceptation de pertes que rien ne répare, — y compris la perte même de notre propre existence :

> Couché sur cette côte, un naufragé vous dit :
> « Mettez à la voile ! Courage !
> Maint esquif, quand le nôtre avec nous se perdit,
> Bravait les vents qui faisaient rage ! »

Cette disposition, tout objective, toute magnanime, était celle de ces puritains qui répondaient : oui ! lorsqu'on leur demandait : Acceptez-vous d'être damnés pour la gloire de Dieu ? — Pour qui conçoit ainsi les choses, le moyen d'échapper au mal n'est pas de le maintenir dans « le tout », dans l'Absolu, à titre d'élément essentiel, mais « dompté ». Non ; le seul moyen, c'est de s'en débarrasser complètement, de le jeter par-dessus bord et de le dépasser, en contribuant à faire que se réalise un monde qui ne sache même plus quel lieu occupait le mal et quel nom il portait !

Ainsi rien, absolument rien, n'empêche d'accepter en toute sincérité cet univers aux remèdes violents et d'où ne saurait disparaître ce qui en fait « le sérieux ». Adopter cette attitude, c'est, à mes yeux, le propre du véritable pragmatiste. Celui-ci, en effet, accepte de vivre sur un programme de possibilités, non garanties, auxquelles il accorde sa confiance : il accepte de donner sa personne en paiement, au besoin, pour la réalisation de tout idéal créé par sa pensée !

Maintenant, quelles sont les autres forces, présentement données comme positivement existantes, sur la coopération desquelles il compte, dans un univers de cette sorte ? Ces forces, au niveau d'existence atteint par le monde où nous sommes, ce sont tout au moins ses semblables. Mais n'y a-t-il pas aussi des forces supérieures à l'humanité, — des forces comme les esprits religieux du type pluraliste en ont toujours admis ? On a pu croire qu'ils parlaient comme les monistes, lorsqu'ils disaient : « Dieu est le seul Dieu ». Mais le polythéisme primitif de l'humanité ne s'est élevé qu'imparfaitement, et d'une manière vague, à la sublimité du monothéisme ; et le monothéisme lui-même, quand il lui arrivait d'être véritablement religieux, — au lieu de rester pour les métaphysiciens le sujet d'un cours à faire dans les classes de philosophie, — a toujours simplement considéré Dieu comme *primus inter pares*, comme la première de toutes les forces secourables occupant avec lui le premier rang, et façonnant avec lui les destinées de ce vaste monde !

Mes Leçons précédentes n'envisageaient, dans les problèmes abordés, que le côté humain, qui intéresse la doctrine humaniste. Je crains, par suite, qu'elles n'aient donné l'impression que le pragmatisme a pour méthode d'écarter le surhumain. Certes, j'ai montré peu de respect pour l'Absolu ; et, parmi les hypothèses relatives à des forces surhumaines, celle de l'Absolu est la seule dont j'aie parlé jusqu'ici. Mais vous devez voir, il me semble, qu'en dehors de son caractère surhumain, il n'a rien de commun avec le Dieu du théisme.

En nous conformant aux principes du pragmatisme, nous sommes tenus d'admettre comme vraie l'hypothèse de Dieu, si elle fonctionne pratiquement d'une façon satisfaisante, au sens le plus large de ce dernier terme. Or, quelles que soient les difficultés soulevées par elle sur les autres points, elle opère effectivement : cela, l'expérience le prouve, de même qu'elle prouve que le problème consiste à construire et orienter cette hypothèse de manière à la mettre en harmonie avec les autres vérités pratiquement efficaces.

Je ne saurais vous esquisser maintenant toute une théologie ; mais, si je rappelle que j'ai publié un ouvrage sur l'expérience religieuse[1], et que ce livre est, somme toute, considéré comme établissant la réalité de Dieu, on voudra bien épargner au pragmatisme personnellement adopté par moi toute accusation d'athéisme. Pour ma part, je ne crois nullement que l'expérience humaine soit la plus haute forme d'expérience qui existe dans l'univers. Je crois plutôt qu'à l'égard de l'univers, pris dans son ensemble, nous sommes à peu près ce que nos chiens et nos chats favoris sont par rapport à l'ensemble de la vie humaine. Ils vivent dans nos salons, dans nos bibliothèques. Ils prennent part à des scènes dont ils ne soupçonnent pas la signification. Ils sont comme de simples tangentes à l'égard

---

[1]. *L'Expérience religieuse*, par W. James. 2ᵉ édition, 1908. (Alcan, éditeur.)

des courbes de l'histoire, puisque chacune des deux extrémités de ces courbes, et aussi leur forme, dépasse entièrement ce qu'ils peuvent connaître. De même, l'homme, par rapport à cette vaste vie des choses, est une simple tangente. Mais, si plus d'un idéal adopté par le chien et par le chat coïncide avec le nôtre, — coïncidence dont les chiens et les chats ont sans cesse la preuve par leur vie de chaque jour, — pareillement il nous est bien permis de croire, d'après les preuves fournies par l'expérience religieuse, qu'il existe des puissances supérieures qui, travaillant au salut de l'univers, suivent des lignes idéales analogues aux nôtres.

Le pragmatisme, on le voit, est bien une doctrine religieuse, si l'on admet que la religion peut rentrer dans le cadre du pluralisme ou du méliorisme. Quant à savoir si vous pouvez finalement vous accommoder de cette religion, c'est affaire à chacun de vous. Le pragmatisme est tenu d'ajourner toute réponse dogmatique, car nous ne savons pas encore avec certitude quelle sorte de religion est en voie de donner à la longue les meilleurs résultats. Les excès de tout genre auxquels se portent les croyances des hommes, les aventures où s'engage la foi religieuse de chacun, sont précisément nécessaires pour nous documenter.

Chacun de vous, sans doute, se choisira les risques qu'il entend courir. S'il est foncièrement robuste, le tohu-bohu[1] des faits sensibles de la nature lui

---

1. Par l'emploi de ce terme, — d'origine assez noble, d'ailleurs, puisqu'il vient de la Genèse en droite ligne, — on a voulu, ici comme partout, serrer d'aussi près que possible non seulement la pensée, mais la forme qu'elle revêt chez W. James. [Trad.]

suffira : il n'éprouvera aucunement le besoin d'avoir une religion. S'il est essentiellement un délicat, c'est d'une religion ayant le plus nettement la forme moniste qu'il s'accommodera : la forme pluraliste ne lui semblera pas donner une sécurité suffisante, puisqu'elle accorde sa confiance à des possibilités qui ne sont pas des nécessités.

Ceux qui ne sont d'une façon radicale et exclusive ni des robustes, ni des délicats, ceux qui tiennent de l'un et de l'autre, comme c'est généralement le cas, ils pourront croire trouver dans la religion présentée par moi, — religion qui relève du moralisme et du pluralisme, — une synthèse religieuse aussi satisfaisante qu'on peut l'espérer. Entre ces deux extrêmes, le naturalisme grossier, d'une part, et de l'autre l'absolutisme transcendantal, il pourra leur sembler que c'est le théisme pragmatiste ou méliociste qui répond exactement à leurs besoins.

# APPENDICE

## La notion pragmatiste de la vérité, défendue contre ceux qui ne la comprennent pas.

Dans celui de mes ouvrages que j'ai intitulé le *Pragmatisme*, est présentée une théorie de la vérité[1]. On persiste à comprendre si mal cette théorie, que j'éprouve le besoin de m'expliquer, brièvement, mais d'une manière décisive. Mes idées peuvent assurément comporter une réfutation ; mais, pour les réfuter, il faut d'abord les prendre sous la forme que je leur ai donnée.

L'étrangeté des contre-sens couramment commis à leurs dépens, montre combien l'on est peu habitué au point de vue tout concret qu'adopte le pragmatisme. Lorsqu'on s'est familiarisé avec une certaine conception, on s'y meut aussi aisément que lorsqu'il s'agit pour deux personnes de se comprendre à demi-mot, de s'entretenir sans peser toutes leurs paroles. Il me faut bien reconnaître, pour aboutir à des résultats, que nous avons eu le tort de trop croire qu'on nous comprendrait immédiatement. Aussi nous est-il souvent arrivé de ne pas surveiller suffisamment notre façon de nous exprimer. Nous n'aurions jamais dû parler par sous-entendus. Nos adversaires ont ergoté sur

---

1. Voir la sixième Leçon.

chacun des mots qui leur en fournissaient l'occasion : jamais ils n'ont voulu laisser la lettre pour prendre l'esprit. Voilà qui semble bien montrer qu'on est réellement étranger au point de vue même qu'il convient d'adopter ici.

Ce même fait semble également montrer autre chose. Dans l'opposition qu'il rencontre, le pragmatisme en est à cette seconde période qui s'exprime par la formule connue : « Ce qu'il renferme de nouveau, n'est pas vrai ; et ce qu'il renferme de vrai, n'est pas nouveau ». Cette attitude manque ici de sincérité. Si nous ne disions absolument rien de nouveau, comment se fait-il que notre pensée ait été si désespérément difficile à saisir ? L'obscurité de notre langage ne saurait ici être seule en cause, puisque, sur d'autres points, nous avons réussi à nous faire comprendre.

Les récriminations ne servent à rien. Pour ma part, j'en suis convaincu, l'erreur d'interprétation dont je me plains est due en partie à ce fait que, dans l'ouvrage en question, ma théorie de la vérité est entourée d'une foule de théories qui ne s'y rattachent pas nécessairement : quelque confusion en sera tout naturellement résultée pour le lecteur. Je m'en accuse. Et de même je m'accuse d'avoir négligé de prendre expressément certaines précautions à l'absence desquelles vont remédier, dans la mesure possible, les explications données ici.

### PREMIÈRE ERREUR

#### Le pragmatisme n'est qu'une nouvelle édition du positivisme.

C'est là, semble-t-il, l'erreur la plus répandue.

Le scepticisme, le positivisme et l'agnosticisme sont d'accord avec le rationalisme dogmatique ordinaire pour prendre comme accordé que tout le monde sait, sans autre explication, ce que signifie le mot « vérité ». Mais alors toutes ces doctrines sous-entendent, quand elles ne le déclarent pas, que la vérité réelle, la vérité absolue, nous est inaccessible ; qu'il faut, bon gré mal gré, nous contenter de la vérité relative ou phénoménale, qui s'en rapproche le plus et qui en est le meilleur substitut. Celle-ci, le scepticisme la déclare inacceptable. Le positivisme et l'agnosticisme, au contraire, l'acceptent allègrement, ne voient dans la vérité absolue qu'un raisin « trop vert », et jugent la vérité relative bien suffisante pour nos besoins *pratiques*.

Et bien ! tout cela s'éloigne on ne peut plus de ce que le pragmatisme pense de la vérité. Sa thèse porte tout entière sur une question préalable. Elle s'arrête là où les autres commencent, car, aussitôt donnée une *définition* du mot vérité, il se tient pour satisfait : il ne va pas plus loin. — Qu'importe, demandons-nous, qu'il y ait, ou non, dans l'univers, un esprit possédant la vérité ? Ce qui importe, c'est de savoir ce que représente *idéalement* la notion de la vérité ! Qu'est-ce que serait un jugement vrai, *dans le cas où il y en aurait ?* voilà ce qui nous intéresse. Et la réponse proposée par le pragmatisme entend bien s'étendre à la vérité la plus complète que l'on puisse concevoir, — à la vérité absolue, si l'on veut, tout autant qu'à la vérité la plus relative et la plus imparfaite. La question de savoir à quoi ressemblerait la vérité, s'il se trouvait qu'elle existât, rentre manifestement dans le domaine des investigations purement spéculatives. Il ne s'agit plus d'une théorie se rapportant à telle ou telle sorte de réalité, à telle ou telle sorte de connaissance effectivement possible : on fait entièrement abstraction des termes particuliers ici, pour définir la nature d'une relation possible entre deux de ces termes.

De même que la question soulevée par Kant pour les jugements synthétiques n'avait jamais été soupçonnée de ses devanciers, la question que soulève ici le pragmatisme est assez subtile pour avoir jusqu'alors échappé à l'attention. Bien plus, elle est, à ce qu'il semble, tellement subtile que, maintenant même qu'elle a été franchement abordée, les dogmatiques et les sceptiques n'arrivent ni les uns ni les autres à la saisir. Ils la saisissent si peu, qu'ils attribuent au pragmatiste une attitude toute différente de la sienne. Il veut, disent-ils, — et ici je cite un de nos critiques, — « que les grands problèmes soient insolubles pour l'intelligence humaine ; que notre besoin de connaissances vraies soit factice et illusoire ; enfin que notre raison, incapable d'atteindre jusqu'aux fondations de la réalité, soit condamnée à se tourner exclusivement vers l'action ». Et moi, je dis qu'il est impossible de se méprendre plus gravement !

## DEUXIÈME ERREUR

### Le pragmatisme est avant tout un appel à l'action.

Cette méprise a été provoquée, je l'avoue, par le mot même de pragmatisme, — mot mal choisi ; mot qui, en effet, évoque aussitôt l'idée de l'*action*. Mais, à vrai dire, il n'est pas de mot qui soit une garantie pour une doctrine, contre des critiques incapables de voir l'objet du problème ! Or, jusqu'où ne va pas l'aveuglement chez ceux qui m'occupent ! Le D$^r$ Schiller parle-t-il d'idées qui « opèrent » efficacement, qui « rendent » bien : la seule chose qui vienne à l'esprit de nos critiques, c'est la façon dont ces idées opèrent, et le rendement immédiat qu'elles donnent, *dans le milieu physique*; la vertu qu'elles possèdent de nous faire gagner de l'argent ou réaliser quelque avantage « pratique » de même genre !

Oui, certes, les idées ont cette vertu, de près ou de loin ; mais elles possèdent la même vertu, et d'une manière illimitée, dans le monde intellectuel également. Faute de vouloir bien nous faire l'honneur d'apercevoir également cela, et de l'apercevoir si peu que ce soit, nos critiques considèrent notre théorie comme ne s'adressant qu'aux ingénieurs, aux médecins, aux financiers, aux hommes d'action en général, à tous ceux auxquels il faut, sous une forme quelconque, toute rudimentaire, et tout de suite accessible, une conception de l'univers; mais à qui ni leurs loisirs, ni leur intelligence, ne permettent d'étudier une vraie doctrine philosophique. Aussi la nôtre est-elle ordinairement représentée comme un mouvement « bien américain »[1]; comme une espèce de programme intellectuel volontairement écourté, admirablement fait pour l'homme dont la vie se passe « sur la place », dans le « quartier des affaires »; pour l'homme ayant par nature l'horreur des théories et qui veut un rendement immédiat « en espèces » !

Il est parfaitement exact qu'une fois résolue quelque haute question théorique, par laquelle *commence* le pragmatisme, la solution entraîne *subsidiairement* des corollaires d'un caractère pratique. Les recherches exigées par la question elle-même montrent que, dans cette sorte d'activité ou de fonction qu'on appelle la vérité, les réalités préalablement données ne sont pas les seules « variables indépendantes ». Nos idées sont des réalités, elles aussi; elles sont, elles aussi, des « variables indépendantes », jusqu'à un certain point; et, si elles viennent après une autre sorte de réalité pour s'y ajuster, il y a également une autre sorte de réalité qui vient après nos idées et qui s'ajuste à elles, dans une certaine mesure. Quand les idées de l'homme viennent s'ajouter à ce qui existe, elles le modifient, elles le déterminent à nouveau, en partie, d'une manière plus ou moins différente. La réalité, dans son ensemble, apparaît ainsi comme ne pouvant se définir que d'une manière incomplète, si l'on n'y tient compte des *idées* aussi bien que du reste.

Mettant ainsi en lumière la part de nos idées comme facteurs complémentaires de la réalité, la doctrine pragmatiste ouvre toute grande une fenêtre donnant sur ce qui est, d'un autre côté, la part de l'action dans la vie humaine,

---

1. Voir notamment (*Revue de Philosophie*, mai 1907), une étude de M. Mentré, d'ailleurs résumée par M. Bourdeau dans *Pragmatisme et Modernisme* (Alcan, 1909, pp. 59 sqq.) [Trad.]

puisque nos idées inspirent nos actes ; et, en même temps qu'elle fait cela, cette doctrine ouvre un vaste champ à l'initiative, à l'originalité de la pensée. Mais rien ne serait plus insensé que de ne vouloir pas voir l'édifice épistémologique, *d'abord* construit, dans lequel cette fenêtre est *ensuite* pratiquée, ou de parler du pragmatisme comme s'il se réduisait à cette fenêtre ! Voilà pourtant ce que font, presque sans exception, nos critiques. Méconnaissant notre travail initial et le motif dont il s'inspire, ils font du rapport de la vérité à l'action notre premier objet, alors qu'il n'est pour nous que le second.

### TROISIÈME ERREUR

#### Les pragmatistes se retirent eux-mêmes le droit de croire à des réalités inconnaissables.

Oui, d'après nos critiques, un pragmatiste s'interdit de croire à ces réalités, dès lors qu'il fait consister la vérité de nos croyances dans leur vérifiabilité, et cette dernière dans le rendement effectif que nous donnent nos convictions. Le professeur Stout, par exemple[1], considère que, dans le cas où Schiller ferait loyalement produire à sa propre doctrine les suites qu'elle comporte, il devrait aller jusqu'à cette conséquence absurde de ne pouvoir réellement croire au mal de tête d'un autre homme, même si ce mal de tête était, pour Schiller, un fait patent ! Tout ce qu'il pourrait faire, ce serait de « postuler » ce fait, en considération du rendement que lui donnerait le postulat lui-même : celui-ci, en effet, lui servirait de guide pour certains actes et le conduirait à des résultats avantageux. Mais, aussitôt que Schiller reconnaîtrait que son postulat n'est

---

[1]. Article publié dans le *Mind*, octobre 1897 ; article d'ailleurs admirable et réconfortant.

vrai qu'à ce titre-là, *uniquement* (!), il cesserait d'admettre comme vrai que tel homme a *réellement* mal à la tête ! A ce moment-là s'évanouit tout ce qui fait la vraie valeur de son postulat : l'intérêt que Schiller éprouvait à l'égard de son semblable « devient une forme déguisée de l'égoïsme ; et le monde, pour lui, devient glacé, morne, insensible ! »

Une telle objection fait de l'univers du pragmatisme, tel qu'on l'exprime dans le discours, un bien étrange gâchis. Dans cet univers, le pragmatiste, nous dit-on, rencontre un homme ayant un mal de tête ou n'importe quel malaise, et un autre homme qui « postule » ce malaise. On demande au pragmatiste quelle condition son postulat doit remplir pour être vrai. Et le vrai pragmatiste de répondre que, pour lui, du moins, son postulat est vrai dans la mesure exactement où sa conviction produit en lui une plus forte somme de satisfactions.

Raisonnons maintenant sur cette hypothèse. D'où viennent ici les satisfactions obtenues, sinon du fait de *croire* à l'objet postulé, à la réalité d'un malaise chez un autre homme ? Or, — surtout s'il s'agit d'un parfait pragmatiste, — quelle satisfaction pourrait-il bien y avoir pour lui à *ne pas y croire*, dès lors que l'absence de croyance, pour parler comme le professeur Stout, ferait de l'univers, à ses yeux, une chose « glacée, morne, insensible » ? Dans ces conditions, le refus de croire paraîtrait complètement intempestif, d'après les principes du dogmatisme, à moins qu'il n'y eût d'autres raisons pour rendre probable l'insensibilité de l'univers. Et, puisque la croyance au mal de tête, — vraie pour le sujet posé dans l'univers qu'admet le langage du pragmatiste, — est également vraie pour le pragmatiste qui, se plaçant sur le terrain épistémologique, a posé cet univers tout entier, pourquoi ne serait-elle pas vraie, pourquoi ne se vérifierait-elle pas, dans ce même univers pris en soi, absolument ? Là, le mal de tête auquel on croit est une réalité à laquelle personne ne refuse de croire, ni notre critique, ni son pragmatiste ! Nos adversaires ont-ils à nous montrer, dans cet univers réel que nous habitons, quelque marque de vérité qui soit supérieure à celle-ci[1]?

Je passe maintenant à la quatrième erreur, d'une portée encore plus générale, dans laquelle rentrait la troisième.

## QUATRIÈME ERREUR

### Un pragmatiste ne saurait être un réaliste dans son épistémologie.

Cette impossibilité, croit-on, résulte du fait que, pour le pragmatisme, la vérité de nos croyances réside, d'une manière générale, dans leur aptitude à nous donner certaines satisfactions. Évidemment, toute satisfaction n'est, en soi, qu'une condition subjective. Il s'impose donc de conclure que la vérité n'est rien en dehors du sujet auquel, par conséquent, il est loisible de la façonner à sa guise. Les croyances vraies deviennent ainsi des dispositions soumises au caprice de l'individu et pour lesquelles s'éva-

---

1. Ici se présente pour moi l'occasion de prévoir une objection qui pourrait m'être faite, à propos d'un passage de mon livre sur le *Pragmatisme*. Dans ma troisième Leçon (pp. 98-101), j'ai déclaré qu'il serait permis de considérer « Dieu » et « la Matière » comme deux termes synonymes, tant qu'on n'en pourrait pas déduire des conséquences différentes pour l'avenir. J'avais à peine achevé cette Leçon, que je m'aperçus qu'il s'y trouvait un point faible. Cependant, j'ai reproduit tel quel le passage en question, parce que ce point faible n'en compromettait pas la valeur démonstrative. Mais il m'est apparu comme trop flagrant, depuis, lorsqu'il m'est venu à l'esprit de comparer un univers sans Dieu à ce que j'appelais « une bonne amie qui ne serait qu'un automate ». J'entends par là un corps qu'il serait impossible de distinguer d'une jeune fille qui, ayant une âme, saurait rire, causer, rougir, nous entourer de soins, et en un mot accomplir toutes les tâches féminines, avec autant de tact, d'une manière aussi exquise, que si elle avait une âme. Eh bien! est-ce qu'on la regarderait comme le parfait équivalent d'une vraie jeune fille? Assurément non; et pourquoi?

RÉFUTATION DE QUELQUES ERREURS 281

nouit toute solidarité à l'égard des autres éléments de l'expérience.

Il est difficile de trouver une excuse à cette parodie de la thèse pragmatiste. Parodier ainsi notre thèse, c'est fermer les yeux à tous les éléments, sauf un, de l'univers dont nous parlons. Ces éléments, tels qu'ils composent notre univers, empêchent formellement le pragmatiste d'interpréter autrement que dans le sens réaliste la fonction de connaître, tel qu'il la définit lui-même. Dans son épistémologie, il pose une réalité, en même temps qu'il pose une pensée renfermant des idées. Qu'est-ce qui peut faire, se demande-t-il ensuite, que ces idées soient vraies de cette réalité? L'épistémologie courante se borne à déclarer vaguement que les idées doivent « être d'accord » avec la réalité ou lui « correspondre »; mais le pragmatiste s'impose d'être plus concret : il se demande ce que cet « accord » peut signifier dans le détail des faits. Il constate qu'il faut d'abord que les idées nous orientent, nous guident, vers *telle* réalité, et non pas vers une autre; et qu'il faut ensuite que l'orientation indiquée, la direction fournie, donnent satisfaction par leurs résultats.

Jusqu'ici, le pragmatiste n'est guère moins abstrait que

---

Parce que, étant donnée notre propre constitution, notre égoïsme réclame avant tout une sympathie intérieurement éprouvée par l'objet, une pensée qui réponde à la nôtre, une affection, une admiration répondant à nos sentiments. Si l'on attache du prix aux dehors, c'est qu'on y voit l'expression, la manifestation d'une conscience à laquelle on croit. Pratiquement, donc, la croyance à cette « bonne amie sans âme » ne *rendrait* pas; et personne, en fait, ne regarderait l'hypothèse comme sérieuse. Un univers sans Dieu serait dans le même cas exactement. La matière fût-elle capable de faire les choses extérieures que fait Dieu, notre idée de la matière ne donnerait pas un rendement aussi satisfaisant, parce que le Dieu dont les modernes éprouvent surtout le besoin, est un être dont la pensée intime ne les ignorera pas et qui les jugera avec sympathie. Cette aspiration de notre Moi devient, avec la matière, une déception. Dieu reste donc l'hypothèse la plus vraie aux yeux de la plupart des hommes, et, d'ailleurs, cette hypothèse a pour elle, dans l'ordre pratique, des raisons précises.

le commun de nos pesants épistémologistes. Mais, à mesure qu'il précise davantage son attitude, il devient plus concret. Or, tout le débat entre l'intellectualiste et lui roule sur le caractère concret de sa méthode et de ses conceptions, l'intellectualiste voulant que, de deux théories, la plus vague et la plus abstraite soit la plus profonde.

En premier lieu, dans l'orientation et la direction toutes concrètes qu'il reçoit, le pragmatiste voit l'œuvre de certaines autres portions du même univers que celui auquel appartiennent et notre pensée et la réalité qu'elle se représente : ce sont pour lui des fragments d'expérience, grâce auxquels se fait la vérification des idées directrices ; ce sont des intermédiaires auxquels notre pensée par un bout, et cette réalité par l'autre, se trouvent jointes.

En second lieu, la « satisfaction » obtenue n'est aucunement une satisfaction indéterminée (*überhaupt*), éprouvée par un être qui resterait indéterminé, lui aussi : en parlant de « satisfaction », le pluraliste parle expressément de ces satisfactions, au pluriel, que des hommes concrètement existants trouvent, sous des formes positives, dans leurs croyances. Constitués comme le sont les hommes, ils constatent que des satisfactions sont attachées au fait de croire à la pensée de leurs semblables, à des réalités physiques indépendantes, à des événements passés, à d'éternelles relations logiques. Nous constatons qu'il est satisfaisant d'espérer. Nous reconnaissons souvent qu'il est satisfaisant de ne plus douter. Et, surtout, nous voyons qu'il est satisfaisant d'avoir *une pensée cohérente*, — une pensée où l'idée actuelle est d'accord avec le reste de notre approvisionnement intellectuel, — y compris le domaine entier de nos sensations, — y compris aussi le domaine entier des intuitions portant sur des ressemblances et des différences, — y compris enfin toute notre réserve de vérités précédemment acquises.

Etant lui-même un homme, et, en général, n'imaginant pas, au sujet de la « réalité » par lui posée à la base de ses investigations épistémologiques, des directions opposées à celles de la pensée humaine et qui rendraient plus vraies nos croyances, — le pragmatiste entend, par suite, considérer les satisfactions obtenues par nous comme pouvant être réellement des *guides véridiques*, qui nous conduisent bien à cette réalité elle-même, et non pas uniquement des guides qui ne seraient véridiques que *pour nous*.

Ici, c'est à nos critiques qu'il devrait incomber, ce me semble, de faire voir quelque peu explicitement *pourquoi* ces satisfactions, n'étant que nos propres sentiments subjectifs, ne sauraient fournir une vérité « objective ». Les croyances qu'elles accompagnent, « posent » la réalité conçue par nous; elles lui « correspondent »; elles sont « d'accord » avec cette réalité; elles s'y adaptent de certaines façons parfaitement définies, parfaitement déterminables, grâce aux séries d'idées et d'actions que suscitent ces croyances et qui les vérifient. Prétendre alors employer tous ces mots abstraitement, refuser de les prendre avec leur valeur concrète, ce n'est certainement pas le moyen de déloger le pragmatiste de sa position, — d'autant moins que sa théorie, étant plus concrète, absorbe la théorie même de son critique!

Si nos adversaires ont une idée précise d'une vérité plus objectivement fondée que la vérité proposée par nous, pourquoi ne la font-ils pas connaître plus catégoriquement? Tant qu'ils gardent leur attitude, ils nous rappellent cet homme dont parle Hegel, — cet homme qui voulait « du fruit », mais ne voulait ni cerises, ni poires, ni raisin, etc., parce que ce n'était pas « du fruit », dans le sens abstrait de ce mot! Nous, quand nous offrons à nos critiques la pinte tout entière, bien pleine, ils se récrient : c'est la *capacité* d'une pinte abstraite qu'il leur faut!

Ici, cependant, il me semble entendre un antipragmatiste me répondre : — Si certaines satisfactions suffisent pour produire la vérité, que penser des cas bien connus, tellement ils sont fréquents, où l'erreur donne, elle aussi, des satisfactions? Et que penser de ce fait, non moins notoire, que des croyances vraies peuvent nous causer le plus cruel déplaisir? Ne devient-il pas évident par là qu'une croyance est rendue vraie, non pas par la satisfaction qu'elle fait éprouver, mais par son *rapport à la réalité?* Supposez que cette réalité n'existe pas, et que votre croyance à son existence ne disparaisse pas en vous ni ne cesse de vous donner les mêmes satisfactions : est-ce que ces satisfactions ne seraient pas « des maîtresses d'erreur et de fausseté » ? Comment alors les considérer comme des maîtresses de vérité ? *Qu'à une croyance soit inhérente une certaine relation avec la réalité*, voilà ce qui nous donne cette satisfaction absolument spéciale et unique : *la satisfaction du vrai*, auprès de laquelle toutes les autres ne sont que leurre et vanité !

Ainsi, conclura-t-on, *la joie attachée à la connaissance vraie* et rien qu'à cette connaissance, est l'unique satisfaction que le pragmatiste aurait dû envisager. Encore n'est-ce là qu'un *sentiment*, un fait *psychologique*[1], dont l'antipragmatiste reconnaît bien volontiers l'importance, mais à titre de phénomène *concomitant*, et non pas d'élément constitutif de la vérité. Ce qui la *constitue*, ce n'est pas un sentiment : c'est le fonctionnement tout logique, tout objectif, de l'aptitude à connaître la réalité telle qu'elle apparaît; et le pragmatiste échoue manifestement dans sa tentative de réduire cette fonction à des intérêts d'un ordre inférieur.

Lorsque l'antipragmatiste s'exprime ainsi, je ne vois dans son objection qu'un tissu de confusions !

Pour commencer, je remarque qu'il confond ce qu'il qualifie de « suffisant » avec ce qu'un pragmatiste considère seulement comme « indispensable ». Dans les satisfactions que donne une croyance, le pragmatiste voit des conditions indispensables pour la rendre vraie ; mais je n'ai pas cessé de répéter qu'elles sont *insuffisantes*, tant qu'elles ne nous mettent pas éventuellement *en présence de la réalité*. Que disparaisse de l'univers dont parle le pragmatiste la réalité qu'il conçoit, et immédiatement il qualifiera de fausses, quoi qu'elles puissent avoir de satisfaisant par ailleurs, les croyances qui se trouveront subsister à l'égard

---

1. Voir la deuxième Leçon, p. 76. [Trad.]

de la réalité désormais inexistante. A ses yeux, comme aux yeux de son adversaire, rien ne saurait être vrai, s'il n'existe rien pour faire l'objet d'une croyance vraie. Les idées ne sont, à elles toutes, qu'une surface mentale absolument plate, absolument vide, tant qu'il ne vient s'y refléter aucun objet dont la connaissance y ferait surgir une lueur. Voilà pourquoi, dans ma doctrine pragmatiste, j'ai posé « la réalité » dès le début ; et voilà pourquoi, dans toute mon argumentation épistémologique, je reste un réaliste [1].

L'antipragmatiste commet encore une confusion lorsqu'il s'imagine qu'en nous chargeant de lui expliquer expressément la signification de la vérité, nous nous chargeons, en même temps, de lui en fournir une garantie, un critérium ; de déterminer les cas où il pourra être matériellement certain de la posséder. Cette naïve espérance est déçue, parce que nous donnons comme pivot à la vérité une réalité si « indépendante » que c'est la réalité qui, apparaissant ou disparaissant, apporte ou remporte la vérité avec elle. Aussi notre explication ne satisfait-elle pas l'antipragmatiste.

Sous cette confusion, j'en soupçonne une autre, et qui est plus grave : c'est de ne pas distinguer suffisamment le *réel* et le *vrai*. Par elles-mêmes, les réalités ne sont pas *vraies* : elles *sont*, tout simplement ; et les croyances pourront être vraies *par rapport à elles*. Mais je crois bien que, dans l'esprit de l'antipragmatiste, il se fait un échange d'attributs entre ces deux notions. Il parle de la réalité comme si elle était « vraie », et de la vérité comme si elle était « réelle ». On ne saurait parler de l'une, croit-il, sans parler de l'autre, et une idée vraie doit *être*, ou du moins *fournir*, par elle-même, sans aucune aide venue d'ailleurs, la réalité dont elle prend intellectuellement possession.

1. Ai-je besoin de rappeler au lecteur que les perceptions sensibles et les perceptions des relations idéales par la comparaison, etc., doivent être rangées parmi les *réalités* ? Dans son ensemble, notre réserve intellectuelle se compose de vérités relatives à ces perceptions.

A cette exigence de l'idéalisme absolu, le pragmatisme se contente d'opposer son *non possumus*. Si la vérité peut et doit naître, il faudra que les réalités concourent, avec les croyances les concernant, à lui donner naissance; mais la réalité s'accomplit-elle jamais? et comment un homme pourra-t-il être certain que ses propres croyances sont vraies? Voilà ce qu'à aucun moment le pragmatisme n'a prétendu déterminer. Quant à cette satisfaction *par excellence*[1], qui est celle de posséder la vérité, et dont peut se colorer une croyance n'ayant par ailleurs rien de satisfaisant, elle n'embarrasse pas le pragmatisme : pour lui, elle est un sentiment où se traduit l'accord de cette croyance avec la réserve de vérités, effectivement possédées, ou simplement supposées, que l'individu a pu tirer, et conserver, de toute son expérience passée.

## CINQUIÈME ERREUR

**Ce que disent les pragmatistes, ils ne peuvent le dire sans cesser d'être conséquents avec eux-mêmes.**

Un de mes correspondants formule cette objection de la manière suivante : « Quand vous venez nous dire que « le pragmatisme apporte la vérité sur la vérité », cette « vérité » dont vous parlez n'est pas la même la première fois que la seconde. Sur la première « vérité », vous n'admettez pas qu'il y ait désaccord entre vous et vos auditeurs : dans votre pensée, elle n'est pas pour eux chose à prendre ou à laisser librement, selon qu'elle leur donne ou ne leur donne pas un rendement conforme à leurs besoins particuliers. Et pourtant, cette latitude est affirmée par la seconde vérité, qui devrait définir et envelopper la première. Ainsi ce que *vous voulez dire* est en contradiction avec ce que vous *dites* ».

1. En français dans le texte. [Trad.]

On reconnaît ici la réfutation classique du scepticism
universel. Toutes les fois, — disent au sceptique les rationalistes, — que vous formulez la position adoptée par le
scepticisme, vous êtes condamné à parler en dogmatique,
et votre vie se passe à contredire votre thèse.

On aimerait à croire que, par l'impuissance avérée d'un
si vénérable argument à faire jamais perdre si peu de terrain que ce fût au scepticisme universel, certains des rationalistes eux-mêmes ont pu être amenés à se demander si
ces réfutations logiques, improvisées séance tenante, sont
décidément d'infaillibles moyens d'exécuter, d'un coup de
fusil, une attitude mentale et de la faire disparaître. Le
scepticisme universel est la vivante attitude intellectuelle
des hommes qui ne veulent pas conclure. C'est une torpeur générale et permanente de la volonté, torpeur qui se
répète en détail durant chacune des thèses successives
qu'ils rencontrent : vous ne pouvez pas plus la frapper à
mort, avec votre logique, que vous ne pouvez donner ainsi
le coup de grâce à l'entêtement ou bien au goût des mauvaises plaisanteries ! Et c'est bien ce que cette attitude a
d'irritant ! Votre sceptique, parfaitement conséquent avec
lui-même, ne formule jamais expressément son scepticisme :
ce n'est chez lui qu'une habitude volontairement contractée.
Il nous agace, quand il recule, au lieu de faire avec nous,
comme cela nous paraît tout simple, un pas en avant pour
dire : Oui. Mais il n'est pas illogique; il ne commet aucune
sottise : bien au contraire, il nous en impose souvent par sa
supériorité intellectuelle ! Voilà le scepticisme *réel* avec
lequel les rationalistes doivent se mesurer ; voilà celui que
leur logique n'effleure même pas.

La logique est tout aussi impuissante contre l'attitude du
pragmatiste. Loin d'être en désaccord avec ce dont il parle,
son langage en fournit un exemple parfait. De quoi parle-
t-il? De la vérité. Il en parle pour dire que, prise concrètement, la vérité est un attribut ou une propriété de nos
croyances, et que celles-ci sont des attitudes visant à certaines satisfactions. Les idées autour desquelles viennent
se grouper les satisfactions, ne sont, à l'origine, que des

hypothèses qui sollicitent, ou bien qui somment, une croyance de venir s'installer sur elles. L'idée du pragmatiste sur la vérité, est précisément une invite, une sommation. Il trouve plus que satisfaisant de s'y conformer : il prend position en conséquence.

Les hommes sont des êtres grégaires : ils veulent répandre leurs convictions, provoquer l'imitation en leur faveur, les rendre contagieuses pour d'autres esprits. Pourquoi ceux-là ne trouveraient-ils pas satisfaisante, eux aussi, ma conviction? se dit le pragmatiste, quand il vous rencontre ; et aussitôt il entreprend de vous convertir. Vous aurez, vous et lui, la même croyance. Vous, vous lui offrirez cette vérité, qui est pour vous une fin subjective et qui deviendra une vérité objective, un résultat irrévocablement acquis, si la réalité, en se présentant au même moment, vous offre à tous deux l'objet qui était la fin poursuivie.

Ce qu'il peut y avoir de contradictoire dans tout cela, j'avoue ne pouvoir le découvrir. La conduite tenue pour son propre compte par le pragmatiste me semble, au contraire, fournir une admirable application de sa formule générale ; et lui seul, peut-être, entre tous les épistémologistes, se montre irréprochablement conséquent avec lui-même.

### SIXIÈME ERREUR

**Le pragmatisme n'explique pas ce qu'est la vérité, mais seulement la manière d'y parvenir.**

Sur ce point, je réponds qu'en fait le pragmatisme nous donne la première, aussi bien que la seconde, de ces deux explications : il nous dit accessoirement ce qu'est la vérité, quand il nous dit comment on y parvient. A quoi en effet, parvient-on, ici, sinon précisément à ce qui est la vérité, à ce qui la constitue ?

Si je vous dis comment vous arriverez à la gare, est-ce

qu'implicitement je ne vous fais pas connaître ce qu'est cette gare, l'existence et la nature de cet édifice? Assurément, le mot « comment » n'a pas le même sens que le terme abstrait « ce qu'est ». Mais dans le monde des faits concrets où nous sommes placés, vous ne sauriez séparer ce qu'exprime le premier terme et ce qu'exprime le second. Les raisons qui me font juger satisfaisant de croire vraie telle idée, — raisons représentant le *comment*, ou donnant l'explication, du fait que je parviens à cette croyance, — peuvent figurer parmi les raisons mêmes qui font que cette idée *est* vraie en réalité. S'il n'en est pas ainsi, j'invite l'antipragmatiste à m'expliquer nettement pourquoi il ne peut pas en être ainsi.

La gêne éprouvée par l'antipragmatiste, me semble avoir sa principale cause dans son inaptitude invétérée à comprendre comment il peut se faire qu'une constatation concrète ait autant de signification, ou bien qu'elle ait autant de valeur, qu'une conception abstraite. J'ai dit plus haut que la grande querelle entre nous et nos critiques est celle du concret se dressant contre l'abstrait. Le moment est venu de m'expliquer davantage sur ce point.

Dans le cas qui nous occupe, les liens de l'expérience consécutive à une idée, et qui rattachent cette idée à une certaine réalité, — ces liens forment et, à vrai dire, *sont*, pour le pragmatiste, la relation *concrète*, *la vérité*, qui peut s'établir entre l'idée en question et la réalité dont il s'agit. Ils sont tout ce dont nous voulons parler, quand nous parlons de l'idée comme « signalant » la réalité, comme s'y adaptant, comme lui correspondant ou comme « s'accordant » avec elle. Par ces liens-là, — par ceux-là ou par d'autres procédés de vérification, par d'autres acheminements, — l'idée est rendue « vraie ». Cette idée elle-même, dès lors qu'elle existe, si peu que ce soit, est, comme eux, un événement concret. Voilà pourquoi le pragmatisme soutient que la vérité, au singulier, n'est qu'un nom collectif pour désigner des vérités, au pluriel, dont chacune consiste en une série de faits définis, positifs. Voilà aussi pourquoi ce que l'intellectualisme appelle *la vérité de cette série*, sa vérité *essentielle*, n'est, pour le pragmatisme, qu'un nom abstrait désignant la véracité des idées en jeu, c'est-à-dire un nom exprimant ce fait qu'en pareille circonstance les idées conduisent bien, d'une manière jugée satisfaisante, à la réalité jusqu'alors supposée.

Pour sa part, le pragmatiste ne condamne nullement les abstractions[1]. Sans y insister, je ferai seulement remarquer qu'il y recourt, avec confiance, autant que personne : en d'innombrables occasions, il constate que leur pauvreté relative en fait de très utiles substituts, pour remédier à la pléthore des faits. Mais jamais il ne leur attribue un degré supérieur de réalité. Pour lui, la pleine réalité d'une vérité tient toujours à quelque travail de vérification où s'incarne, en y fonctionnant, la faculté abstraite d'établir entre des idées et des objets certaines liaisons qui soient vraies. En attendant qu'on y arrive, c'est un avantage inappréciable que de pouvoir considérer abstraitement des qualités que l'on isole de leur mode d'action : c'est un avantage inappréciable que de pouvoir constater qu'elles sont les mêmes dans une foule de cas ; de pouvoir les prendre « en dehors du temps » et chercher leurs relations avec d'autres abstractions du même genre. D'innombrables relations s'établissent ainsi, alors que l'expérience ne les fournit jamais...

Aux yeux de l'antipragmatiste, ces relations intemporelles possèdent plus de valeur et de dignité que les relations concrètes dont elles sont la représentation hypothétique et anticipée. La mise en œuvre positive de nos idées dans un travail de vérification, et les résultats qu'elle donne, ne sont rien auprès des « triomphes » de cette immatérielle vérité qui s'y trouve impliquée.

Pour le pragmatiste, au contraire, toute vérité immatérielle ou désincarnée est condamnée à l'immobilité, à l'impuissance, et ne vaut guère mieux qu'un fantôme, la vérité n'étant pleinement la vérité que lorsqu'elle se fait *énergie* et livre des batailles ! Comment supposer qu'à l'état

---

1. Voir, de notre auteur, *La Philosophie de l'expérience*, *passim*, notamment pp. 207 sqq, 220 sqq, 321 sqq. [Trad.]

de perpétuel sommeil, le vrai aurait jamais fait l'objet d'une abstraction désignée par un terme, si les diverses vérités acquises, restant à jamais dans ces réserves et ces caves où l'on veut enfermer tout ce qui est un « accord » intemporel avec la réalité, n'avaient jamais pris corps dans quelqu'une de ces luttes palpitantes que les vivantes idées des hommes engagent pour leur vérification?... La vérité *existante*, ou *capable d'exister*, doit sa naissance à la concurrence des opinions. La vérité *essentielle*, la vérité des intellectualistes, la vérité qui se pose sans personne pour la penser, ressemble à un vêtement qui *va* sans que personne l'ait jamais essayé, à une adorable musique qu'aucune oreille n'a jamais écoutée! Cette vérité-là est moins réelle, et non pas plus réelle, qu'un fait vérifié. Attribuer à une telle vérité un degré supérieur de sublimité, qu'est-ce autre chose qu'un acte de fâcheuse idolâtrie à l'égard des abstractions? Autant vaudrait voir un crayon soutenir que le contour est la chose essentielle dans une peinture ou dans une photographie, et se plaindre de ce que le pinceau ou la chambre obscure n'en tient aucun compte : il oublierait qu'une photographie, une peinture, non seulement donne tous les contours, mais qu'elle donne beaucoup d'autres choses en plus!

On peut dire de même que la vérité du pragmatiste contient toute la vérité dont l'intellectualiste tient compte, et qu'elle contient en outre une foule d'autres choses. On peut dire aussi que la vérité dont le pragmatiste tient compte n'est qu' « en puissance » dans la vérité de l'intellectualiste. Que l'homme, en d'innombrables occasions, substitue effectivement la vérité « en puissance », ou la vérificabilité, à la vérification, à la vérité qui aurait passé de la « puissance » à « l'acte », c'est là un fait auquel nul n'attache plus d'importance que le pragmatiste : on sait combien il insiste sur l'utilité pratique de ce procédé habituel. Mais il n'en résulte pas, à ses yeux, qu'on doive considérer la vérité « en puissance », — cette vérité qui n'a jamais eu assez de vie soit pour être affirmée, soit pour être mise en question, soit pour être combattue, — comme une chose métaphysiquement antérieure, dont les vérités « passant à l'acte » seraient les vassales, ou par rapport à laquelle celles-ci seraient quelque chose de subsidiaire. Quand les intellectualistes adoptent cette conception, le pragmatisme les accuse d'intervertir les relations qui se constatent réellement. La vérité « en puissance » n'a de signification que par les vérités ayant « passé à l'acte » ; et, pour le pragmatiste, ces dernières lui sont antérieures dans l'ordre de la connaissance, aussi bien que dans l'ordre de l'existence.

## SEPTIÈME ERREUR

**Le pragmatisme méconnaît l'intérêt théorique de la vérité.**

Cette accusation aurait l'air d'une calomnie jetée à la légère, sans l'excuse que fournissent les affinités existant, dans le langage, entre le mot « pragmatiste » et certaines façons toutes naturelles de parler, auxquelles la générosité de nos adversaires accorde un trop large crédit.

Quand nous avons déclaré que la signification des idées consiste dans leurs conséquences « pratiques » ; quand nous avons parlé des différences « pratiques » résultant pour nous de deux convictions différentes ; et quand nous avons dit que la vérité d'une croyance réside dans sa mise en œuvre, dans le « rendement » qu'elle est capable de donner, cette manière de nous exprimer laissait bien évidemment à désirer. Le fait est qu'on a très généralement cru que « pratique », pour nous, signifiait *l'opposé* de ce qui concerne la théorie pure, la simple connaissance. Et l'on n'a pas manqué d'en conclure qu'à nos yeux une vérité pouvait fort bien n'avoir aucun rapport avec aucune réalité indépendante, avec aucune autre vérité, ni en un mot, avec rien, si ce n'est avec les actes qui pourraient découler de la vérité en question ou avec les satisfactions qu'ils pourraient eux-mêmes apporter. D'après votre absurde épistémologie pragmatiste, nous disait-on enfin, la simple existence d'une idée, prise en elle-même, suffirait pour que cette idée fût vraie, dès lors que les résultats en seraient satisfaisants !

Deux autres circonstances encourageaient nos adversaires à nous attribuer solennellement toutes ces billevesées.

Il y a d'abord ce fait que les idées sont, bel et bien, pratiquement utiles, au sens étroit du mot. Le fait se constate quelquefois pour des idées fausses. Il se constate surtout pour des idées qui se trouvent vérifiées dans toutes les directions ou par toutes les expériences, sans exception, où elles nous ont engagées, la réalité de leur objet pouvant alors être considérée comme ne faisant plus doute. Que ces idées soient vraies, dès avant d'être utiles et en dehors de toute utilité ; ou, en d'autres termes, que leur objet soit réellement donné, perçu : c'est là une condition qui doit être remplie pour qu'elles puissent avoir cette sorte d'utilité ; car l'importance même des objets avec lesquels les idées nous mettent en relation, fait l'importance de ces idées qui en deviennent le substitut. Ce genre de rendement pratique est la première chose à laquelle une vérité ait dû de passer pour valable aux yeux de l'homme des époques primitives ; et cette utilité subsidiaire n'a jamais disparu pour nous, si enfouie qu'elle soit au milieu des autres sortes de rendement profitable qui caractérisent les croyances vraies.

La seconde circonstance de nature à égarer nos adversaires, fut l'importance attachée par Schiller et Dewey à ce fait que, pour mériter d'être mise en lumière et se recommander à l'attention des hommes, une vérité doit se rapporter aux conditions où l'esprit se trouve présentement, répondre directement aux difficultés toutes particulières, et d'ordre « pratique », d'une situation actuellement donnée. Si tel n'est point le cas, cette vérité est aussi étrangère à nos intérêts que le serait un mensonge, à ce moment-là.

Là-dessus, nos critiques se récrient.

Eh bien ! mais pourquoi nos difficultés, nos embarras,

ne seraient-ils pas de l'ordre théorique, aussi bien que de l'ordre strictement pratique ? Voilà ce que je voudrais bien voir expliquer par nos adversaires ! Ils se contentent de prendre comme accordé qu'un pragmatiste *ne saurait* admettre un intérêt purement théorique. Moi, il m'est arrivé de parler de valeur « en espèces » pour les idées : on m'a écrit pour me supplier de modifier cette expression, qui faisait croire que je ne pensais qu'à « un gain ou à une perte pécuniaire »! Pour avoir dit que le vrai est « ce qui profite à notre pensée », je me vois rabroué par un autre docte correspondant. — « Le mot *profitable*, m'écrit-il, ne peut se rapporter qu'à l'intérêt personnel. Or, c'est en le poursuivant que plus d'un fonctionnaire de nos banques nationales est allé en prison. Une philosophie conduisant à de tels résultats est nécessairement fausse! »

Il est si courant de prendre le mot « pratique » dans un sens extrêmement large que j'aurais dû pouvoir compter sur un peu plus d'indulgence.

Nous disons, en anglais, qu'un malade est « pratiquement » remis ; et, toujours dans notre langue, nous disons d'une entreprise qu'elle a « pratiquement » échoué : est-ce qu'en pareil cas nous ne prenons pas ce mot dans un sens opposé à son sens littéral? On veut dire, en effet, qu'on affirme quelque chose qui, étant faux à l'égard de la pratique rigoureusement comprise, est cependant vrai en théorie, virtuellement vrai, vrai *certainement*.

D'un autre côté, nous qualifions de « pratique », bien souvent, ce qui est nettement concret, — l'individuel, le particulier, ce qui agit effectivement, — par opposition à l'abstrait, au général, à ce qui reste inerte. Pour ma part, toutes les fois que j'ai insisté sur la nature toute « pratique » de la vérité, c'est à cela principalement que je pensais. Les « pragmata », les objets de l'ordre pratique, ce sont les choses considérées dans leur multiplicité. Dans le discours par moi prononcé à l'Université de Californie en 1898[1], en parlant des « conséquences pra-

---

1. Voir ci-dessus, page 58. [Trad.]

tiques » auxquelles une proposition peut nous faire aboutir, j'ai parlé aussi d'une expérience dont il importait qu'elle fût « particulière » plus qu'il n'importait qu'elle fût « active » : or, au moment où je la qualifiais d'active, j'entendais bien la qualifier de « pratique », au sens littéral du mot[1].

Mais une conséquence pratique peut fort bien être d'une nature théorique. Tout fait éloigné, que nous inférons d'après une idée, est une conséquence particulière, *théoriquement conçue*, en vue de laquelle notre pensée se met *pratiquement* à l'œuvre. La perte de toutes les anciennes opinions, auxquelles il nous faudra renoncer si une opinion nouvelle se trouve être vraie, sera encore une conséquence pratique et particulière.

*Après l'intérêt qu'il y a pour un homme à respirer librement, le plus grand de tous ses intérêts,* celui qui, à la différence de la plupart des intérêts de l'ordre physique, ne connaît ni fluctuation ni déclin, *c'est l'intérêt qu'il y a pour lui à ne pas se contredire,* à sentir que ce qu'il pense en ce moment est d'accord avec ce qu'il pense en d'autres occasions. Dans ce but, et dans ce but seul, nous ne cessons de comparer des vérités entre elles. Une chose pose sa candidature à notre adhésion; et nous, aussitôt, de nous demander si elle ne serait pas contredite par tel principe ou incompatible avec tel fait! Et de nous livrer à ces opérations particulières, qui sont des opérations toutes

---

1. L'ambiguïté du mot « pratique » est rendue manifeste dans le passage suivant d'un article consacré à notre doctrine. « Le pragmatisme est une réaction anglo-saxonne contre l'intellectualisme et le rationalisme de l'esprit latin... L'homme, l'individu, est la mesure de toutes choses. Il ne peut concevoir que des vérités relatives, c'est-à-dire des illusions. La valeur lui en est révélée, non pas par une théorie générale, mais par la pratique individuelle. Le pragmatisme, qui consiste à expérimenter ces illusions de l'esprit, à leur obéir, en les agissant, est *une philosophie qui se passe de mots*, une philosophie *toute en gestes et en actes*, qui abandonne le général pour s'en tenir au particulier. » (BOURDEAU, *Journal des Débats*, 29 octobre 1907.)

logiques : analyse, déduction, comparaison, etc.! Est-ce qu'alors le *rendement pratique*, et satisfaisant, de cette candidate, de cette idée, ne consiste pas dans un *état d'esprit* résultant de chacune des conséquences théoriques particulières ?

N'ai-je pas le droit de dire, maintenant, qu'il est tout simplement insensé de répéter que le pragmatisme ne tient aucun compte des intérêts purement théoriques ? Ce qu'il soutient énergiquement, c'est que, par « vérité passant à l'acte », il faut entendre des *vérifications*, et que celles-ci sont toujours particulières. Ce qu'il soutient encore, par conséquent, c'est que, même quand il s'agit exclusivement de questions spéculatives, les notions vagues et les généralités sont impuissantes à rien vérifier !

### HUITIÈME ERREUR

#### Le pragmatisme est enfermé dans le « solipsisme ».

Je me trouve avoir déjà signalé cette erreur, en m'occupant de la quatrième. Mais il peut n'être pas inutile d'y revenir.

L'objection ainsi présentée se rencontre aussi sous la forme suivante. — « Vous faites résider la vérité, dit-on aux pragmatistes, dans n'importe quelle sorte d'intérêt, excepté dans l'intérêt tout spécial que possède la connaissance elle-même. Vous maintenez toujours de nombreux intermédiaires, ou, à tout le moins, un intermédiaire, entre le sujet de la connaissance et l'objet à connaître. Le plus que vous fassiez, c'est de laisser les idées porter le premier dans la direction du second, et celui-ci reste toujours en dehors de celui-là... »

Le vieux levain qui travaille ici dans la pensée de l'intellectualiste, c'est, je crois, cette conviction invétérée que, pour qu'une réalité devienne connaissable, il faut qu'il y ait une idée qui, d'une façon mystérieuse, se trouve en possession de cette réalité, ou bien qui, non moins mystérieusement, soit cette réalité elle-même [1]. Or, pour le pragmatisme, ce n'est pas là une condition essentielle. En général, nos connaissances ne sont que des processus intellectuels, dont l'équilibre subit une modification et qui s'acheminent vers des termes réels. Ces termes, leur réalité, — à laquelle croient les processus en question, — ne pourra être *garantie* que par une pensée plus vaste, par une intelligence supérieure[2]. Mais, s'il n'existe dans le monde aucune raison pour les mettre en doute, les croyances sont vraies, dans le seul et unique sens où quelque chose peut être vrai à quelque degré : elles sont vraies pratiquement et concrètement. Vraies dans le sens mystique et bâtard d'une « philosophie de l'identité » (*Identitats-philosophie*), elles n'ont pas besoin de l'être ; et de même on ne voit aucune raison intelligible pour qu'il faille qu'elles soient vraies autrement que par des vérifications et des conséquences pratiques. Laissons la réalité posséder sa propre existence : ce qui

[1]. A vrai dire, il se peut que les sensations, comme le croit le vulgaire, saisissent leur objet ou se confondent avec lui ; et il se pourrait que les différences intuitivement aperçues entre les concepts se confondissent avec des différences « éternellement » objectives. Mais, pour simplifier la discussion, nous pouvons nous dispenser de considérer ces cas très particuliers de la connaissance.

[2]. De cette pensée plus vaste, de cette intelligence supérieure les pragmatistes ne peuvent pas plus se passer que de la réalité, s'ils veulent *établir* une thèse sur la connaissance. Eux-mêmes, ils jouent le rôle de la pensée absolue, à l'égard de l'univers faisant l'objet du langage et qui leur fournit la matière même d'une recherche épistémologique. Dans leur épistémologie, ils garantissent la réalité, et la connaissance de cette réalité par le sujet. Maintenant, ce qu'eux-mêmes disent sur l'univers dans son ensemble, est-il vrai objectivement ; ou, en d'autres termes la théorie pragmatiste de la vérité est-elle *réellement* vraie? Ils ne peuvent rien garantir là-dessus : ils ne peuvent qu'en rester convaincus. A leurs auditeurs ils ne peuvent que *proposer* cette théorie, comme je la propose ici, à titre de chose qu'on vérifie, de même que le mouvement, « en marchant », c'est-à-dire par la manière dont ses conséquences peuvent la confirmer.

incombe à notre pensée, c'est d'entrer en contact avec elle par les voies innombrables de ces vérifications.

Je crains que les considérations « humanistes », adoptées par le pragmatisme, ne créent ici quelque difficulté. Nous n'atteignons une vérité que par le moyen des autres vérités : or, dira-t-on, la réalité, sans cesse et à jamais postulée comme étant ce avec quoi notre vérité doit se maintenir en contact, — ne se peut-il pas qu'à aucun moment elle ne nous soit donnée, si ce n'est sous la forme d'une vérité autre que la vérité maintenant mise à l'épreuve ?

Pour résoudre cette difficulté, il faut se rappeler que, d'après Schiller, toutes nos vérités, même les plus fondamentales, sont affectées d'un coefficient humain par l'atavisme. La réalité « en soi » peut alors se concevoir simplement comme une espèce de limite : on peut admettre qu'elle se vide en quelque sorte, indéfiniment, de manière à ne plus représenter que la *place* d'un objet ; et, ce que l'on connaît, on peut alors ne plus y voir qu'une portion de nous-mêmes, de notre « psyché », par qui nous faisons occuper cette place.

Interprétée dans le sens de l'humanisme, la théorie pragmatique est donc manifestement compatible avec le solipsisme. Il fait cause commune avec la partie agnostique du kantisme, avec l'agnosticisme contemporain, avec l'idéalisme en général. Mais aussi, en s'interprétant de cette manière, il devient une théorie métaphysique sur les éléments dont la réalité est faite, et laisse loin derrière lui la modeste sphère qui est véritablement la sienne, — c'est-à-dire l'humble analyse des opérations de la connaissance. Cette analyse, on peut aussi bien la concilier avec des théories où l'humanisme ne tient pas une si grande place. C'est un des mérites du pragmatisme, que d'être purement épistémologique. Il lui faut bien affirmer des réalités ; — mais il ne préjuge en rien leur constitution, et les métaphysiques les plus diverses peuvent lui emprunter leurs fondements. Il n'a certainement aucune affinité *spéciale* avec le solipsisme...

Toute l'originalité du pragmatisme, en fin de compte, tient à sa façon toute concrète de voir les choses. C'est par le concret qu'il commence; c'est au concret qu'il revient; c'est par le concret qu'il finit. Grâce aux deux aspects sous lesquels Schiller présente la vérité, — d'une part son rapport direct avec une situation donnée, et de l'autre son utilité ultérieure, — la coupe du concret se trouve pour nous remplie jusqu'aux bords! Une fois que vous l'aurez prise et approchée de vos lèvres, vous ne pourrez plus vous méprendre sur le pragmatisme!

FIN

# INDEX ALPHABÉTIQUE

## A

Absolu (l') : 34, 35, 141, 145, 146, 152, 153, 244, 260, 268 ; — stérilité, 78 sqq., 260 ; — utilité, 80 sqq., 109, 254, 263 ; — en quoi inacceptable, 85 ; — opposé à l'ultime, 152, 156.
Abstraction : utilité, 48, 123, 124, 125, 161, 193, 240, 241, 243, 290 ; — abus, 35, 51, 194, 209 à 211, 238, 282, 289, 291.
Accord (avec la réalité), 183, 184, 186, 194 à 198, 209 à 211, 221, 222, 238, 278, 279, 281 à 286, 288, 298 ; — (avec soi-même), 68 à 70, 198, 231, 282, 295.
Activité créatrice chez l'homme : 231 sqq., 258 à 262.
Adaptation : dans le monde, 113 ; — dans la pensée, 195.
Additions : à l'univers, 156, 229, 232, 277 : — à la connaissance, 157 sqq.
Agnosticisme : 34, 274, 298.
Ame (l') : 93 à 95.
*Aristote* : 60, 202, 204.
Atavisme : 159, 231, 298.

Attribut (voir *Substance*) ; — dans la proposition, 230.
Automate (un) : 280, 281 (Note).
Avenir : 98, 102 à 109, 115, 119 à 122, 204, 205, 207. — Voir *Promesses* et *Salut*.

## B

*Balfour :* 105.
*Bergson :* 226.
*Berkeley :* 92, 170, 173, 175, 212.

## C

Caprice (exclu par le pragmatisme) : 193, 194, 198, 213, 233, 234, 280 à 285, 295.
Cause : 168.
Châtiment : 41, 94, 116.
Chien : 164.
Chiens et chats : 269.
Chose (la) et les choses : 167, 169, 171, 172, 173, 176.
Concepts : (voir *Abstraction*).
Concret (le) : (voir *Abstraction* et *Pragmatisme*).
Conflits de croyances : 85, 110.

Conjonctives (relations) : 133, 143.
Connaissance : 140 sqq., 156 sqq., 184, 292, 296, 297. — Voir *Vérité*.
Constellations : 228, 229.
Continu (le) : 180.
Corridor (Théorie) : 64.
Critique (le stade) : 174, 175.
Croyance (voir *Vérité*).

### D

Damnés (les) : 39 à 41.
Dante : 107.
*Darwin* (et darwinisme) : 34, 78, 111, 112, 170.
Découvertes (préhistoriques) : 160, 170, 179.
Délicats (les) : 29, 30 à 34, 46, 238 à 240, 243, 244, 263, 265, 271.
Désir (créant des réalités) : 260, 261.
Dessein (dans la nature) : 110 à 115, 138.
*Dewey* : 18, 67, 68, 75, 213, 226, 293.
Dieu : 32, 35, 39, 41, 43, 44, 49, 62, 66, 78, 80, 86, 92, 98 à 110, 112 à 115, 116, 117, 119 à 121, 134, 138, 141, 144, 209, 217, 268, 269, 280.
Discours (le) : 110 à 115, 120, 121, 129, 172, 196, 197.
Disjonctives (relations) 133, 143.
*Duhem* : 67, 177.

### E

Empirisme : 27 sqq., 31, 35, 36, 38, 86, 95 : — empirisme radical, 18, 71.

Energie : 62, 178, 198, 290.
Epistémologie : du monisme, 184, 207 sqq., 281 ; — du pragmatisme, 195, 205 sqq., 278 à 286, 288, 293, 298.
Espace : 134, 163, 166, 171, 222.
Eucharistie (l') : 91.
*Eucken* : 232.
Evolution mentale : 160, 175.
Exigences (de la vérité) : 208 à 212, 214.
Expérience sensible : 86, 120, 160, 161, 163, 167, 185, 186, 188, 189, 193, 194, 197, 198, 199, 203, 204, 205.

### F

Faits (les) : ce qu'ils sont pour l'empirisme, 27, 29, 32, 52 ; — pour le pragmatisme, 52, 75, 156, 189, 191, 194, 196, 205 sqq.; — pour l'idéalisme, 78, 206 ; — par rapport à la vérité, 71, 206, 221, 222.
Fins (les) : 136 à 138.
Force : 202.
*Franklin* (professeur) : 59,

### G — H

Génie (le) : 95.
Génie (hommes de) : 170.
Genres (les) : 167, 169, 172, 191, 192, 196, 201.
*Haeckel* : 32.
*Hegel* : 26, 51, 173, 175.
Humanisme (l') : 73, 74, 277, 298, et quatrième Leçon.
*Huxley* : 95, 120.

## I — K

Idéal (l') : 33, 106, 107, 203, 204, 209, 258, 266, 268, 270.
Idéalisme (l') : 33, 298. (Voir *Absolu*).
Identité : 167, 168.
Identité (philosophie de l') : 297.
Identité personnelle : 94.
Imputabilité : 116, 117.
Inconnaissable (l') : 103, 278 à 280.
Influence : 130, 168.
Instrumentale (théorie) : 66 sqq., 180, et l'Appendice *passim*.
Intellectualisme : (Voir *Monisme* et *Rationalisme*).
Kant : 161, 167, 175, 226, 275.

## L

Langues (les) : 66, 218, 219.
*Leibniz* : 33 sqq.
Libre arbitre : 28, 30, 115 à 120.
*Locke* : 26, 93, 94, 171, 175.
Logique : 28, 65, 66, 177, 193, 224.
Loi : 65, 66, 168, 169, 180, 217, 218.
*Lotze* : 232.

## M

Matérialisme : 28, 29, 32, 33, 35, 95 sqq.
Mathématiques : 65, 161, 193, 204, 205, 224.
Matière : 89, 92 sqq., 217, 226.
Mécanisme : 105, 112, 114.
Méliorisme : 119, 257, 270, 271.
Mensonge : 212, 293.
Mérite : 118.

Méthode pragmatique : 54 à 64, 123.
*Milhaud* : 18, 67.
Monisme : 28, 29, 32, 249, 263 à 266, 268, 271, et quatrième Leçon.
Moralisme : 264, 266, 267, 271.
Morbides (esprits) : 262.
Mots (en philosophie) : 62, 120, 145, 217.
Multiplicité : 133 (voir *Pluralisme*).
*Myers* : 229, 232.
Mysticisme : 146, 148, 149, 249, 297.

## N — O

Naturalisme : Voir *Matérialisme*.
Nécessaire : 66, 254.
Nombres (les) : 128.
Nominalisme : 63, 90.
Noms (les) : 90, 186, 192, 195, 196, 200, 201, 202, 219, 228, 238, 239, 240.
Optimisme : 28, 29, 31, 39, 42, 223, 257, 265.
Oracles : 217.
*Ostwald* : 58, 59, 67, 177, 178.

## P

Panthéisme : 34, 70, 78.
*Papini* : 64, 86, 152, 233.
Passé (le) : 159, 197, 204, 205, 224.
*Peirce* : 57, 58.
Pessimisme : 223, 257.
Philosophie (la) : 21 sqq., 30, 47, 48, 50, 102, 126, 175, 209 ; — professeurs de — 46, 268.
Philosophies (les) : 32, 51, 179.

**Plasticité** 73, 220.
**Pluralisme** : 28, 29, 156, 238, 239, 242 249, 251, 253, 254, 264 à 266, 268, 270, 271, et quatrième Leçon, notamment 125, 129, 130, 135, 139, 153.
*Poincaré* : 67.
**Polémique contre le pragmatisme** : 182. Voir l'*Appendice*.
**Positivisme** : 33, 63, 242, 274 à 276.
**Possible (le)** : 119, 120, 169, 241, 250, 254 à 256, 258.
**Pragmatisme** : Origine du mot et de la doctrine, 17, 57; — attitude générale, 46, 61, 64; — méthode (voir *Méthode pragmatique*); — en quoi pas nouveau, 60, 61; — originalité, 56, 121, 122, 274, 275; — caractère concret, 75 à 77, 273, 281, 282, 289, 299; — souplesse, 63, 64, 77, 86, 87; — cohérence, 286, 288; — affinité avec la science, 68, 77; — distingué de l'empirisme, 61, 80, 86; — défendu contre les antipragmatistes, 273 à 299. — Voir *Moralisme, Méliorisme, Réalité, Religion, Vérité*. — Voir aussi l'*Introduction*.
**Pratique (la)** : 57 à 60, 180, 195; — rapport avec théorie, 292 à 296. — Voir *Vérité*.
**Principes** : 27, 29, 30, 47, 62, 64, 98, 128, 192, 194, 207, 252, 253.
**Promesses** : 103, 109, 115, 119, 120, 236.

**R**

**Rationalisme** : 27 sqq., 35, 36 sqq., 86, 183, 194, 200 sqq.; 206 sqq.; 234 sqq., 254. — Voir *Monisme*.

**Rationalité** : 259, 260, 261,
**Réalité** : Définition, 194, 221; — vécue, 44; — ses trois éléments, 194, 221, 222; — « indépendante », 225, 285; — difficile à trouver « toute crue », 223 à 226; — toujours un devenir, 233 sqq.; — multiple et diffuse, 239; distinguée de la vérité, 285. — Voir *Additions* et *Désir*.
**Réflexion totale** : 124.
**Religion** : 28, 31 sqq., 44 à 47, 77 sqq., 104, 254, 263, 264, 270, 271.
**Responsabilité** : 81, 116, 117, 168.
**Richesse** : 201, 202, 210.
**Robustes (esprits)** : 263, 265, 270, 271.
*Royce* : 33, 43, 138, 141.

**S**

**Salut du monde** : Utilité d'y croire, 256; — comment possible, 254, 258, 261, 268, 269; — seulement partiel, 258, 259, 265, 266, 267; — jamais certain, 261, 266, 267.
*Santayana* : 164.
**Santé** : 201, 202, 210.
**Septicisme** : 29, 274, 287.
*Schiller* : 74, 220, 221, 226, 276, 278, 293, 299.
**Science (la)** : sa philosophie, 66, 168, 173, 198; — utilité, 174; — valeur, 176 à 179.
**Scolastique** : 34, 172, 176, 202.
**Sensations** : 124, 150, 166, 173, 174, 221 à 224.
**Sens commun** : 91, 127, 192, 198, et cinquième Leçon.

Sensualisme : 29, 30.
Sentimentalité : 28, 30, 209, 210.
*Socrate* : 60.
Solipsisme : 296 à 298.
*Spencer* : 26, 32, 51, 97, 103, 104, 106.
Spiritualisme : 95 sqq.
Stades (de la pensée) : 175 à 180.
Substance : 89 sqq., 142 ; — matérielle, 92 ; — spirituelle, 93, 94 ; catégorie, 172 à 174, 176.
*Swift* (*Morrison*) : 42.
Systèmes : 42, 48 à 51, 61 ; — dans la vie sociale, 131, 132.

## T

Tempérament (en philosophie) : 24 sqq., 31, 37, 47, 48, 62, 75, 79, 235.
Température : 163, 240.
Temps (le) : 166, 171, 222, 241.
Théisme : 34, 35, 78, 95, 96, 98, 269, 271.
Théorie (la) : 193, 292 à 296.
Théories (les) : 47, 61, 63, 177, 180, 198, 199, 221, 226, 231.

## U

Ultime (l') : 52, 156, 253.
Un (l') : Quatrième Leçon, notamment 128, 143, 144, 145, 147, 148, 149, 238.
Unité : Quatrième Leçon. — Voir *Monisme*, *Pluralisme* et *Un*.
Univers : un et multiple, 30 ; — pour le rationalisme, 37, 79, 81, 153, 237, 240, 241 ; — pour le pluralisme, 38, 79, 153, 239, 241 ; — pour le pragmatisme, 265 sqq., — divers types, 149 à 152 ; — diverses éditions, 234, 235, 241.

## V

Vacances : 81 à 86, 109.
Vedânta : 146.
Vérité : conception pragmatiste, sixième Leçon et Appendice ; — définition, 182 ; — rapport avec le bien, 82, 83, 84 ; — avec l'utile, 187, 188 ; — théorie rationaliste, 75 à 77, 184, 200, 208, 289, 290 ; — *la Vérité*, 199, 201, 216 ; — veut dire vérification et vérificabilité, 190, 191, 201, 202, 290, 291 ; — est chose à faire, et non pas toute faite, 73, 185, 210, 219 sqq., 233 ; — chose agissante, 290, 291 ; — chose en acte, 291, 292 ; — fonction instrumentale, 67, 68, 76, 185, 195 ; — rendement pratique, 186, 187, 277, 293 ; — intérêt théorique, 195, 276, 282, 292 à 296 ; — valeur des satisfactions qu'elle donne, 278, 280 à 285. — Voir *Accord*, *Faits*, *Humanisme*, *Réalité*.
Vision : 26.
Vivekananda : 146, 148.

## W

*Whitman* : 48, 246.
*Wordsworth* : 107, 238.

# TABLE DES MATIÈRES

|  | Pages |
|---|---|
| Dédicace. . . . . . . . . . . . . . . | v |
| Introduction de M. Bergson. . . . . . . . . . . | 1 |
| Préface de l'Auteur. . . . . . . . . . . . . . | 17 |

## PREMIÈRE LEÇON

**Le dilemme de la philosophie moderne** . . . . . . . 21

*Nécessité pratique d'avoir une philosophie. — Tout le monde en a une. — Le tempérament est un des facteurs qui la déterminent. — Rationalistes et empiristes. — Les « délicats » et les « barbares ». — D'ordinaire, on veut avoir des connaissances positives, et l'on veut aussi avoir une religion. — L'empirisme donne les premières et ne donne pas la seconde. — Le rationalisme donne la seconde, mais non les premières. — Dilemme en face duquel se trouve un profane. — Rien qui ressemble à la réalité dans les systèmes rationalistes. — Exemple : la théorie de Leibniz sur les damnés. — Opinion d'un anarchiste sur l'optimisme des idéalistes. — Le pragmatisme se présente pour résoudre le dilemme. — Objection à prévoir : c'est rabaisser la philosophie que d'en faire une question de tempérament. — Réponse : toute philosophie a son caractère comme chaque homme a le sien. — La preuve en est qu'on la juge de la même manière qu'on juge un homme. — Exemple : Spencer.*

## DEUXIÈME LEÇON

**Ce qu'est le Pragmatisme** . . . . . . . . . . . . . . . 54

*Discussion sur un écureuil. — Le pragmatisme en tant que* MÉTHODE. *— Historique de cette méthode. — Son caractère propre et ses affinités. — En quoi elle s'oppose au rationalisme et à l'intellectualisme. — Une « théorie-corridor ». — Le pragmatisme en tant que* THÉORIE DE LA VÉRITÉ ; *théorie qui est en même temps celle de l'humanisme. — Comment se concevait primitivement la vérité dans le domaine des mathématiques, de la logique et des sciences de la nature. — Conceptions modernes. — Caractère « instrumental » de la vérité, d'après Dewey et Schiller. — La vérité, en d'autres termes, est un instrument pour le travail intellectuel, en même temps qu'un guide pour la conduite. — Comment se forment les croyances nouvelles. — Même mode de formation pour les croyances antérieures. — Objections soulevées par les rationalistes contre l'humanisme. — Le pragmatisme en tant que trait d'union entre l'empirisme et la religion. — Stérilité de l'idéalisme transcendantal. — Dans quelle mesure le concept de l'absolu peut être qualifié de vrai. — Est vraie toute croyance bonne. — Conflits de vérités. — Souplesse et largeur du pragmatisme dans la recherche et la discussion.*

## TROISIÈME LEÇON

**Trois problèmes métaphysiques** . . . . . . . . . . 88

*I. Le problème de la substance. — L'Eucharistie. — Théorie de Berkeley sur la matière. — Théorie de Locke sur l'identité personnelle. — Le matérialisme et le spiritualisme. — Comment le pragmatisme aborde le problème de la matière. — Quelle sorte d'intérêt il attache au problème. — A l'égard du passé, pas de* différence appréciable entre le matérialisme et le spiritualisme : « Dieu » n'est pas un principe plus satisfaisant que « la Matière », s'il ne donne ou ne promet rien de plus. — Où réside, pour le pragmatisme, la supériorité du spiritualisme. — II. Problème soulevé par l'idée d'un « dessein » qui se réalise dans la nature. — Stérilité de cette idée en elle-même. — La question serait de savoir quel dessein se réalise, et quel en est l'auteur. — III. Le problème du « libre arbitre ». — Rapports du « libre arbitre » avec « l'imputabilité » des actes. — Il implique la même théorie cosmologique que l'idée de « Dieu », de « l'Esprit », et de « l'Ordre » dans la nature. — CONCLUSION : Attitude constante du pragmatisme : demander sur chaque problème, pour chaque solution offerte, quelles promesses elle apporte.

## QUATRIÈME LEÇON

**L'un et le multiple** . . . . . . . . . . . . . . . . 123

*Le phénomène physique de la « réflexion totale ». — Ce n'est pas seulement de réalité « une », mais de réalité « totale », qu'il s'agit en philosophie. — Quel est le sentiment des rationalistes à l'égard de l'unité. — Considéré au point de vue pragmatique, le monde est un de plus d'une manière. — I. Il est un pour la pensée et le discours. — II. Il est continu (le temps et l'espace). — III. Ses parties agissent et réagissent les unes sur les autres. — IV. Problème de l'unité causale. — V. Problème de l'unité des genres. — VI. Problème de l'unité des fins ou de l'unité téléologique. — VII. Problème de l'unité esthétique. — VIII. Problème de l'unité « noétique ». — Hypothèse d'un sujet unique ou d'une pensée unique. — Le monisme absolu. — L'hindou Vivekananda et le monisme mystique. — Diverses façons de concevoir l'univers un et multiple tout à la fois. — CONCLUSION : Nécessité d'abandonner le dogmatisme moniste et de s'en tenir aux constatations de l'expérience.*

## CINQUIÈME LEÇON

**Le Pragmatisme et le sens commun** . . . . . . . . . 155

*Ce qu'est la connaissance pour le pluralisme. — Comment s'accroissent nos connaissances. — Persistance des conceptions antérieures. — Ce sont nos ancêtres préhistoriques qui ont découvert les concepts du sens commun. — Enumération de ces concepts. — Ils n'ont été adoptés que progressivement. — L'espace et le temps. — Les « choses ». — Les genres. — La « cause » et la « loi ». — Le sens commun est l'un des stades de l'évolution mentale, et celle-ci est due à des hommes de génie. — Les stades « critiques » : d'une part, la science; et, de l'autre, la philosophie, comparées toutes deux au sens commun. — De quel côté y a-t-il le plus de vérité? Impossible de le dire.*

## SIXIÈME LEÇON

**Théorie pragmatiste de la vérité** . . . . . . . . . 181

*Où en est la polémique contre le pragmatisme. — Ce qu'il faut entendre par l'accord de nos idées avec la réalité. — Théorie intellectualiste. — Théorie du pragmatisme : une idée vraie est une idée vérifiable. — Elle se vérifie en nous servant de guide, avec succès, dans l'expérience. — Partiellement vérifiée, on lui fait d'ordinaire crédit sans exiger sa complète vérification. — Les vérités « éternelles » en mathématiques et en logique. — Accord des idées vraies : 1° avec la réalité (faits ou principes); 2° avec le langage; 3° avec les vérités antérieures. — Objections du rationalisme. — La vérité est bonne, de même que la santé, la richesse, etc.— Elle n'est donc pas autre chose que l'utile, dans le domaine de la pensée. — La part du passé. — La part de l'avenir. — La vérité n'est donc jamais faite, mais toujours en voie de se faire. — Objections des rationalistes sur ce point. — Réponse du pragmatisme : la notion de Vérité abstraite est légitime; mais nos vérités n'en sont pas moins concrètes par leurs origines comme par leur rôle et par leur rendement.*

## SEPTIÈME LEÇON

**Le Pragmatisme et l'Humanisme.** . . . . . . . . . . 216

*Encore un mot sur la Vérité. — Toute vérité, de même qu'une loi, de même qu'une langue, est un résultat, un produit humain. — Théorie de Schiller : l'Humanisme. — Caractère plastique des choses : elles sont ce que l'homme les fait. — Les trois sortes de réalités dont une vérité nouvelle doit tenir compte. — Nécessité de dire comment il doit en être « tenu compte ». — Difficulté de trouver une réalité absolument indépendante : à quoi elle se réduit. — L'élément humain est partout dans la connaissance, et sans cesse il en façonne les données. — Le plus essentiel des points sur lesquels le pragmatisme s'oppose au rationalisme : comment l'un et l'autre respectivement conçoivent la réalité. — Le rationalisme affirme un monde suprasensible. — Raisons qu'il invoque. — Pourquoi l'empirisme les rejette. — Comment le pragmatisme pose le problème, et comment il concilie les deux solutions extrêmes.*

## HUITIÈME LEÇON

**Le Pragmatisme et la Religion.** . . . . . . . . . . 245

*Utilité de l'Absolu. — Un poème de Whitman : « A vous ! » — Interprétation moniste de ce poème. — Interprétation pragmatiste. — En quoi la seconde est préférable. — Un pragmatiste « sans le savoir ». — Le possible et le nécessaire. — Définition du possible. — Le monde peut-il être « sauvé » ? — Importance du problème. — Pessimisme, optimisme et méliorisme. — Le pragmatisme adopte la troisième solution. — Rôle, à cet égard, de l'idéal que l'individu peut concevoir et poursuivre. — En conséquence, comment l'homme peut contribuer au « salut » du monde. — Possibilité pour l'homme de « créer » quelque chose. — Pourquoi, comment, et dans quelle mesure il le peut. — Hypothèse sur un choix possible pour lui avant la créa-*

*tion du monde.* — *L'homme malingre et l'homme vigoureux.* — *Au premier semble convenir une philosophie religieuse, le monisme; au second, le pluralisme.* — *Ces deux doctrines sont-elles inconciliables?* — *Le pragmatisme s'offre à les concilier.*

## APPENDICE

**La notion pragmatiste de la vérité, défendue contre ceux qui ne la comprennent pas** . . . . 273

**INDEX ALPHABÉTIQUE**. . . . . . . . . . . . . . 301

www.ingramcontent.com/pod-product-compliance
Lightning Source LLC
Chambersburg PA
CBHW071246160426
43196CB00009B/1189